艺术体育
高校学术研究论著丛刊

新时代体育教育专业学生综合素养培育研究

汪全先 著

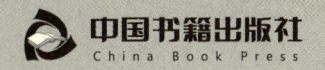

中国书籍出版社
China Book Press

图书在版编目(CIP)数据

新时代体育教育专业学生综合素养培育研究 / 汪全先著. -- 北京：中国书籍出版社，2021.11
　　ISBN 978-7-5068-8786-1

Ⅰ.①新… Ⅱ.①汪… Ⅲ.①体育教育－教学研究－高等学校 Ⅳ.①G807.4

中国版本图书馆 CIP 数据核字(2021)第 223999 号

新时代体育教育专业学生综合素养培育研究

汪全先　著

丛书策划	谭　鹏　武　斌
责任编辑	李　新
责任印制	孙马飞　马　芝
封面设计	东方美迪
出版发行	中国书籍出版社
地　　址	北京市丰台区三路居路 97 号(邮编：100073)
电　　话	(010)52257143(总编室)　(010)52257140(发行部)
电子邮箱	eo@chinabp.com.cn
经　　销	全国新华书店
印　　厂	三河市德贤弘印务有限公司
开　　本	710 毫米×1000 毫米　1/16
字　　数	264 千字
印　　张	15
版　　次	2023 年 1 月第 1 版
印　　次	2023 年 1 月第 1 次印刷
书　　号	ISBN 978-7-5068-8786-1
定　　价	82.00 元

版权所有　翻印必究

目 录

第一章 绪论 … 1
- 第一节 研究背景、目的及意义 … 1
- 第二节 研究内容与方法 … 11
- 第三节 国内外研究现状 … 13

第二章 体育教育专业学生素养的现状分析 … 25
- 第一节 体育教育专业学生培养的目标与要求 … 25
- 第二节 体育教育专业学生学科知识的储备情况 … 27
- 第三节 体育教育专业学生运动技术能力现状 … 32
- 第四节 体育教育专业学生体育教学能力现状 … 34
- 第五节 体育教育专业学生教育实习与社会实践能力现状 … 38
- 第六节 体育教育专业学生的科研与创新能力现状 … 43

第三章 体育教育专业学生应具备的体育学科理论素养 … 46
- 第一节 体育人文社会学理论 … 46
- 第二节 运动训练学理论 … 56
- 第三节 运动生理学理论 … 62
- 第四节 运动心理学理论 … 66
- 第五节 其他有关体育学科理论 … 73

第四章 体育教育专业学生基本文化素养的培育 … 77
- 第一节 基本思想政治素养的培育 … 77
- 第二节 基本运动文化知识素养的培育 … 84
- 第三节 基本专业知识结构的形塑与培育 … 88

第五章 体育教育专业学生师德素养的培育 ……… 103
- 第一节 培育体育教育专业学生师德素养的意义 ……… 103
- 第二节 体育教育专业学生师德素养培育的内容 ……… 106
- 第三节 体育教育专业学生教师职业道德素养的培育路径…… 116

第六章 体育教育专业学生身体、心理与智能素养的培育……… 124
- 第一节 体育教育专业学生身心发展特征与规律 ……… 124
- 第二节 体育教育专业学生各项身体素质的培育 ……… 127
- 第三节 体育教育专业学生心理素养的培育 ……… 139
- 第四节 体育教育专业学生智能素养的培育 ……… 146

第七章 体育教育专业学生运动技能素养的培育 ……… 152
- 第一节 体育教育专业学生竞技能力的结构分析 ……… 152
- 第二节 体育教育专业学生重点运动项目技能的培育 …… 159
- 第三节 体育教育专业学生运动技能素养提高的路径 …… 171

第八章 体育教育专业学生教研能力的培育 ……… 176
- 第一节 体育教育专业学生体育教学技能的培育 ……… 176
- 第二节 体育教育专业学生体育教学组织与管理能力的培育 ……… 184
- 第三节 体育教育专业学生体育科研能力的培育 ……… 188

第九章 体育教育专业学生创新意识与能力的培育 ……… 198
- 第一节 创新体育教育专业人才的素质结构 ……… 199
- 第二节 体育教育专业学生创新知识的培育 ……… 204
- 第三节 体育教育专业学生创新意识的培育 ……… 211
- 第四节 体育教育专业学生创新能力的培育 ……… 215

参考文献 ……… 222

第一章 绪 论

体育教育专业是高校体育专业的一个分支,其培养的体育人才毕业后主要从事中小学体育教学、体育训练、体育科研、体育管理以及社会体育指导等工作。随着新时代体育教育体制的深入改革和社会就业形势的变化,对我国体育教育与训练的从业者的综合素养提出了更高要求,同时对我国体育教育专业学生的培育也带来了严峻考验,要求高校密切关注我国学校体育事业的发展以及中小学体育教育课程改革的新动向,更新人才培养理念,创新教学模式和人才培养体系,注重综合素养培育,学生的全面发展,提高学生实际工作能力,增强社会适应性,提高就业竞争力,从而使体育教育专业学生达到新时代对体育教育工作者提出的新要求。可见,体育教育专业学生综合素养培育研究是新时代迫切需要的一个课题。

第一节 研究背景、目的及意义

一、研究背景

百年大计,教育为本;教育大计,教师为本。教育的发展必然离不开教师,教育系统中最活跃并居于核心地位的资源莫过于教师。教师承担着传播知识、传播思想、传播真理的历史使命,肩负着塑造灵魂、塑造生命、塑造人的时代重任,是教育发展的第一资源,是国家富强、民族振兴、人民幸福的重要基石。[①] 教育的现代化发展水平和课程改革的成效直

---

① 中共中央国务院关于全面深化新时代教师队伍建设改革的意见[J]. 人民教育,2018(Z1):7-13.

接由教师的职业素养和业务能力所决定。体育教师专业素养及综合素质的高低直接影响学校体育教学的发展进程与质量。培养体育教师的专业素质和综合素养,要从职业培养和在职培训两个方面展开。通过职前培养,可以产生大量优秀的体育教师。因为很多学校都不注重对在职体育教师的培训,所以职前培养显得更加重要了,这对体育教师今后的就业及教学质量将产生重要的影响。体育教师的专业化发展都是以职前培养为起点的,这也是培养优秀体育教师的初始阶段,直接影响体育教育专业学生毕业后的整个教师职业生涯。高校体育教育专业在培养体育教师方面承担重要责任,随着体育教育专业的不断发展,培养了大量优秀的体育教师,这些优秀人才很大一部分在中小学从事体育教育工作,为我国体育教育事业的发展贡献自己的力量,这也是高校体育教育专业为我国中小学体育工作发展所做的贡献。

(一)我国面临着体育教育专业培养目标与基础体育教学发展需求相脱节的现实困境

我国在 20 世纪初开设体育课后,学校体育逐渐兴起,也出现了专门的机构对体育师资进行培养,在培养模式上主要借鉴日本的经验。当时军国民教育思想("尚武"教育、"兵式体操")在很大程度上影响了对体育师资的培养。五四新文化运动后,我国出现了大量的西方体育项目,美国的自然主义教育思想和实用主义教育思想也传入中国,影响了学校体育的发展和体育教师的培养。这主要表现为在培养体育教师的过程中,强调培养对象对运动人体科学知识和体育教学方法的掌握,重视培养体育教师的教学能力。高校作为培养体育专业人才的重要阵地,同样受到了美国教育思想的影响,并参照美国的体育人才培养模式来培养体育教师。中华人民共和国成立后,我国全面借鉴苏联的模式来发展学校体育,高校为培养专门的人才,分门别类设置学院、专业。我国先后成立了 8 所体育学院和 11 所体育学校,并有 38 所高等师范院校设立了体育系、科。[①] 最早成立的是上海体育学院,当时是华东体育学院,成立时间是 1952 年,这所体育院校将培养优秀的体育教师作为主要办学任务,在培养体育教师人才方面发挥了重要作用。20 世纪中后期,我国体育师资培养目标主要集中在运动技能目标领域,重点

---

① 李林,杨彬.对我国学校体育发展历史的回顾与反思[J].体育学刊,2002(04):130-132.

考察培养对象对运动技能的掌握情况，以技能达标水平来评价培养效果，忽视了对学生教育教学能力的培养。之后我国体育学院树立"一专多能"的人才培养理念，体育学院设置的专业或系部基本上以具体的运动项目命名。改革开放后，我国开始规范高校专业命名，现在隶属于教育学类的体育教育专业就是之前的体育专业，体育专业被改名后更加突出了师范性质。随着改革开放的不断深入，20世纪90年代后我国迎来了市场经济时代，在新的社会经济体制下我国提出素质教育理念，同时提出了"三个面向"的教育思想（面向现代化、面向世界、面向未来）。在素质教育理念和新的教育思想的影响下，高校重新定位体育教育专业的培养目标，运动技能目标的地位下降，复合型人才的培养得到重视，这虽然在一定程度上提高了体育教育专业学生的综合能力，但也影响了其运动技能的发展。

纵观体育教育专业的发展，在不同历史阶段体育教育专业的人才培养目标有明显的区别。20世纪90年代以前，主要借鉴苏联模式，强调培养运动技能水平高的体育人才，重视技能达标目标。这一时期高校体育教育专业主要设置实践课、训练课，学生参与竞技训练，学校很少安排理论课和文化课，也没有按照师范生的标准培养人才，再加上竞技体育当时很受国家重视，所以中小学体育教学的主要内容也是竞技运动，体育教学目标也主要集中在运动技能领域，以竞技训练的方式组织教学，传授技能。长此以往，中小学体育教学与素质教育理念发生偏差，以运动技能为主要内容的体育课使学生感到枯燥无趣，学生失去学习的热情，甚至害怕上体育课，害怕训练，恐惧感的产生使学生对体育课的排斥越来越强烈。20世纪90年代后，随着新的社会经济体制的出现，体育教育专业在人才培养上受到新教育思想的影响，如素质教育思想、教育国际化思想、终身教育思想等，在这些思想的影响下，高校体育教育专业重视培养学生的文化理论素养和社会适应能力。当前，高校体育教育专业在不断扩招，而中小学体育教师的需求却有下降趋势，接近饱和状态，出现了供过于求的局面。因此，专家倡导体育教育专业对复合型、全面型人才进行培育，提高学生的综合素养，使其在社会就业中有着很强的竞争力。在这样的社会背景下，高校体育教育专业课程方案中减少了术科课时，增加了学科课程，出现了明显的"去专业化"倾向，但也确实影响了学生运动技能的提升，这一点在中小学体育教师的教学工作中也能得到证实，因为高校体育教育专业培养的中小学体育教师运动技能下滑，所以也影响了学生体质和技能的提升。为改变这一现状,改善中小学生的体质,中小学大力开展体育活动、体育比赛,但因为优秀师资力量的缺乏,许多活动都不了了之,已开展的活动也收效甚微,这从校园足球的发展现状中也能体现出来。

体育在不断地发展变化,人们对体育的认识也在不断发展变化,人们的体育需求以及社会的体育需求也产生了相应变化,这也造成了体育教育事业不断发展变化,即根据不同时代体育发展的特点,人们的体育认识和体育需求,社会的体育需求塑造着体育教育事业。① 体育教育专业学生在高校接受的高等教育对其未来教师职业生涯的影响很大,20世纪90年代前高校体育教育专业将运动技能达标作为第一教学目标,所以这一时期体育教育专业学生毕业从事体育教师职业后也非常重视规范与提升自己的运动技能,同样也重视培养学生的运动技能,但是体育教师忽视了对中小学生身心发展特征及学习需求的考虑,也不具备加工与改造竞技体育项目难度技术动作的能力,导致体育教学效果不理想。从某种程度上而言,高校体育教育专业在人才培养中,因为培养目标的偏离而导致中小学体育教学改革中,长期存在是否应该在中小学体育课堂上引进西方竞技体育项目的争论。20世纪90年代以后,不断有高校设置体育教育专业,存在严重的重复开设现象,而且专业水平较低,该专业培养基础体育教师的思路与专业理念、专业内涵与现实是相偏离的,再加上体育教育专业在课程设置上增加了学科课程,减少了术科,导致体育教育专业学生无法很好地掌握专项技能,更难以在"一专"的基础上发展"多能",最终培养出来的学生"既不能文也不能武",增加了就业的难度。中小学体育教师缺乏高超的运动技能水平和良好的执教执训能力,这说明高校体育教育专业存在问题,体育教育专业人才培养目标不合理,制约了中小学体育教学改革进程。总之,高校体育教育专业不管是只注重运动技能目标,还是后来"去专业化"改革,都偏离了中小学体育教学改革与发展的现实需求,脱离了实际,因此迫切需要再次明确高校体育教育专业学生培养目标,完善培养模式,注重对体育教育专业学生综合素养的培育。

---

① 辜德宏,刘伟一,刘雪勇.体育教育专业发展研究[J].体育文化导刊,2011(10):95-98.

（二）体育教育专业学生综合素养培育是体育教师专业化发展的时代要求

随着社会分工的出现和分工的不断细化，社会上有了各种各样的职业。体育教师职业是顺应近代社会政治、经济及文化发展需求的产物，这一职业的出现也标志着学校体育走向了制度化发展道路。教师的职业定位和职责与其所处的历史背景有关，时代不同，定位和职责也有差异，人们常常将体育教师和教练员、"师父"等称号联系起来，长期以来，不管是专业形象还是社会地位，和其他文化学科教师相比都比较低。在应试教育传统的影响下，学校体育教学的生存与发展"危机四伏"，在一些落后地区担任学校体育教师的并非都是专业人士，有些体育教师只是体育爱好者，只是会打球或会跳操的非专业人员。21世纪以来，国家关注青少年体质健康，也逐渐重视学校体育教学，在素质教育背景下，体育教师培养越来越受重视，培养的专业标准不断提高。与此同时，体育教师的社会地位也有了提升，国家和社会也对这一职业寄予了很高的期望。

20世纪80年代，全世界都出现了教师教育改革的浪潮，旨在壮大师资力量，促进教师社会地位的提升。到了20世纪90年代，教师专业化制度在我国逐渐施行，《教师法》《教师资格条例》的陆续颁发规范了教师的培养与职业发展。21世纪以来，我国严格规范教师资格证考核标准，由教育部严格把关，提高教师职业的考核门槛，目的就是选拔更优秀的教师，提高师资水平。2011年，国家为了对水平高、专业精的优秀师资队伍进行建设，颁布教师专业标准，构建与完善教师专业标准体系。我国的教师专业标准是在立足国情，同时对世界教育发达国家的教师发展制度予以借鉴的基础上制定的，提出了三个主要方面的标准与要求，分别是专业理念和师德、专业知识以及专业实践能力。教师专业标准作为国家层面的政策性文件具有很大的权威，这也是教师专业管理的重要制度，严格审核教师资质，规范教师的准入门槛，大力把关，以培养高素质的优秀师资队伍。教师专业标准明确指出合格的中小学教师应该达到哪些专业要求，应该如何开展教书育人的活动，标准中的基本规范和专业要求是培养专业教师和考核教师的重要标准。体育院校、系是培养我国普通高等学校和中小学校体育教师的主要教育机构，其设置的体育教育专业的主要目标之一是培养合格的体育教师专门人才。[①] 体育教育专业学生是中小学体育教师的主要来源,高校体育教育专业也应该根据教师专业标准来培养学生,在培养过程中要以学生为本,要培养学生的师德和专业教学能力,也要培养他们的终身学习意识与能力,这些都是新型体育教师应该具备的素质。近些年,我国有关学者从体育学科的专业角度出发对体育教师专业标准进行研究,也取得了一定的成果,但目前还没有学界统一认可的体育教师专业标准的权威版本,有待进一步规范与完善。

总之,教师专业化发展是世界潮流,是时代潮流,我国高校体育教育专业培养体育教师应该顺应这一时代潮流,专注培养专业的体育教师,并从学校体育改革的需要出发而加强对体育教育专业学生综合素养的培育。体育教育专业学生综合素养培育是体育教师专业化发展的时代要求。高校体育教育专业学生的专业化培养和综合培育是提高中小学体育教师社会形象、社会地位以及改善中小学体育教学质量的重要保障。

(三)社会人才市场对体育教育专业人才的市场需求较大

大学毕业生是高等教育的产品,检验高等教育的教育成果如何,评价高等教育的层级高低时,可以做如下判断:大学毕业生是否达到了市场需求,是否能通过有偿接受教育服务而使自己的劳动能力得到提高,从而成为满足社会人才市场需求的高等专业人才。[②] 高校培养高等人才,要对社会人才市场的劳动力需求、专业需求予以考虑,要注重培养大学生的专业知识、专业技能,并注重"一专多能"式培养。高校体育教育专业要培养能够满足中小学体育教学改革与发展需求的人才。高校体育院系是输送体育教师的供给方,中小学是招聘体育教师的需求方,供给方通过一系列的教育活动而培养人才、输出人才,通过社会劳动力市场向中小学供应人才,中小学单位作为需求方而给出是否接纳这些人才的回应。随着中小学体育教学的不断改革,中小学校作为用人单位也会

[①] 朱元利.体育教师专业化发展与体育教育专业课程改革的思考[J].西安体育学院学报,2004(05):88-90.

[②] 李芳.体育教育专业学生核心能力网络结构特征研究[D].上海:上海体育学院,2016.

通过劳动力市场反馈而向人才供给方即高校体育院系提出要求,高校了解用人单位对体育教师的要求后,根据市场需求而培养有用之才,这样就形成了一条完整的高等"产品"循环供应链。高校体育教育专业要及时了解市场需求,了解用人单位的需求量及对"产品"的质量,从而调整与完善产品供应方案,调整人才培养方案,优化人才结构,提高人才的综合素养,从而使从本校走出去的体育师资人才都有"用武之地",都能在中小学体育教师的岗位上发挥自己的价值,成为劳动力市场的"香饽饽"。高校体育院系要加强与中小学校的沟通,及时掌握市场需求动态,少走弯路,提高人才培养效率和培养质量。

二、研究目的

(一)丰富体育教育理论研究体系,促进体育教育专业学生发展

伴随着我国学校教育的不断发展,教师专业化逐渐成为我国学校体育教育改革的方向。学校体育教育的改革涉及多个方面,如体育教育理念、体育教学模式、体育教学手段等的改革都是非常重要的内容,而其中体育教育专业人才培养的研究在近些年来日益受到重视,这与我国亟需大量的专业体育教师的需求背景是分不开的。

本研究紧跟时代发展的形势,顺应体育教育改革的要求,对当前体育教育专业学生综合素养的培育进行细致的研究与分析,重点涉及体育教育专业学生的培养目标、师德素养培育、运动技能素养培育、教研素养培育和创新素养培育等内容。具体流程为全面梳理当前体育教育专业学生培养中存在的问题,将问题归纳后进行分析,提出合理的、可行的解决思路。通过对新时代体育教育专业学生综合素养培育进行系统研究,能进一步丰富与完善我国体育教育理论研究体系。

除此之外,对体育教育专业学生综合素养培育的研究能促进其进一步发展,使其更好地立足于社会。通过本研究对体育教育专业学生专业技能知识、综合能力水平与实践技能等方面的研究,不断扎实体育教育专业学生的基础,拓宽专业领域的多层次创新培养路径,能为后续的体育教育研究提供良好的借鉴。

(二)适应社会人才市场对体育教育人才的要求

现代人的需求是随着生活质量的提升而不断增加的,需求越来越多,也越来越高。可以说,体育锻炼已成为很多人生活的一部分,体育锻炼的多元功效如强身健体、愉悦心理、陶冶情操、延年益寿等受到了越来越多人的关注,社会体育市场逐渐扩大,对专业体育指导的需求也越来越高。广大中小学学生既是学生,也是社会的重要人群构成,其对体育的需求意味着需要更多优秀的体育教育专业人才进入学校体育市场。人才市场在人才资源配置中起基础调节作用,这意味着高等体育院校也要围绕人才市场的运行来培养人才。① 学校体育的发展对综合型体育人才提出了更高的需求,因此体育教育专业在体育人才培养方面既要注重培养基本师德、专业知识以及业务能力,也要重视培养其他方面的能力,如人际交往能力、社会指导能力、体育服务能力、科研能力以及训练能力等,从而更好地为中小学体育教学和社会体育服务。社会对体育人才的需求是高校体育教育专业确定人才培养目标的重要依据,遵从社会实际需求而培养体育人才,提升体育人才的综合素质,促进体育人才的多元化、综合化成长与发展,这样,体育教育专业学生毕业后也容易就业,社会就业问题也能得到一定程度的缓解。

(三)培育体育教育专业学生的综合素养

随着社会的不断发展,要求体育教育专业学生具备"一专多能",不仅需要具备扎实的体育理论基础、专业的技术技能和良好的运动能力,而且还需要具备良好的人文素质、思想道德等综合素质。因此,有必要从体育教育专业学生所面临的就业形势入手,以政府有关部门的意见、社会对体育人才的新要求和体育教育专业培养目标为理论依据,把培养学生的综合素质放在新的就业环境和高等教育大众化的背景下来考虑,结合这些新特点,建立与时俱进的体育教育专业学生综合素质培养体系,进一步满足社会对体育教育人才的需求。通过建立

---

① 周志雄,朱俊玲.中国高等体育院校教育发展的战略研究——中国高等体育院校教育与人才市场的理论探索和实证分析[J].北京体育大学学报,2002(04):506-508.

与完善体育教育专业学生综合素质培养体系,全面提高学生的综合素质,促进体育教育专业学生向社会需要型人才转变,使其满足用人单位选拔优秀人才的标准。①

三、研究意义

(一)理论意义

我国通过实施多轮教育改革,高等学校体育教育专业取得了长足的发展,但高等体育院校一直侧重于改革教学内容、教学过程、教学成效,而在培养体育教育专业学生综合能力方面则存在着孤立、单一、片面等问题。如何有组织、有计划、可持续、综合地培养体育教育专业学生的能力,是需要我们重点解决的主要问题。当前,高校体育教育专业必须创新教学模式,完善教学体系,改变教学过程的封闭性,实施开放性教学、多元化分组实验性教学,提高教学的开放性、多元性和综合性,从而提高学生的综合能力,培养学生的创新意识。高校体育教育专业对学生综合素养的培育既要有继承性,又要有创造性,我们有必要将此作为教学创新体系的重要组成部分和重要基石,将教学过程看作培养"强人"的过程。

社会经济的快速发展使社会对体育教学人才提出了更高的要求。体育教育专业是体育学院最具有代表的专业之一,也是体育学院学生人数较多的专业之一,至今已经培养了大量中小学体育教师和体育工作者。21世纪我国经济文化的迅速发展要求体育教育专业培养出更多优秀的中小学体育教师,所以,高校必须以学生的发展为本,以体育教育专业为切入点,分析毕业生就业走向的影响因素,反馈高校对提高学生能力的主导作用。因此,要提升体育教育专业学生毕业后的就业竞争力,应明确体育教育专业学生应具备什么样的专业能力和综合素养才能提高就业能力,了解体育教育专业学生就业过程中需要的不同能力和素质的结构层次,着重对高校体育教育专业教学模式和人才培养方式进行针

---

① 贺晓凤.西安市高校体育教育专业学生体育素养调查研究[D].西安:陕西师范大学,2018.

对性改革研究,提出以提高就业能力为目的的人才培养体系。面对新时代日益增长的专业体育教师需求,体育教育专业如何培育更多综合素养高的体育人才已经成为新时期的重大课题。

(二)实践意义

尽管我国人民生活水平不断提高,但是青少年学生的体质健康问题堪忧,此问题引起了全社会的高度关注。体育教育专业是培养专业体育教育人才的"基地",教育是社会发展的重要手段,应从娃娃抓起,当然体育教育也要从娃娃抓起,这对促进我国国民体质的发展具有重要的实践意义。

随着教育部对全国各校小升初、中考体育以及艺体类高考等政策的实施,社会对体育教育人才质量提出了更高的要求,根据当前我国体育教育专业学生就业趋势的转变,社会对人才培养提出多元需求的同时,也对体育教育专业学生的综合素养提出了新要求。高校体育学院以培养体育专业人才为目标,特别是体育教育专业,肩负着培养中小学体育教师和体育工作者的重任。我们进行体育教育专业学生综合素养评价之时应建立在培养计划之上,对学生的综合能力进行价值判断,使学生正确认识自身的长处与不足,明确学习目标,积极主动地提高自身的综合素养,以达到培养计划的要求。这样可以有效减少学生在校期间和走向岗位后的"迷茫期"和"适应期",也使学生步入社会后能正确有效地适应各种竞争,为其以后专业发展和树立正确的人生观奠定良好的基础。

体育教育专业学生的能力提高能有效应对社会对人才需求的不断变化,增强学生的就业竞争力。在高校探索多样化、新型的人才培养模式,对学生综合能力的提高和学校人才培养效率的提高起着积极的促进作用。[①] 总体来说,为应对社会对体育教育专业人才的需求,进行新时代体育教育专业学生综合素养培育研究具有重要的实践意义。

---

① 张山.体育教育专业学生专业综合能力提高途径研究[D].成都:成都体育学院,2015.

第一章　绪　论

第二节　研究内容与方法

一、研究内容

本课题的主要研究内容如下。

（1）分析体育教育专业学生素养的现状，包括学科知识储备情况、运动技术能力现状、体育教学能力现状、教育实习与社会实践能力现状以及科研与创新能力现状。

（2）研究体育教育专业学生学科理论知识、基本文化素养、师德素养、身心及智能素养、运动技能素养、教研能力以及创新素养的培育内容与方法，见表1-1。

表1-1　研究内容

研究内容	培育内容
学科理论知识培育	体育人文社会学理论
	运动训练学理论
	运动生理学理论
	运动心理学理论
	其他有关体育学科理论
基本文化素养培育	基本思想政治素养
	运动文化知识素养
	基本专业知识结构
师德素养培育	培育意义、内容和路径
身心及智能素养培育	身体素质
	心理素养
	智能素养

续表

研究内容	培育内容
运动技能素养培育	重点运动项目技能
	运动技能素养提高路径
教研能力培育	体育教学技能
	体育教学组织与管理能力
	体育科研能力的培育
创新素养培育	创新知识结构
	创新意识
	创新能力

二、研究方法

(一)文献资料法

根据研究需要,通过中国知网、武汉体育学院图书馆、现代网络等查阅与"体育教育专业""综合素养""体育综合素养""体育教育专业学生综合素养""体育教师"相关的文献资料和书籍,加上体育教育有关的政策文件,对文献进行分类,进而根据分类对文献进行分析、整理和归纳,借鉴前人的研究成果,为本课题研究提供必要的理论基础和材料支撑。

(二)专家访谈法

根据研究目的,咨询和访谈有关专家,听取他们对体育教育专业学生中素养培育的看法,了解体育教育专业学生综合素养的现状,包括学科理论知识、基本文化素养、师德素养、身心及智能素养、运动技能素养、教研能力素养以及创新素养等的培育情况,通过访谈获取可靠的素材,为本课题的研究提供现实依据。

(三)归纳对比法

归纳法是指把具体个别的事物,分别加以综合,从而获得一般结论的方法。所以,在逻辑学中,一贯把从个别走向一般的思维形式称为归纳。对比则是通过对不同事物的比较,寻求其同中之异或异中之同的研究方法。归纳对比法综合运用,可以把零散的、不成系统的知识系统化、理论化,还可以通过比较,找出事物的相同点和不同点,把相近的事物区分开来。本研究在整个研究过程中多处采用了该方法。

(四)逻辑分析法

对于分类整理所获得的理论资料,根据研究需要进行逻辑分析。在研究过程中,客观、准确、全面分析所得材料,在此基础上描述与分析体育教育专业学生综合素养现状。同时,逻辑分析法贯穿本书的整个研究过程。

第三节　国内外研究现状

一、国外研究现状

(一)体育教育专业相关研究

美国、英国和澳大利亚都很重视体育教育专业的发展,并结合社会需求设置该专业的课程,注重培养体育教育专业学生多方面的素质,重视对学生自主积极性和实践动手能力的培养。美国综合大学或文理学院中的体育学院或开设的体育专业肩负着培养体育教师的重任,在培养目标上职业界限模糊,主要结合社会需求、联系社会就业形势来培养人才,使培养出来的体育人才有更多的就业选择和工作机会,同时在人才培养中也会对学生的个人条件、兴趣爱好以及就业方向予以考虑。英国在体育教育专业学生素养培育中,重视对学生社会实践能力的培养,并尽可能使学生毕业后有广泛的就业选择。澳大利亚体育教育专业注重培养学生的专业教学素养和科研素养。

与美国、英国和澳大利亚相比,虽然我国体育教育专业也设置了比较多的课程,但有些课程没有紧密联系我国社会现实需要而开设课程与培养人才,导致体育教育专业学生综合素养培育的欠缺。因此,我国体育教育专业学生综合素养培育中受到限制,导致学生缺乏广阔的知识面,而且专业能力也受到影响,在就业中必然缺乏市场竞争力。

在新时代背景下,体育教育专业学生就业也存在着激烈的市场竞争,学校招聘体育教师不仅看重学历,更看重能力,因此当前体育教育改革中强调将培养体育教育专业学生的综合素养放在关键之处,这也应该是我国体育教育专业改革和人才培养目标调整的一个方向,我们要学习与借鉴国外的经验,分析社会对体育人才尤其是体育师资人才的需要,结合社会实际而开展体育教育专业课程,有针对性地培养人才,重点对学生的实践能力及综合素养进行培育。

(二)体育教育专业学生能力相关研究

随着时代的进步和社会的发展,人们越来越关注生活质量和身心健康,因此参与健身活动或其他休闲娱乐活动已经成为人们生活的一部分,但是人们参与这些活动需要专业人士给予指导或提供服务。为了满足大众的体育参与需求,国外一些高校调整了体育教育专业的教学方向、课程设置以及培养目标,也有一些高校将体育专业、休闲娱乐专业和健康专业整合到一个综合性的教学体系中,以培养综合发展的新型体育人才,满足社会需要。这一改革举措也为体育教育专业学生提供了更多就业空间与选择,但是为了适应社会和人才市场的需求,体育教育专业学生既要掌握体育专业知识与技能,具备教学能力,又要掌握健康知识和休闲娱乐知识,具备组织与指导社会体育活动、休闲娱乐活动的能力。

下面具体分析国外关于体育教育专业学生能力的相关研究。

美国体育学院在人才培养中重点强调通过体育教育,要使学生能够在体育实践中运用已学的体育专业知识去解决实际问题,并在解决问题的过程中发挥自主性、创新性,重视对学生实践能力和创造力的培养。

爱尔兰都柏林城市大学的学者 Carol Dunning 制订教学实践计划来培养体育教育专业学生的教学能力和实践能力,在培养过程中实践指导教师发挥了重要作用。

Steve Georgakis 对比分析了中国、美国、英国和澳大利亚四个国家的高校体育教育专业培养目标。分析指出,英国和美国注重对"通才型"

人才的培养,也就是注重综合素养的培养,学生毕业后也相对容易就业。澳大利亚密切结合社会需求而构建体育教育专业人才培养体系,根据需要确立培养目标、培养模式,大大提高了学生的核心能力。中国因为缺乏充足的教师资源,所以主要对"专才型"人才进行培养,对培养学生综合素养的重要性缺乏足够的认识,也因此限制了学生的就业与多元化发展。

体育教育专业学生的综合能力包含多方面的内容,具有一定的复杂性,也给评估增加了难度,Danielson C. 为了对体育教育专业学生的教学能力、实践能力以及学习能力进行培养,经过分类整理最终确定了22个评估指标,并初步确立了评估框架,从而为评估学生的综合能力和评价体育教育专业人才培养效果提供了重要依据。

Lawson H. A. 和 Sinclair G. D. 等[1]对体育教育专业本科生的一般性和专业性职业技能进行了探讨,其研究认为,体育教育专业本科生职业技能指涉在工作中所要完成职责的具体手段,主要关涉组织能力和解决问题的能力。该研究进一步提供了一般性和专业性技能的例子。

Jimoh Shehu 和 Martin Mokgwathi 归纳总结了近些年能够量化评估波士顿大学体育教育专业学生综合能力的相关数据,并总体评估学生的专业能力、教学能力、组织管理能力以及器材运用能力等核心关键能力。

二、国内研究现状

体育教育专业学生综合能力的构成及培养是体育教育专业研究的热点问题,研究人员主要分析探讨体育教育专业学生的能力结构,指明体育教育专业学生应该具备哪些能力,并为高校体育教育专业设置课程培养与提高学生的综合能力提出建议,也重点研究体育教育专业学生综合能力的评价指标、培养方法、培养模式及培养策略,我国关于这些方面的研究取得了一定的成果。

---

[1] Lawson H. A., Sinclair G. D. Generic and Generalizable Professional Skills for the Undergraduate Major[A]. *Proceedings-National Association for Physical Education in Higher Education*(Champaign, Ill.)[C]. San Diego: Annual Conference, 1982:107-114.

(一)体育教育专业学生综合能力结构的研究

我国学者主要围绕中小学体育教师应该具备的专业能力而研究体育教育专业学生的能力结构,这主要与我国体育教育专业人才培养的目标定位有关。我国高校体育教育专业的主要培养目标是对复合型体育教育人才进行培养,培养出来的人才要能较好地胜任学校体育教育、学校体育训练、学校体育竞赛、学校体育管理等学校体育相关工作,也要能胜任体育科研、社会体育指导等方面的工作。这为有关学者研究学校体育教育专业学生的能力与素质提供了方向与指引。

人们不管从事什么工作,要想很好地胜任工作,必须具备特定的个人特质,如态度、知识、技能等,这些都是能力的范畴。体育教育专业学生毕业后要很好地胜任体育教学、训练、竞赛、科研等工作,就必须具备相应的能力,包括身体素质、心理素质、专业知识和技能等,要培养学生的这些能力,就要做好体育教育专业的教育和培养工作,提升学生的智力和特定能力,使学生以良好的专业能力和综合能力去迎接未来事业。

关于体育教育专业学生应该具备哪些能力这个问题,不同学者在研究时从不同的角度出发,因此研究结果也有所差异,如有些学者对体育教育专业学生综合能力的研究是从整体视角出发进行的,研究指出体育教育专业学生应该具备良好的专业能力和适应能力。下面以表格的形式列出部分学者对体育教育专业学生能力结构的研究成果,如表1-2所示。

表1-2 体育教育专业学生能力结构研究成果一览表(部分)[1]

专家或学者(研究人员)	能力结构
姜国成	主要能力:(1)教学能力 (2)自学能力 (3)社会体育活动组织能力 (4)创造能力 其他能力:(1)观察分析的能力 (2)表达能力 (3)体育赛事组织管理能力

---

[1] 李芳. 体育教育专业学生核心能力网络结构特征研究[D]. 上海:上海体育学院,2016.

第一章 绪 论

续表

专家或学者(研究人员)	能力结构
陈显松	(1)表达能力 (2)体育活动组织能力 (3)社会活动实践参与能力 (4)科学研究能力 (5)自学能力 (6)创造能力
张学研	(1)体育教学能力 (2)社会体育活动实践参与能力 (3)运动训练能力 (4)正确使用体育器材的能力 (5)科研能力 (6)创新能力
谭学彪	(1)教师基本能力 (2)自学能力 (3)体育教学能力 (4)运动训练能力 (5)表达能力 (6)组织管理能力 (7)社会交往能力 (8)创新能力
李翠玲	(1)教学能力 (2)运动训练指导能力 (3)社会体育工作能力 (4)科学研究能力
李波	(1)树立健康教育观 (2)掌握基础知识和专业知识的能力 (3)对课程资源进行开发和利用的能力 (4)良好信息素养

续表

专家或学者(研究人员)	能力结构
曾红辉、陈琦、邓星华等	(1)自学能力 (2)教学能力 (3)训练指导能力 (4)社会体育活动指导能力 (5)组织管理能力 (6)社会适应能力 (7)科研能力 (8)创造能力
刘平清、沈建文	(1)教学能力 (2)运动训练能力 (3)社会体育指导能力 (4)竞赛组织管理能力 (5)科学研究能力
尤国辉	(1)良好的思想品德 (2)专业的运动技能 (3)丰富的理论知识 (4)良好的人文素质 (5)良好的心理素质
杨杰夫	(1)思想观念素养 (2)基础理论知识和专业知识素养 (3)专业技能素养
杨秦等	(1)思想政治素养 (2)思想道德素养 (3)专业知识素养 (4)体育教学能力 (5)运动实践能力 (6)启发创新能力

除上述研究成果外,也有学者从个别视角出发研究体育教育专业学生能力的具体内容,从微观角度阐述体育教育专业学生应该具备的教学能力、社会适应能力、科研能力及裁判能力的子能力。

部分学者指出,环境适应能力、理论知识学习与运用能力、表达能力、组织管理能力虽然是体育专业学生的非专业能力,但是对学生未来职业的影响很大,因此也要加强培养。

总体来看,当前我国专家学者在高校体育教育专业学生能力结构的研究中,普遍认为学生应该具备良好的教学能力、适应能力、科研能力、创新能力、训练能力、指导能力、组织管理能力等。但需要注意的是,专家学者对体育教育专业学生核心能力的研究比较少,上述能力中哪些是核心能力,哪些是非核心能力,这还有待进一步研究,也为今后的研究提供了方向。

(二)体育教育专业学生综合素养培育的研究

为培养与提高体育教育专业学生的综合素养,高校体育教师和广大学者、专家及科研人员付出了很多努力。许多研究人员普遍认为,要培养与提升体育教育专业学生的综合素养,就要设置好专业课程,开展好教学实践活动,并做好综合素养评价工作,这是培养体育教育专业复合型人才应该努力的方向。

我国高校体育工作者也开始关注在素质教育理念下展开对体育教育专业学生的培养工作,使素质教育理念真正体现在体育教育的过程中。近年来,广大学者深入探讨并研究了体育教育专业学生的能力结构、培养目标、课程设置、教学与培养模式、能力评价等问题。有学者通过对比分析我国与体育教育发达国家在体育教育专业人才培养模式上的差异,提出要借鉴国外的经验来重新确定我国体育教育专业人才培养方向和培养模式;也有学者提出培养体育教育专业的学生,既要从思想观念、理论知识着手,也要注重培养多方面的素质和实践能力;很多学者都普遍认可培养综合素质的重要性,强调重点培养体育教育专业学生的思想道德素养、文化知识素养、专业技能素养以及开拓创新素养等。

下面阐述我国部分学者关于高校体育教育专业学生综合素养培育的研究成果。

尤国辉研究指出,当前我国体育教育专业学生的综合素养不容乐观,存在很多问题,如不具备合理的知识结构,掌握知识片面,不够系统,而且运用理论知识解决实际问题的能力也比较弱,更缺乏科学研究能力,应根据这些现状与问题而有针对性地培养学生的综合素质,解决学生的能力问题,提高学生的综合能力和持续发展能力。①

范才清基于体育教育专业的特点与体育教育专业人才培养目标而详细分析了体育教育专业学生的综合素质、专业素质分别由哪些因素构成,并探讨了各构成因素之间的关系,在这些基础上最终构建了系统培养与有效提升体育教育专业学生综合能力的科学模式。②

杨秦、赵雅玲、罗舰详细分析了高校体育教育专业学生综合素质的构成及现状,并结合素质教育理念的要求提出了可靠的方法与途径来改善学生的素养现状,提高学生的综合素质。③

陈显松研究提出了一系列促进体育教育专业学生综合素质提高的有效途径,包括树立科学的人才培养理念;注重基础与专业理论素养的培养;培养学生运用理论知识解决问题的能力;培养学生的专项运动技能和运动能力;培养学生的专业教学素养和科研素养;将课内外教学与培养有机联系起来。④

沈建文研究指出,要使体育教育专业学生综合能力结构达到合理化,有效提升学生的综合素养,就要明确人才培养目标,根据培养目标确定学生的综合能力结构,提高体育教育专业的教育质量。⑤

李波指出,培养体育教育专业学生的综合能力要适应体育课程改革的需要和社会用人市场的需求,基于这些考虑他提出了一些建议,如明确体育教育专业学生的培养目标,完善体育教育专业的课程体系和教学评价体系,优化课程设置,注重对学生信息素养和实践能力的培养。⑥

---

① 尤国辉.试述高校体育教育专业学生综合素质的内涵与培养[J].魅力中国,2009(16):101.

② 范才清.体育教育本科专业学生综合素质培养模式的构建研究[D].长沙:湖南师范大学,2006.

③ 杨秦,赵雅玲,罗舰.高校体育专业学生的综合素质教育探析[J].林区教学,2008(03):89-90.

④ 陈显松.新时期体育教育专业学生能力的培养[J].福建体育科技,1998(04):16-18.

⑤ 沈建文.从"能力结构"的形成谈高师体教专业学生能力培养方案[J].湖北体育科技,2005(01):37-39.

⑥ 李波,孙卫红.课程改革背景下的体育教育专业学生的能力培养[J].山西师大体育学院学报,2008(01):82-83.

第一章 绪 论

谷礼燕等学者指出,要根据就业市场的需求来确定体育教育专业学生的能力结构、培养目标,要完善体育教育专业的课程设置,适当增加实践课和实习课的课时,培养学生多方面的实践能力,使学生的能力结构与市场需求相匹配,从而使其在就业市场中有很大的竞争力和更多的就业机会。[①]

张学研提出了一系列促进高校体育教育专业学生综合素养提升的建议。[②] 第一,改革招生制度,提高招生门槛,严格把好质量观;第二,在体育教育专业教学中注重培养学生的思想品德和职业道德素养,提升学生的思想水平和职业道德水平;第三,优化课程设置,注重实践课教学,更新教学观念,设计多元新颖的教学方法,根据教学情况调整与完善教学计划;第四,将课堂教学与课后培养联系起来,充分开发与利用课程资源;第五,改革体育教育专业的考核评价制度,完善评价指标体系,提高对体育教育专业学生综合素养考核的客观性、准确性、全面性。

刘昌亚、邰崇禧、陆彩凤指出,对体育教育专业学生的实践能力进行培育非常重要,这既能提高学生的综合素质,又能培养学生的创新能力,学生只有具备良好的实践能力,才能满足社会发展的需求,适应社会环境的变化,所以高校要提高体育教育专业人才培养质量,就应该从培养与提高学生的实践能力着手。[③]

吴海强指出,我国高校体育教育专业学生综合素质偏低的问题自高校实施扩招政策以来就一直存在,当前体育教育专业学生的综合素质尚且达不到社会发展的要求,从学生的专业发展来看,要改善学生的综合素养现状,就要加强对学生实践能力、社会适应能力、运动保健能力的培养,并注重对学生不同能力与素养的均衡培养,促进学生全面和谐发展。[④]

石景研究指出,培养合格的体育教师是我国体育院校的主要办学

[①] 杜宝拴,谷礼燕. 高校体育"单元探究式"教学模式构建研究[J]. 柳州师专学报,2006(01):93-94,97.

[②] 张学研,王崇喜. 对普通高校体育教育专业学生能力培养与评价的研究[J]. 体育科学,2000(06):15-18.

[③] 刘昌亚,邰崇禧,陆彩凤,雍明,刘爱霞. 普通高校体育教育专业本科学生实践能力培养的改革与创新[J]. 搏击(武术科学),2010,7(10):84-85,91.

[④] 吴海强. 体育教育专业本科学生实践能力培养的路径研究[D]. 开封:河南大学,2008.

任务,要求培养体育教育专业学生的教学理论知识素养、教学技能素养和专业技术素养,使学生能够将专业知识和技术合理运用到实际教学中。①

孙秋红研究指出,在培养学生综合能力的同时,还应重视学生正确世界观、人生观、价值观的养成和良好思想品德的形成,提高学生的思想素质,培养有理想、有道德、有事业心、有社会责任感、有创造性的德才兼备的人才。②

李彬指出,高校应采取课外教育途径来提高体育教育专业学生的综合素养,通过举办丰富多彩的课外活动使学生掌握丰富的知识,锻炼学生的实践能力,培养学生的个性。③

陈阅指出了我国高校体育教育专业学生专业实践能力的问题,提出从多个方面解决问题,如树立正确的人才培养价值观,强化校内外合作交流学习;建立校外实习基地,改进培养方案;优化人才培养质量的考评制度等。④

程志华指出了高校体育教育专业学生综合素质的问题,提出的一些培养建议,如结合实际情况确定培养目标;有针对性地实施教学内容;建设高水平师资队伍;关注学生思想动态和心理健康;提高学生的教学能力、训练能力、组织能力、裁判能力、科研能力,为学生的顺利就业奠定基础。⑤

杨杰夫指出,高校体育教育专业在培养学生综合素质上存在各种问题,需要在教学实践中更新教学观念,优化课程设置,改进教学内容、方法和手段,依据社会对人才的需求以及标准来培养人才。⑥

张艳成详细辨析了高校体育教育专业学生综合素质的构成,指出高

---

① 石景. 四川省高校体育教育专业教育实习现状与对策研究[D]. 成都:四川师范大学,2013.

② 孙秋红. 对体育教育专业田径主项学生综合能力培养的思考[C]//. 中国体育科学学会运动训练学分会第六届全国田径运动发展研究成果交流会论文集. 中国体育科学学会运动训练学分会,2013:4.

③ 李彬. 体育教育专业实践教学开展策略研究[J]. 青少年体育,2019(10):115-116.

④ 陈阅. 体育教育专业本科学生专业实践能力培养对策的研究[D]. 宁波:宁波大学,2014.

⑤ 程志华. 重庆市高校体育教育专业田径专修学生综合素质调查研究[D]. 重庆:西南大学,2009.

⑥ 杨杰夫. 本科体育教育专业田径专修学生综合素质培养的调查与分析[D]. 桂林:广西师范大学,2008.

校要与社会需求相对应起来,明确培养目标和培养模式,以适应社会对体育人才的需求。此外,他还提出,高校体育教育专业不能只注重学生技术操作能力和体能方面的训练,要注重学生教学能力和训练能力的提高,强调教的过程和练习的过程。同时,还要深入改革教学内容与方法,提高教育和培养质量,以全面提升学生的综合能力。[①]

范军经过研究提出了提高体育教育专业学生综合素质的建议:第一,高校体育教育专业要有清晰的培养目标,明确要培养什么样的人;第二,院校应尽力把不同课程资源结合起来组成一个有机整体;第三,鼓励学生多在实践中历练,学校提供课外学习交流的机会,提高学生的实践能力。[②]

从体育教育专业学生综合素养的研究现状来看,大部分研究都存在局限性,如只是探讨个别素质或具体运动专项学生的专业素质,研究不够全面、系统。鉴于此,本研究以体育教育专业学生为研究对象,从高等教育目标一般理论和现代素质教育理论出发,采用实证分析的方法,对体育教育专业综合素质教育目标予以全面、系统的构建,它对于丰富素质教育理论体系,改变体育教育专业教育现状,推动体育教育专业课程教材改革和教学改革,实现21世纪"宽口径、厚基础、高素质、强能力、有特色、有创新"的体育复合型高级专门人才培养目标具有重要的理论与现实意义。

(三)体育教育专业其他方面的研究

顾小霞指出了我国高校体育教育专业发展中存在的问题,分析影响体育教育专业发展的各种因素,并从招生制度、人才培养目标、课程设置、毕业生就业等方面提出了一些对策和建议。[③]

季克异运用文献资料法、问卷调查法、逻辑分析和数理统计等方法,以课程开设的数量为切入点,有针对性地研究了我国部分高校体育教育专业的课程设置方案,研究指出现阶段我国体育教育专业课程开设数量

---

① 张艳成.新疆高校体育教育专业田径专修学生综合素质的调查与分析——以新疆师范大学为例[J].当代体育科技,2014,4(15):153-154.
② 张山.体育教育专业学生专业综合能力提高途径研究[D].成都:成都体育学院,2015.
③ 顾小霞.我国高校体育教育专业发展现状及问题分析[J].西安体育学院学报,2011,28(02):253-256.

显著增加,涵盖知识面有所拓展,并增加了教育通论、教育职业技能、现代教育技术、学科教学法以及特色课程、新型课程等的开设。①

李艳翎通过客观分析体育教育专业学生的就业现状和社会需求,提出了根据社会需求来培养体育教育专业人才及提高培养质量的对策。②

总之,国内研究探讨了体育教育专业课程改革、课程设置、人才培养模式、能力评价等方面的问题,这些研究引导我们对体育教育专业的了解及对该专业发展现状的思考,也为培养体育教育专业学生的综合素养和评价学生的综合能力提供了方向。

我国高校体育教育专业发展在新时代面临的考验非常大,要实事求是地分析体育教育专业的发展问题,并根据新时代社会发展对体育人才的需要来有针对性地解决问题。新时代社会的进步与发展对体育人才提出了很高的要求,因此体育院校应进一步做好培养体育人才的工作,深层次考虑体育教育专业人才的培养目标,明确体育教育专业的课程目标,优化课程体系,灵活安排课程教学计划,使体育教育专业的发展模式与社会市场发展的需求相契合。部分专家提出要推动高校体育教育专业的可持续发展,就要树立与时俱进的发展理念,有的放矢地培养人才。体育教育专业的学生是该专业教学的主体,体育教育工作者围绕该主体安排课程和教学活动,培养学生主体的理论知识素养和实践能力素养,并安排学生实习,对其综合能力进行检验,并进一步优化人才培养模式,提高人才培养质量。总之,专家学者对体育教育专业的课程设置、学生培养等进行了多方面、多角度、多层次的研究,并提出了相应的优化发展策略,对培育体育教育专业学生综合素养及提高人才培养质量具有重要的借鉴意义。

---

① 黄汉升,季克异. 我国普通高校本科体育教育专业课程方案的研制及其主要特征[J]. 体育学刊,2003(02):1-4.
② 李艳翎. 体育教育专业综合素质论[M]. 长沙:湖南师范大学出版社,2012.

第二章 体育教育专业学生素养的现状分析

要成为一名优秀的体育教育专业学生，必须要具备出色的综合素养。只有综合素养提升，才能在将来毕业走上工作岗位后快速地适应新的环境和工作，也才能获得健康的职业发展。目前，我国体育教育专业的学生素养总体来看并不是很乐观，这种既有现状对体育教育专业发展和体育教育专业学生的发展都是不利的。本书对体育教育专业学生综合素养的各个方面展开具体研究与分析。

第一节 体育教育专业学生培养的目标与要求

一、体育教育专业学生的培养目标

"培养什么人"即是国家宏观教育目标。[①] 体育教育专业学生的发展，离不开一定的培养和培训。其培养要有一定的培养目标，培养目标就是指依据国家教育目的与本学校的学习特征及任务，针对学生提出的特定目标。高质量人才的培养，是适应社会发展的需求，是体育教育活动的宗旨，在培养过程中的每一个环节，都应当以人才的培养目标和规

---

① 廖上兰,刘桂海."培养什么人":学校体育改革的理性思考与价值重构——基于我国宏观教育目标演进考察[J].天津体育学院学报,2021,36(02):151.

格为依据。① 这一培养目标主要有以下两个方面的内涵。

一方面,通过师资力量培养优秀的体育人才,并将其应用于社会,充分体现社会对体育教育专业人才的需求。

另一方面,各高校可以结合自身的实际情况,依据国家制定的教育标准制定合理的体育教育专业培养目标,从而培养出大量的高素质体育人才。

总体上来看,体育教育专业学生的培养目标主要体现在以下几点,只有具备了以下几点,才能说是培养出高素质的体育人才。

第一,培养具有丰富体育教育专业知识和高超体育运动技能的人才。

第二,培养具有教学、训练与组织管理能力的高素质人才。

第三,培养具有一定创新意识与能力,具有国际视野的综合体育人才。

第四,培养具有较强的体育专项教学、体育科研能力和实践能力的专业体育人才。

以上都是体育教育专业学生培养的核心目标,在体育教育专业学生培养的过程中,这些目标都应贯穿其中,只有如此培养的体育人才才符合现代社会发展的潮流和要求。

二、体育教育专业学生的培养要求

可以说,培养要求是培养目标的延伸,是对培养目标所做出的更深化的解读。体育教学目标具有统一性和概括性的基本特点,而人才培养的要求则具有较强的针对性,要求学生必须具备哪些方面的能力和水平等。体育教育专业学生培养的要求主要体现在以下几个方面。

第一,要求掌握体育基本理论知识的能力。

第二,要求学生具备体育教学、运动训练与技能实践的能力。

第三,要求学生具备自己操作动手的能力。

第四,要求学生懂得竞赛规则和裁判法,具备一定的裁判能力,这便

---

① 张玉丹. 河南省体育教育专业人才培养与社会需求研究[D]. 郑州:郑州大学,2014:15.

第二章 体育教育专业学生素养的现状分析

于将来在校运会中充分运用自身的组织与管理比赛的能力。①

第五,要求学生具备组织与管理赛事活动的能力。

第六,学生要了解当今的体育热点事件以及体育科研动态。

第七,要求学生具备熟练使用计算机的能力。

体育教育专业学生培养的要求如图 2-1 所示。

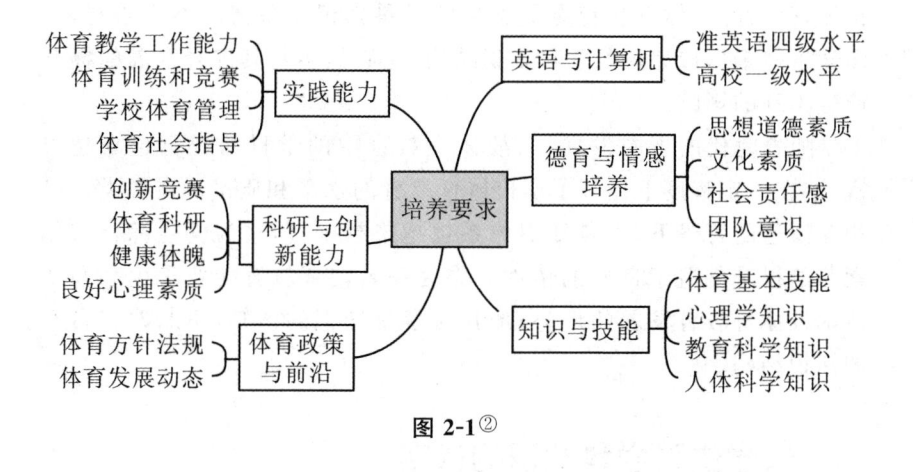

图 2-1②

第二节 体育教育专业学生学科知识的储备情况

要想成为一名出色的体育教育专业学生,必须要具备丰富而扎实的学科知识,这是其发展的重要保障。樊临虎的研究表明,知识素质是体育教师取得劳动成果的先决条件。③ 学科知识是人文知识的重要内容,它也是人文素养不断内化的重要基础,只有具备了丰富的学科知识,人们的人文素养水平才能得到较大的提升。体育学科知识的传授不仅是"育体",更重要的是"育心"与"育人",是培养人格健全的合格

---

① 李乐虎,王健,高奎亭,李可兴.深化体教融合背景下我国学校体育治理的现实困境与路径选择[J].天津体育学院学报,2021,36(05):520-527.

② 耿文帅.上海体育学院体育教育专业学生综合能力的现状研究[D].上海:上海体育学院,2020:10.

③ 樊临虎.21世纪体育教师基本素质构成要素的研究[J].体育学刊,2000(06):98-101.

公民,其终极价值在于"全人教育"。① 对于学生而言,其学科知识与各种人文知识的积累程度在很大程度上影响着学生人文素养的提升。更进一步讲,只有人们具备了出色的人文知识与素养,才能为人类文化的发展积淀强大的力量。由此可见,学科与人文知识也是衡量人们人文素养发展水平的重要前提和条件。通过相关调查发现,在我国高校体育教育中,体育教育专业学生的学科知识储备情况不容乐观,许多学生并未形成完善的学科知识结构,这必然会对其综合素养的提升产生不利的影响。

随着时代的不断发展,学校体育教育中的学科知识也越来越丰富,这在一定程度上提升了学校体育教育的水平和质量。在各类学科相互渗透的背景下,学科知识体系也越来越丰富,这为学生综合文化素养的提升创造了良好的条件。作为一名体育教育专业学生必须认清学校体育教育发展的形势,加强对学科知识的认知,不断改善自身的知识结构。

一、学生对学科知识的认知

对于体育教育专业的学生而言,不仅要学习体育学科的基本知识,还要学习文学、历史、政治、哲学等多方面学科的知识,要形成一个相对完善的知识结构体系,这样才有利于自身的进一步发展。据相关调查发现,体育教育专业学生对学科知识的认知呈现出参差不齐的局面。② 在文学、历史、政治、哲学等学科知识的调查中,最受学生欢迎和了解的是文学,其次是历史学、哲学和艺术学等学科知识。在最不受学生欢迎和认知的学科中,法学排在第一位,然后是管理学、经济学、宗教等。这些学科相对而言比较冷门,学习的认知能力有限,大部分学生都难以产生学习的兴趣。之所以出现这种情况,原因之一在于我国学生从小就是接触的应试教育,从小就学习语文、历史、政治等学科知识,对那些较为专业的法学、经济学、管理学等学科涉及较少,受此影响,学生摄取知识的范围有限,相对较少有机会进行这些学科知识的学习,导致学生学科知

---

① 潘洪建,徐继存. 当代教育评论第 8 辑[M]. 江苏:江苏大学出版社,2018:117.
② 王娜. 河北省高校体育教育专业学生人文素养的研究[D]. 石家庄:河北师范大学,2016:17.

识结构的缺失;原因之二在于大部分体育教育专业学生由于体育技能习得过程占用了较多时间,无法全身心习得学科类的知识,而在一定程度上造成文化素养上的欠缺,这在一定程度上影响着体育教育专业学生综合素养的发展。

二、学生学科知识的掌握情况

据相关调查研究发现,我国许多高校体育教育专业学生的学科知识掌握存在欠缺,主要表现在以下几个方面。

第一,学科基础知识掌握不牢,尤其是对于一些知识点的掌握比较模糊。

第二,受传统应试教育的影响,很多学生对于文学、历史等学科的认知水平要低于其他学科。对法律、经济学的认知比较低。

第三,不同学生以及不同性别学生的学科认知水平呈现出较大的差异。

第四,学生对于体育学科现状的认知率较高,说明体育学科比较受学生关注。

在我国,体育教育专业是培养未来中小学体育教师的主要渠道,也是形成体育教师专业知识的直接途径。它作为各级高校体育学院的主要专业,进行各种体育理论与运动技能的传授,为我国的体育事业做出了卓越的贡献。① 但总体上来看,我国各学校体育教育专业学生的学科知识结构不是很丰富,在较多方面都存在欠缺。而学生所掌握的知识也缺乏一定的深度。受学校环境等各方面因素的影响,很多学生没有形成一个良好的阅读习惯,平时对各学科知识的积累不够。另外,学生也较少涉猎本专业以外的知识,对学科发展广度认识不足,对各学科的研究动态也不是很了解。在这样的情况下,体育教育专业学生的长远发展会受到影响,需要受到学校领导、体育教师的高度重视。

---

① 李林鹏.长春市高校体育教育专业学生专业知识的调查研究[D].长春:东北师范大学,2011:1.

三、学生学科及人文科学知识存在各种问题

(一)体育教育专业学生的人文科学知识相对匮乏,体育类人文科学知识熟悉度较高

人文科学知识是指人们应该掌握的文学、语言学、历史学、艺术学、人类学、政治学、宗教学、理论学、民俗学、社会学、哲学等人文科学方面的知识,其中文学、社会学、哲学、历史学等是学生所必须要具备的基础知识。① 樊临虎的调查结果表明,构成体育教师知识素质的人文社会科学知识排在第五位,占比60.9%。② 李裕和等调查发现,体育专业实习生在实习教学中表现出语言表达和文字表达能力较差的现象。③ 受传统应试教育的影响,我国大部分体育教育专业学生在文学、哲学、历史学等学科方面的知识都比较欠缺,这与体育教育专业学生的人文知识诉求形成鲜明的对比。

总之,我国高校体育教育学生的文化知识较为匮乏,尤其是对文史哲的了解甚少,但与这些学科相比,学生的体育专业知识水平却呈不断提高的趋势,说明学生在体育学学科知识的掌握上相对充盈。

(二)个别学生价值导向存在偏颇

作为一名高校体育教育专业的学生,除了具备丰富而扎实的专业基础知识外,还需要具有良好的人文精神。所谓"人文",是指区别于自然现象及其规律的人与社会的事物,"人文素质"是人们价值观念、理想人格、行为规范、思维方式等各方面素质的综合体现;其核心是贯穿在人们思维与言行中的信仰、理想、价值取向、人格模式和审美情趣等。④ 人文精神关注的是人生真谛和人类命运的理性态度,具体表现为世界观和价

---

① 王禹霖. 吉林省体育院校学生人文素质现状调查研究[D]. 延吉:延边大学,2013.
② 樊临虎. 21世纪体育教师基本素质构成要素的研究[J]. 体育学刊,2000(06):98-101.
③ 李裕和,林文弢,翁锡全,黄明强. 本院体育教育专业学生专业素质现状的调查分析[J]. 广州体育学院学报,2001(02):118-120.
④ 周明华,肖连波. 试析高职院校体育专业对学生进行人文素质教育的途径与方法[J]. 教育与职业,2005(08):48-49.

值观。体育人文精神是人文精神的有机组成部分,体育人文精神必然遵循和体现人文精神的本质——人的自由和谐发展。[①] 体育教育专业学生人文精神习得情况将直接影响其自身的人生价值取向。总体上来看,大部分体育教育专业学生的人生观、世界观和价值观比较明确,但也有一部分学生对于自己的未来比较迷茫,对自己的未来感到疑惑。在当今社会背景下,受各种不良因素的影响,一部分体育教育专业学生的价值导向出现了较为混乱的迹象,他们为了取得成功,出现了大量的急功近利的现象,这侧面反映出其人文素质的缺失。而人文素质的缺失与学生各类学科知识的掌握不够有着极为密切的关系。

总之,在当今社会背景下,大部分体育教育专业学生的精神状态良好,他们的思想较为开放,敢于进取,有着健康的人格。但需要注意的是,受当今社会市场经济和信息全球化浪潮的影响,也出现了一定的负面作用,那就是一些体育教育专业学生对某些事物和事情缺乏合理的价值判断,在人文素质方面比较欠缺,这对于体育教育专业学生的未来发展产生了不利的影响,因此需要引起重视。

(三)体育教育专业学生的文化修养有待提升

一个人的文化修养不是一时一日而成的,这需要一个长期积累的过程。刘智丽等[②]对历届全国体育教育专业基本功大赛的相关资料进行了对比分析,其研究结果表明:学生不仅文化素质较低而且外语水平差。目前来看,很多学生在文化修养方面还存在不少问题,有待于进一步提升。一个人的文化修养如何将会对其未来发展产生重要的影响,一般来说,文化修养主要包括读书习惯、语言文字修养、文学修养、伦理道德修养、艺术修养等内容。陶郁、李继伟认为,文化素质教育能帮助学生学会做人,为学生启示方向、陶冶情感,帮助其了解世界、了解自己、了解人对社会的责任,因此应该重视体育教育专业学生的文化素质教育。[③] 对于体育教育专业学生而言,提高自己文化修养的一个最为重要的途径就是

---

① 宋亨国.中国当代体育人文精神的内涵研究[J].北京体育大学学报,2011,34(02):17-21.

② 刘智丽,张蕊.历届全国体育教育专业大学生基本功大赛的对比分析[J].西安体育学院学报,2003(06):85-87.

③ 陶郁,李继伟.复合型体育教师的培养与文化素质教育[J].山东体育学院学报,1998(01):72-74.

在图书馆中阅览和学习,因此,体育教育专业学生去图书馆阅读书籍成为提升自身文化修养的一个重要手段。

相关研究发现,学生去图书馆阅读书籍的频率与专业之间的关系比较密切,与一般学生相比,体育教育专业学生去图书馆的频率相对较低,在书籍的选择上,也大多是选择与考试或就业相关的书籍。这种功利化的倾向在体育教育专业学生身上表现得十分明显。

大学生的学科知识丰富程度将会对学生的人文素质发展产生至关重要的影响。除了平时的教学之外,可以促进学生人文素质提升的一个重要途径就是网络。如今,网络技术得到了充分的利用,在学校体育教育领域也是如此。体育教育专业学生可以充分利用网络这一手段去获取源源不断的知识,丰富自己的知识结构。总之,伴随着现代科技的发展,新兴媒体逐渐成为体育教育专业学生获取知识、提高自身人文素养水平的一个重要渠道。

第三节　体育教育专业学生运动技术能力现状

作为一名体育教育专业的学生,必须要具备良好的技术能力。运动技术能力就是指经过长期的实践与总结,能够符合人体运动的相关原理,能有效施展自身能力的一种技术等级。在体育运动中,运动技术可以说是一个标准动作的关键因素,只有具备出色的运动技能才能做出标准、优美的技术动作。学习时间的多少是影响定向运动技术动作学习能力提升的重要因素。[①] 作为一名体育教育专业的学生,首先要在平时的教学中,学习和掌握基本的技术动作,领会技术动作的要领,然后在此基础上巩固和提高。在具体的体育教学实践中,学生要学会充分利用所学到的体育理论知识武装自己,以理论指导实践,提高体育运动技能学习的效率,这对于学生运动技术能力的提升是非常有帮助的。

---

① 李国军,杨海平. 普通高校体育专业学生定向运动技术动作学习能力研究——以"2016年全国学生定向锦标赛"为例[J]. 广州体育学院学报,2017,37(01):84-88.

一、运动项目技术水平

作为一名体育教育专业学生,除了要学好一般的体育专业课外,还要加强与体育专业相关的课程,不断提升自身的综合素质与水平,要将专项教学与训练实践结合起来进行,这是提升运动技术水平的重要途径。

通过相关调查研究发现,我国各学校绝大部分的体育教育专业学生在专项运动水平方面还是比较合格的。在运动项目水平上,大部分学生都展现出了良好的身体素质,对运动技术的理解和掌握程度也较好。一般情况下,学生可以在参加田径运动会、三大球锦标赛以及市运动会等获得名次后,达到相应的标准,都可以参加运动员等级的评选。部分体育专业院校对体育教育专业学生有着更高要求,以武汉体育学院为例,目前对体育教育专业学生的培养,虽然对学生没有明确的运动等级证书获得要求,但人才培养方案中指出需要达到二级运动员水平。但是对于体育教育专业学生而言,不断提高自身的运动技能水平还是很有必要的。只要具备了出色的运动技能水平,在将来毕业选择就业时就具有较强的竞争力,对于学生未来发展来讲也具有重要的意义。

二、运动项目参赛经历

体育教育专业的课程内容主要包括体育通识教育课、学科基础理论课、项目课程以及其他文化课等。除了这些课程以外,运动训练和比赛也是必不可少的。学生参加运动项目比赛,也是检验自己运动技能水平的一种方法。通过参加各种各样的比赛,学生也能学习到各种运动方法与技巧,丰富自己的阅历与见识,也有助于学生自身综合竞技能力的提升。

关于体育教育学生参加比赛的情况,以武汉体育学院为例,体育教育专业学生每年都会举行各个项目的联赛,这一情况值得肯定与借鉴。武汉体育学院也为广大的学生提供了一个良好的参赛平台,每年都会组织与举办各种类型的运动比赛,如田径运动会、各种专项比赛等,通过参加这些比赛,学生能在比赛中充分展示自身的运动水准,进一步提升自身的竞技实力,大部分学生都能在这些运动比赛参与中得到锻炼,并从比赛中获得愉悦的运动体验。

第四节 体育教育专业学生体育教学能力现状

体育教育专业学生在培养目标上主要是成为中小学体育教师,体育教学能力是每位体育教育专业学生必须具备的能力。而要想成为一名优秀的体育教育专业人才,则必须具备出色的体育教学能力。教学能力是评价高校对体育教育专业学生培养效果的重要指标之一,然而我国高校培养的体育教育专业学生在一定程度上不能适应基础教育改革的需求,普遍反映体育教育专业学生教学能力较差,跟不上学校体育发展的要求,对学生的就业造成一定影响。[①] 张明伟、吕东旭通过对学生教学能力具备情况的调查表明,学生的教学讲解能力(35.2%)、学练法(学习和练习方法)指导能力(33.1%)、指导运动队训练能力(28.2%)不强;动作示范能力(66.2%)较强。[②] 鉴于当前我国体育教育专业学生的体育教学能力情况,我们有必要进一步通过文献与调研进行研究与分析。

一、体育教学能力的概念

关于体育教学能力的概念,并没有一个十分明确的说法。大体上而言,体育教学能力就是以室外体育为主,是体育教师智力与体力、思维和身体活动等能力在教学过程中的特殊体现,是体育教师运用自身的知识和技能,实现既定的体育教学目标或任务的能力,是体育教师应具备的基本能力。[③]

[①] 张娜,赵国华.体育教育专业学生教学能力系统的结构与培养[J].广州体育学院学报,2016,36(01):117-120.

[②] 张明伟,吕东旭.高校体育教育专业学生教学能力培养的调查分析[J].体育学刊,2009,16(04):48-52.

[③] 耿文帅.上海体育学院体育教育专业学生综合能力的现状研究[D].上海:上海体育学院,2020.

第二章 体育教育专业学生素养的现状分析

伴随着现代社会的不断发展，教育类各个专业都获得了快速的发展，对于体育教育专业而言也是如此。体育教育专业学生将来的就业方向基本为中小学体育教育和各种体育培训，因此在平时的体育教育专业教学中，加强学生体育教学能力的培养和提升是重中之重。而在体育教育专业学生培养过程中，体育教师也要注意不断提升自身的教学能力，这直接影响到体育教育专业人才的素质与质量。

体育教育专业学生的体育教学能力主要包括讲解与示范能力、组织与管理能力、应变能力等。

二、讲解与示范能力

（一）提高讲解与示范能力的必要性

与其他文化课教学不同，体育教学绝大部分都是实践课教学，而实践课教学中又存在着大量的技术动作教学内容。因此，作为一名体育教师必须要具备出色的讲解与示范的能力。

在具体的体育教学实践中，各种技术动作的教学经常会用到讲解的形式，讲解的内容主要包括技术动作的名称、基本的动作要领、教学注意事项等，通过这些内容的讲解，学生能掌握基本的体育知识与技能。示范能力主要是指体育教师做出准确而优美的技术动作的能力，只有体育教师的动作示范正确，学生才能获得良好的发展，否则就容易对学生的学习形成不良影响。

由此可见，未来从事体育教育的学生一定要学习和掌握讲解与示范的基本能力，这一能力可以说是体育教师的核心能力。体育教师要进行正确动作的示范，帮助学生建立正确的动作表象，便于学生学习和掌握技术动作，同时还要学会运用专业术语对技术动作进行准确的描述。一般情况下，讲解和示范能力可以细分为讲解和示范技术动作的能力、讲解和示范战术的能力以及最优的讲解示范位置和时机的把握掌控能力。作为体育教育专业学生一定要注意在平时的学习中不断地积累和提高这几项能力，这对于其将来从事体育教育这一行业的学生具有非常大的帮助。

(二)体育教育专业学生讲解与示范能力现状

动作讲解与示范可以说是体育教育专业学生所必须要具备的一项非常重要的能力,这一能力是体育课堂活动顺利开展的重要基础,对体育教学质量的提高具有重要的意义。讲解与示范能力是讲解能力与示范能力的统称,针对体育教育专业学生,不仅要进行动作的示范,使学生建立直观的表象,便于动作的理解和记忆,而且还需要教师运用专业的术语对所学的动作进行讲解,讲解的清晰关乎着教学质量,讲解与示范能力是体育教学中最重要的环节。① 在教学过程中,动作讲解与示范是课堂平稳开展的基础,是作为体育教师最根本的技术能力,直接作用于教学质量与课堂效果,起到关键作用。

通过调查与研究发现,讲解与示范能力是目前我国体育教育专业学生培养阶段急需提升的一种能力。在许多高校体育教育专业学生培育过程中强调学生运动技能的习得,而对体育教育专业的师范性认识不足,一些体育教师在教学中常常忽视学生是未来的体育师资,需要锻炼必要的讲解与示范能力。在与教学一线的教师访谈中得知,一些体育教育专业学生存在对教学现象讲述笼统、声音不够洪亮、对动作的演示形象化缺少直观性等问题,究其原因在于学生实践机会太少,积累的教学经验不足。整体上来讲,我国体育教育专业学生在讲解与示范能力上还有很大的强化空间,需进一步加强。

三、组织教学能力

(一)组织教学能力的作用

作为一名合格的体育教师,还必须要具备出色的组织教学的能力。组织教学能力是教师的基本功,是教师在一定条件下,经济地、有效地把

---

① 耿文帅.上海体育学院体育教育专业学生综合能力的现状研究[D].上海:上海体育学院,2020.

第二章 体育教育专业学生素养的现状分析

知识、技能、技巧传授给学生的本领。① 这是体育教学活动顺利开展的重要基础。可以说,体育教师的组织教学能力贯穿体育实践课的始终,具有良好的组织教学能力是体育教师综合素养的深刻体现。体育教师的组织教学能力会对体育教学质量产生至关重要的影响,因此加强体育教师组织教学能力的培养与提高是十分重要的。具备出色的组织教学能力,往往会在体育课堂上收到良好的效果,在体育教师的带动下,体育课的每一个环节都能按部就班地进行,能极大地吸引学生参与其中,激发学生参与体育教学活动的兴趣和积极性。一般来说,体育教师的组织教学能力主要包括队列队形调动能力、组织教学秩序的能力、制订教学计划的能力、安全教学与管理的能力等。在高校体育教育专业人才培养的过程中,一定要加强组织教学能力的培养,帮助其成为一名专业素质较高的体育教育人才。

(二)体育教育专业学生组织教学能力的现状

通过相关调查研究发现,我国学校体育教育专业学生在组织教学方面的能力不尽如人意,可以说是一个相对薄弱的方面。在具体的体育实践教学中,学生在队伍的调动上、在课堂秩序的维护上都存在较大的改进空间。许多学生在组织教学中表现得没有自信,不能很好地施展自己的才能。因此,为提高体育教育专业学生的组织教学能力,应有针对性地对学生进行训练和培养,提高学生组织教学的自信心,使其能够全面系统地掌握体育教育实践课堂,提高组织体育教学的水平。

要想组织与管理好体育课堂,就需要学生不断提升自己的组织教学能力,这样才能适应合格、合理调整体育课堂的节奏。与一般的文化课不同,体育教学实践大部分都是在户外进行的,同一时间段上课的学生体量较大,再加上运用到的体育器材比较多,这就极大地增加了体育课组织教学的难度,同时对体育教育专业学生组织教学能力也是一个考验。总体而言,我国体育教育专业学生的组织教学能力还处于相对薄弱的态势,亟需受到培养单位、体育教师的重视,进行必要的针对性培育。

---

① 姜国成.浅谈师范专科学校体育教育专业学生能力的培养[J].成都体育学院学报,1992(01):84-87.

四、应变能力

(一)应变能力的概念

应变能力是在体育教学实践中出现了教师未曾预料到的突发信息时,教师能做出迅速的、敏锐的判断能力。应变能力涉及的范围很广,通常包括偶发事件的应变能力、教学手段和教学内容的应变能力、教育方法的应变能力以及在课堂教学中的应变能力。与一般的文化课不同,体育教学大部分内容都是在户外进行的实践教学内容,受环境等方面的影响,在体育教学中总是存在着一定的变数和风险,当发生紧急事件时就需要体育教师沉着冷静地处理突发事故,具有较强的应变能力,这样才能将风险程度降到最低。在平时的体育教学中,一定要加强体育教育专业学生这项能力的培养。

(二)体育教育专业学生应变能力的现状

通过对我国体育教育专业学生的调查与访谈发现,大部分学生的教学能力还存在诸多亟待提高的地方,尤其是教学应变能力还需要提升。一些学生在发生突发事件时,经常会显得紧张和慌乱,不能很好地处理问题。比如,在教学过程中,尤其是在实践教学中,受教学经验不足或技术能力不足等方面的影响,体育教育专业学生容易出现错误的技术动作示范,这会给教学对象造成不良的影响,不利于教学质量的提高。为解决这一问题,体育教育专业学生就需要在平时多参加一些体育教学实践活动,通过大量的教学授课实践,在实践课中解决各种问题并不断提高自己的应变能力。

第五节 体育教育专业学生教育实习与社会实践能力现状

教育实习是一种综合性的实践活动,它对于学生能力和素质的提高是多方面的;通过种种教育实践活动,可以提高学生的教学能力、组

第二章 体育教育专业学生素养的现状分析

织管理能力、思想政治工作能力、调查研究能力、实践创新能力等多项实践能力。① 作为一名体育教育专业的学生,教育实习与社会实践是提升自身教学与综合素质的重要途径,因此学生在校期间需要有目的、有计划地参加教育实习和社会实践活动,有效地培养和提高自身的体育素养与能力。

一、教育实习现状

教育实习是体育教育专业学生必不可少的一项工作,通过大量的教育实习,学生的实践能力才能得到有效的提升。理论专业知识的学习非常重要,但学习这些理论知识的主要目的在于灵活地去应用,而通过教育实习就能很好地检验学生运用知识的能力。另外,学生的其他能力也能获得不错的发展。

一般情况下,大部分体育教育专业学生的教育实习途径主要是去学校实习,有很少的一部分会去训练队、健身房实习。对于很多学校来说,他们会为实习生提供比较多的实习基地,以实习学校为单位进行分组,有专门的带队教师。学生在实习的过程中,会遇到各种各样的难题,如教学内容的选择、教学方法的设计等,这些都需要学生进行反复的推敲,指导教师也可以在一旁进行指导,指导学生顺利地完成实习工作。

对于大部分体育教育专业的学生而言,他们都做了大量的实习准备工作。学生通过说课、上课、试讲以及观摩教师上课等形式,对所教实践课程有了更加深刻和清晰的认识,在此过程中很好地提升了自己的教学水平。②

对于体育教育专业学生而言,还要具备一定的教案设计能力,这是学生的一项基本技能。教案可以说是一节体育课的基石,也能反映教师的教学思路以及教学流程。学生在实习中,可以说每天都要跟教案打交道,一堂课要有相应的教学计划,课前要设计好教案,课中要及时适当地调整教学进度,课后还要做出必要的总结,以便今后更好地进行教学。

---

① 刘修春. 浅谈高师学生实践能力的培养[J]. 中国高教研究,2000(12):29.
② 耿文帅. 上海体育学院体育教育专业学生综合能力的现状研究[D]. 上海:上海体育学院,2020.

在体育教育专业学生实习期间,学生必须要完成既定的教案,这对体育教育专业学生提出了很高的要求。通过调查发现,许多体育教育专业学生不能根据体育教学需要完成教案,究其原因,一方面是因为这部分学生没有从思想上引起根本的重视,教案的设计与完成都过于形式主义;另一方面,体育教师没有从思想上重视对学生进行这一方面能力的培养,导致其教案设计能力不高。当前,许多高校对体育教育专业的教育实习流于形式,不够重视,进而导致大量学生不能从教育实习中受益。

二、实践能力现状

(一)裁判能力情况

作为一名体育教育专业的学生,还需要具备良好的裁判能力,良好的裁判能力主要包括现场分析能力、动手操作能力、突发事件应变与处理能力等。从某种程度上而言,裁判水平代表着学生的实际工作能力,因此加强学生这方面能力的培养非常重要。

一般来说,裁判能力主要包括裁判手势、竞赛规则以及裁判竞赛组织与训练等多方面的内容,下面重点分析我国体育教育专业学生裁判能力的具体表现。

1. 裁判等级水平

裁判员在比赛中起着十分重要的作用,他是竞赛规则的执行者,是比赛顺利进行的重要保证,在整个比赛过程中扮演着十分重要的角色。在比赛过程中,裁判员保持中立的立场,对场上运动员的各种行为做出正确的判罚,其执裁水平在一定程度上代表着整体竞赛的水平,良好的执裁水平有助于比赛的顺利进行。裁判员的道德与业务水平也是影响运动成绩的因素之一。[①]

目前来看,我国体育教育专业学生具有专项等级的裁判员比例较小,远远达不到社会需求的数量。据调查发现,二级裁判证书最多的是

---

① 田麦久.运动训练学[M].北京:高等教育出版社,2017:15.

第二章 体育教育专业学生素养的现状分析

篮球,其次是田径、足球以及排球,学生可以参加申请裁判员资格的考试;一级裁判证书最多的是田径和足球,基本上都是平时比较常见的运动项目。

总体而言,我国体育教育专业学生在裁判等级的分布上很不均匀,相对来讲专业体育院校获得裁判等级的学生比例相对较高,而综合性院校体育院系裁判等级的学生比例相对较低。

2. 执裁经历

学生在取得裁判证书后,还需要通过实践不断地去巩固与发展,通过参加大量的执裁活动,学生裁判员的阅历才能得到极大的丰富。学生在获得足够多的现场经验后,能对自身的执裁能力有所加强,做到对比赛精确的执裁,对气氛严格的把控,对突发事件有条不紊的处理。周而复始,学生一遍遍地打磨裁判技术,将自己的理论知识和现场实践工作相结合,提升自己的裁判水平。

当前我国体育教育专业学生的执裁主要以校级比赛、教学比赛为主,也有部分学生参加市级、省级、国家级比赛的执裁。但是,也有部分高校体育教育专业学生由于所在学校不够重视,导致执裁机会较少,学生处于较低的裁判能力。

3. 赛事策划与组织能力

作为一名体育教育专业的学生,还需要具备良好的赛事策划与组织能力。据相关调查与分析发现,目前我国体育教育专业学生的赛事策划与组织能力整体水平不高,通常情况下,一些学生显得不够自信,大部分学生赛事策划与组织能力都不容乐观,这与学生的自身裁判经历、理论知识以及赛事策划与组织经历等有着直接的关系。体育教育专业学生要想提升自身的赛事策划与组织能力,就需要多参与各种赛事活动,在各种赛事活动中提高自己的赛事策划与组织能力。

(二)社会实践能力情况

体育教育专业的学生未来工作基本上都是以传授体育知识与技能为主,因此加强学生社会实践能力的培养是十分重要的。学生在校期间学习与掌握体育运动技能,然后在社会实践中去检验真实水平。

由此可见,深入社会实践是一个重要的提升学生综合素养的手段与途径。

大量的社会实践活动能使得学生充分地与社会接触,很好地锻炼自己的社会实践能力,也可以充分地显示出学生的社会主体性。① 社会实践按照是否在教学设计内有两种划分形式。一种形式是教学计划内社会实践,它是学校体育教学内容的重要组成,是高校依据学校培养方案有计划、有目的地对学生进行教学实践,基于获得基本技术和技能为形式的教学内容的统称,并针对每一个教学设计的环节提出明确的教学要求,主要有支教活动、夏令营、健康指导活动、"三下乡"活动等。另一种形式是教学计划外社会实践,它不是教学计划的组成部分,是学生利用课余或业余的时间在社会进行的社会实践,如勤工俭学、志愿者服务、兼职等。根据本论文的研究需要,所研究的社会实践主要是指教学计划外的社会实践活动,下面从学生的兼职工作以及志愿者服务来进行叙述。

1. 兼职工作

学生社会实践集中于赛事志愿者,对于一些大型城市而言,他们承办赛事的机会很多,为学生提供了参与其中的方便,加上交通方便,使更多的学生穿梭在各种大型比赛活动中。与大型城市承办赛事的机会相比,一些中小城市也有着较好的承办能力。根据国家体育总局公布的2001年全国体育招标计划对全国正式性比赛、全国辅助性比赛以及国内举办的国际性比赛共计1311项进行分析研究,除22%的赛事地点特定外,特大城市承办的赛事占32%,中小城市承办的赛事占46%。② 从区域划分来看,东部沿海有88个中小城市承办197项次、中部地区有63个中小城市承办158项次、西部地区有35个中小城市承办89项次。③ 由此可见,中小城市承办体育赛事的机会逐渐增多,但东西部有所差异,东部沿海的中小城市能给学生提供更多的参与机会。接下来是

---

① 耿文帅. 上海体育学院体育教育专业学生综合能力的现状研究[D]. 上海:上海体育学院,2020.

② 张璐,王兆红. 中小型城市选择体育赛事的策略研究[J]. 山东体育科技,2010,32(02):50-53.

③ 赵云涛. 我国中小城市体育赛事的选择评价及实证研究[D]. 北京:首都体育学院,2012.

健身房兼职教练,本来就是体育教育专业的学生,对于健身的知识也有所了解,因此兼职健身房教练常常也是一个重要选择。随着生活水平的不断提高,人们对健身的重要性有了足够的关注,大中小城市的人们对健身重要性的关注度也在逐渐升温。在健身房里参与到社会实践中去,有助于学生专项能力的提升,也为就业打开一扇门。体育兼职教师更是体育教育专业学生拿手的专项,锻炼起来更加具有针对性。总体来看,体育教育专业学生社会实践的种类很丰富,学生也会根据自身实际情况参与到社会实践中去。

2. 志愿者活动

青年志愿者活动可以说是新时期理论与实践相结合的最佳途径,也是提升大学生社会责任感的有效载体。[①] 志愿服务活动可以提高学生的实践能力,提升学生的体育文化素养。学生可以在课余时间多多参加志愿者活动,与社会更加亲近,在社会实践中提升阅历与见识。

从整体上看,学生参加志愿者活动的情况不容乐观。相对来讲,大城市高校的体育教育专业学生,由于所处城市承办大量的体育赛事,有较多作为体育志愿者的机会。而中小城市提供给学生的体育志愿者活动机会相对较少,志愿活动规模相对较小。除了体育志愿者外,社会上还有各种与体育教育相关的志愿活动,体育教育专业的学生应该合理安排自己的时间,积极参与志愿者活动,努力提升体育文化素养、培养社会责任感。

第六节 体育教育专业学生的科研与创新能力现状

作为一名体育教育专业学生,还需要具备一定的科研与创新能力,这方面的能力也是体育教育专业学生所必须具备的。只有具备了良好的科研与创新能力,学生才能进一步促进自身综合素养的提升。

---

① 毕丽娜,李忠华. 志愿者活动在提升大学生社会责任感中的作用[J]. 人民论坛,2014(02):169-171.

一、科研能力现状

作为一名体育教育专业的学生,必须要具备良好的体育科研能力。可以说,这是体育教育专业学生的一种基本能力,在学生的职业发展中起着非常重要的作用。科研能力是学生的一种重要的发展型能力,这一能力在学生今后的科研生涯中扮演着十分重要的角色。因此,在平时的体育教学中加强学生体育科研能力的培养是非常重要的。

总体来看,体育教育专业学生的科研能力主要包括以下几个方面:第一,研究体育理论课程的能力;第二,利用科学思维和方法进行科学探索的能力;第三,学习与设计毕业论文的能力等。受篇幅所限,下面就以体育教育专业学生参加学术会议及发表学术论文为例来研究其科研能力现状。

(一)参加学术交流会议

伴随着我国学校体育教育的发展,体育教育也逐渐受到校领导的重视,有很多学校都会定期组织一些学术交流会议,邀请海内外知名学者及专家前来举办讲座,学生在参与讲座的过程中,能及时地了解最前沿的体育教学理论与成果。

参加学术交流会议能有效地增长学生的见识,提高学生的学识与水平,这也是提高体育教育专业学生科研能力的一个重要途径。目前,我国各高校中经常参加学术交流会议的体育教育专业学生并不是很多,仅占很少的比例,绝大多数的学生很少参加学术交流会议,这非常不利于其科研能力的培养与发展。

(二)学术论文撰写与发表情况

总体来看,我国体育教育专业学生发表论文的比例很低,少数发表学术论文的基本上是大四学生,其中绝大多数是在学校或体育教师的要求之下才发表的论文,大部分低年级学生都没有发表过论文。有研究显示,除与毕业论文有关的科研活动外,有 80.4% 的学生从未有过任何形式的科研经历,62.3%的学生从来没有主动与教师探讨过学术问题。①学生在撰写论文时,要多请教老师,老师都会对学生言传身教,鼓励学生积极投入到科研之中;让学生加强对文献知识的提取和综合、掌握各种研究方法以及具体的实验操作流程和相关步骤,总结出该科学研究的建议和有关的结论,也有利于学生对于自身毕业设计的把握,提前对毕业论文有所了解,正确设计出质量较高的毕业论文。

二、创新能力现状

创新能力也是体育教育专业学生所应具备的一项重要能力。创新能力是"以德育为核心,以培养创新精神和实践能力为重点的素质教育",创新也是推动我国体育教育改革与发展的主旋律。通过对我国高校体育教育专业学生的了解发现,在具体的体育教学中,个别体育教育专业学生能够不断加强自己创新能力的培养,不断地研究与探索,努力提升自己的创新意识与能力;尽管高校均举办创新创业类大赛,并开展各种形式的创新创业讲座,但大部分体育教育专业学生对于创新创业大赛没有深入的认知,通常参加这些活动的意愿也不强烈,在一定程度上影响了广大体育教育专业学生的创新能力发展。

总体来看,各个高校都比较重视学生的创新能力培养,许多高校会定期举办有关创新创业知识的讲座以及组织创新创业论坛,创建大学生孵化中心,为广大学生提供创新创业机会,但就体育教育专业学生而言,创新创业参与度不高、创新成果少、创新意愿不强烈等是该专业学生的重要特征。因而,我国体育教育专业学生的创新能力有待进一步提升,亟需通过高校、学生、用人单位等的协同努力推动他们的创新能力发展。

---

① 刘平清. 教师角色转变下的体育教育专业学生科研能力培养[J]. 体育学刊,2009,16(04):53-56.

第三章 体育教育专业学生应具备的体育学科理论素养

对于体育教育专业学生来说,涉猎各个体育相关学科的理论知识,是其学习的重要内容,通过学习并掌握体育学科理论知识,不仅能打下坚实的理论基础,还能从中获取一定的感悟和心得,为其在体育教育专业方面的进一步探索和研究提供依据和支持。本章介绍体育教育专业学生应具备的体育学科理论知识,主要涉及体育人文社会学、运动训练学、运动生理学、运动心理学以及运动医学等体育学科相关理论知识,使体育教育专业的学生理解并掌握这些多元化的学科理论知识,并能够将这些不同体育学科的知识应用于专业学习中,促进学生综合素养的发展和提升。

第一节 体育人文社会学理论

一、体育人文社会学科理论及其研究

体育人文社会学,就是以体育领域中各种人文现象及其规律为研究对象的科学。

对体育进行研究的视角有很多,而体育人文社会学就是从人文科学和社会科学的视角来对体育进行研究的一门科学,所涉及的学科知识也非常丰富,如社会学、经济学、管理学、法学、哲学、政治学、历史学、伦理学、美学、心理学、教育学等,并与体育相结合,交叉形成了相关的体育社会学、体育经济学、体育管理学、体育法学、体育哲学、体育行政学、体育

第三章 体育教育专业学生应具备的体育学科理论素养

史学、体育伦理学、体育美学、运动心理学等学科理论。由此,可以将体育人文社会学理解为,是在体育科学和人文社会学两个母学科基础上发展起来的一门学科,其具有显著的综合性特点。

体育人文社会学的研究对象具有一定的特殊性,这主要取决于体育人文社会现象及其规律的特殊性。具体来说,体育人文社会学研究的内容非常广泛,不仅涉及基础理论,还涉及具体的应用与实践开展。

(1)基础理论研究。体育人文社会学的基础理论研究,实际上就是从宏观和整体的角度出发,对体育社会现象和体育科学发展的一般规律以及应用实践和理论手段开辟和探索体育运动的未知领域,对表现出的体育相关现象进行解释和说明,对体育现象产生和发展的变化加以预测,还要对体育活动的各种基本形态和规律进行科学解释,以此来增进体育方面的科学认识,这一定程度上为体育研究提供相应的理论依据和指导。

(2)应用研究。体育人文社会学的应用研究,主要是指将其基础理论应用于体育实践活动中的研究。具体来说,就是对体育基础理论科学如何直接应用于体育活动实践,解释不同对象本身的特殊规律,为体育的各种活动提供多样的、实用的原理和方法的研究,以及对体育改革与发展进行的战略研究。用理论指导实践,在实践中发现的问题及时地在理论研究中解决,这样才能真正提高体育人文社会学研究水平,为国家制定体育事业改革与发展的目标、任务、方针、政策和措施提供依据。

新时代随着体育学科与其他学科壁垒的突破以及学科本身的发展调整,我国体育人文社会学理论体系将不断完善,基础理论研究和应用研究同时深入,未来体育学科理论将沿着科学化、系统化、规范化的方向不断迈进。

从结构分析的角度出发,可以将体育人文社会学理解为人的身体运动与人文科学、社会科学的聚合,但是这里所说的这种聚合,并不等同于三者的简单叠加,而是在以人的身体运动为本体、以自然科学和技术科学为根据的前提下,人文科学、社会科学、技术科学、自然科学四者之间形成千变万化的交叉、综合、杂交、派生、边缘等关系。体育人文社会学相关学科的创立和发展,旨在突破自然科学的局限性,从人文社会科学的理论和方法诠释新时期的体育现象,对于体育文化传承,体育经济、管理和决策等的实践发展以及法律法规建设做出重要贡献。[①] 学生可以在学中做、做中学,有效地获取体育人文知识,增强体育技能,提升创造素质。体育人文社会学所传授的知识不仅能够改善学生的理论基础,还能培养学生的主体意识、完善人格、发展能力,促进其社会化。

二、体育人文社会学的理论基础分析

体育人文社会学本身具有两个重要的理论基础,一个是人文科学,一个是社会科学。这两个方面都是体育人文社会学的理论基础,二者的地位和作用是有所差别的,其中社会科学处于"父本"地位,而人文科学则处于"母本"地位,这二者之间是有着密切联系的。

下面就从体育人文社会学的属性、特质以及价值取向等方面入手来对其基础内因加以分析和探索。

(一)体育人文社会学的属性

体育人文社会学的属性有两个方面,一个是人文科学属性,一个是社会科学属性,具体如下。

1. 人文科学属性

人文科学本身就具有特殊的显著特点,其与自然科学以及社会科学之间都有着较大的差别。某种意义上,如果将自然科学纳入事实认识的范畴中,把自然真理作为追求目标,那么就可以将人文科学纳入价值认识的范畴中,其所追求的目标则是人的价值真理。由此可见,人文科学在认识与实践中显示出突出的"理解性、表现性和超现实性"品格。人文科学属性在以下几个方面得到体现。

(1)个性与创造性

相较于已经成为一门大学科、产业化的自然科学来说,人文科学的存在形式仍然是个体。导致这一现象的主要原因在于,人文科学将大脑作为唯一研究工具,而大脑是个体的,它的思考是个性化的。这

[①] 曹一啸,王庆军,牟向前,等. 改革开放以来中国体育人文社会学研究的演进与趋势展望[J]. 体育学研究,2021,35(04):66-75.

第三章 体育教育专业学生应具备的体育学科理论素养

也就决定了在大部分的时候,人文科学的研究仍然是具有个体化特点的。

当前,人们在自己所参与的研究方面,通常都会保持个性化特征,并且在这方面已经产生了越来越显著的自觉性。创造性就是在这样的背景下产生的。一般认为,创造性是指个体产生新奇独特的、有社会价值的产品的能力或特性,故也称为创造力。新奇独特意味着能别出心裁地做出前人未曾做过的事,有社会价值意味着创造的结果或产品具有实用价值或学术价值、道德价值、审美价值等。但是,这里有一点要重点强调,就是要在这种尊重与重视中保持自己的个性,只有对传统的东西、对外来的事物,抱着清醒的批判精神,对于已知或未知的世界,敢于怀疑与探索,百折不挠地去追寻与求证,才可能真正攀上科学的高峰。

(2)向善性和超现实性

人类社会的不断发展和进步,与不断推陈出新的先进科学技术有着非常密切的关系。可以说,先进的科学基础是人类社会发展的重要助推手之一,其所产生的推动作用是非常显著的。同时,这股积极的推动力量具有方向性,这里主要指善的方向和恶的方向。具体来说,人类社会的不断发展和进步,经济水平的不断提升,会产生积极的影响,如带给人们越来越多的财富等,也会产生负面的影响,如破坏生存环境、过度消费等。如何把科技的力量引到向善的方向,如何尽量防止和减少经济发展的弊病,都需要我们加强人文科学的教育,从而对人性向善的发展方向起到积极的促进作用。

人文科学对人类社会的发展起到非常重要的影响,因此这就赋予了其促进社会发展的责任。人文科学要以教育为媒介,借助教育的方式和手段,一方面使人的文化精神方面的需要得到满足,使人的精神丰富、充实、平衡;另一方面,人文科学总是以"至善"为超现实性导向,不断激励人提高精神境界和人文素养,向更高更好的道德阶梯迈进。

(3)区域性

所谓人文科学的区域性属性,主要是指其研究具有个性化特征的同时,也会被打上地区、国家和民族的烙印。人文科学区域性特征是非常显著的,但是这并不意味着人文科学和人文学者应该自我孤立,与世界隔绝,只是在人文科学的研究中,要求明确并坚持自己的立场,保有自身的理论和观点,切忌盲目推崇,甚至吹捧、跟风,不仅要对中国传统文化加以高度关注,同时还要对西方人文科学的状况和新进展加以重视,从而保证与时俱进,取得理想的发展成效。

(4)继承性和创新性

人文科学的发展是在不断超越的过程中实现的,某种意义上来说,这种超越包含两方面内容:一个是对之前的人文科学的继承,一个则是在此基础上的进一步创新。

人文科学包含很多不同的领域,其发展是不能跨领域的,而是在各自的领域中积累并持续发展的。古往今来,历史上前人的成果有些是后人难以企及的,由此成为人文科学中起界碑作用的标志性成就。可以看出,在人文科学的研究中重视历史继承性是必然的,这与人文科学的发展规律也是相适应的。但是,这并非都会产生积极的影响,其历史继承属性也大大增加了在人文科学的研究中背负抄袭的重担的几率,在注重历史、名人的同时,也忽视了现实和自我创造。严格说来,超越传统是自然科学与技术发展的本性,而传统与现代问题并不表现在自然科学与技术层面上,往往是表现在人文科学的层面上。因此,要求人文科学一定要做到创新,需要达到与时俱进的程度,在重视历史传统和人类知识积累的同时,也要对人文遗产加以继承,重视现实并加以自我创造,同时需要正确处理传统与当代的关系,在传统与现代化之间保持适当的张力,创造有利条件。

2. 社会科学属性

社会科学属性是体育人文社会学的属性之一,其主要从以下几个方面得以体现。

(1)社会科学研究以"社会程序"为主

人文科学主要研究内容为"人脑程序",自然科学将"宇宙程序"作为主要研究内容,社会科学则将"社会程序"作为主要研究内容。这就决定了人脑程序、社会程序必须要与宇宙程序相适应。人文科学、社会科学必须与自然科学紧密融合,采用大量定性定量分析方法,最终得到各种人文社会科学真理。

(2)自然科学方法应用于社会科学越来越广泛

自然科学方法应用于社会科学早在一个世纪之前就已经呈现出较为广泛的态势,至今仍在发展,自然科学方法在社会科学中的应用仍然举足轻重,是不可或缺的一部分。比如,数学方法被大量应用于经济学,统计学被运用于经济学、社会学、政治学,系统论、信息论等新兴学科的方法也被大量运用于社会科学领域。

(3)结论非一致性

社会科学的发展,离不开历史唯物主义的推动作用。某种意义上来说,社会科学的发展也能够有效促进对社会的科学认识,因为社会关系是客观的,社会现象中的本质联系具有可重复性和可验证性。但需要强调的是,由于阶级关系和不同利益的对立使社会科学不可能摆脱价值判断,因此这就决定了社会科学的结论不可能达到一致认同的水平。结论的非一致性,往往成为否定社会科学具有科学性的根据,社会科学中包含的价值判断成为区别社会科学具有科学性的障碍。

实际上,一个错误的价值判断往往会将社会现象的客观规律性隐藏或者掩盖起来,但是如果能够有效去除这种隐藏或者掩盖,事物发展的真理性就会得到更加明显的展现。社会科学中存在对立意见是必然的,通过对立意见的争论去接近真理是社会科学认识的规律所在。

(二)体育人文社会学的特质

1. 人文科学特质

人文科学具有"以人为本"的特质,由此便决定了体育人文社会科学的人文科学特质也一定是"以人为本"。可以说,"以人为本"是人文科学最大的历史使命。

人文科学的任务应该是唤醒人的尊严,维护人的权利,表达人的声音,关心和重视人的价值和意义。只要人间没有消除黑暗、压迫、剥削、不平等、不公正、不正义,人文科学的思考就会一直持续下去。从具体意义上来说,人文科学的这种特质体现在体育人文社会科学上,就是要正确处理人与体育之间的关系:体育,是人的体育;人,是体育的主体;体育,是人的客体。一切出于人自身的需要,一切经过人自身的许可,一切遵循人自身发展的客观规律,一切为了人自身更好的发展,才能充分展现人文科学特质。

2. 社会科学特质

体育人文社会科学具有"以社会为本"的特质。在社会科学的众多关注点中,客观的人类社会是处于中心地位的,它是外在于具体个人的。在社会科学方面,体育人文社会科学涉及体育经济学、体育法学、体育社会学、体育管理学等方面,它们对体育介入的经济、法律、社会等进行分门别类或整体的考察,关涉体育场域社会的结构、功能、机制、变迁等。认识体育中社会运行与发展的系统知识和理论,使人们能够更加有效率地保障体育运行的秩序。

(三)体育人文社会学的价值取向分析

1. 人文价值取向

体育人文社会学的人文价值取向,主要体现在以下几点。

(1)帮助人们在体育参与中建立一种向上的人生信仰,找到人存在的意义,认识认知身体所处的生命世界。

(2)帮助人们通过体育形塑价值观,学会以更宽广的胸怀、眼光看待世界。

(3)帮助人们通过体育获得心灵的幸福,以体育触发内心深处的心理体验,孕育体育人文精神,丰富人的精神世界。

(4)帮助人们通过体育活动提高创造力,开拓人的视野,激发人的想象力,从而有效培养和提升人的创造能力。

2. 社会价值取向

(1)体育人文社会科学在体育场域以社会科学视角展现体育的存在意义,同时为体育经济、体育竞技、体育健身等提供发展的价值取向,实现其社会科学使命。

(2)体育人文社会科学能够帮助人们通过体育介入更好地在社会中发展,这涉及人对体育介入的社会认识和社会改造,涉及对体育领域社会现象的形成、发展及其过程的科学解释,也为人类未来的发展提供一种可能。

(3)体育人文社会学,实际上就是从体育的角度出发来关照社会。由此,逐渐派生出了体育相关的一些社会学科,并且这些社会学科为人所介入的体育服务。

此外,体育人文社会学的社会价值取向还体现在社会主义体育道德所倡导的"勤学苦练、顽强拼搏、为国争光","文明观赛、遵纪守法、维护国格"等精神方面。

三、体育人文社会学建设的内容构架

体育人文社会学作为一项综合性的学科,其在建设过程中取得了一定的成效,但也不可避免地存在着一些问题,这些在其建设的构架上都有所体现,下面就对此加以分析。

(一)体育基础理论

体育基础理论是体育人文社会学科建设的重要构架要素之一,也是该学科研究的重点,处于重要的基础性地位。

体育领域内,有关体育体制、机制的改革,体育政策的制定以及体育工作的开展等相关活动,从根本上来说,都最终涉及对体育本质的认识问题。但是迄今为止,体育界对体育本质的讨论仍然没有形成统一的口径,这也会成为今后体育界研究的重点所在。

另外,体育与经济发展的关系也是体育人文社会学科体育基础理论方面的研究热点。体育与经济社会的发展一直以来都保持着密切的相关性。这就要求紧密跟踪当前社会发展的形势、研究体育与经济社会的关系问题。

(二)体育产业

同其他领域相比,我国体育产业的理论研究仍然处于探索期。对于体育产业的概念体系需要进一步确立起来,发展到今天,关涉体育产业的最基本问题仍然没有得到完全的解决。首先,关于体育产业概念体系问题的研究并不理想,所产生的认同程度也相对较低,对体育产业的发展产生了概念上的阻碍。因此,关于体育产业概念体系方面的问题将是今后重点研究和关注的方面。其次,在体育产业基本内容与分类上会随着经济社会发展不断丰富,体育表演娱乐业、电子竞技业、体育培训业等长期会是主体产业。此外,在体育产业法规制度方面,随着体育产业发展中日益出现的诸多问题,我国会不断出台相关法规制度对体育产业发展进行规范引导,同时会发展与完善体育人文社会学科。在一定程度上,体育产业的体量与质量会随着我国经济社会的发展不断增加,体育人文社会科学与体育产业相互交融的研究也会相应增长。

(三)竞技体育

首先,竞技体育管理体制方面。管理体制问题一直是竞技体育领域讨论的焦点。竞技体育管理组织架构不全面,过于注重竞技项目的培训,而忽略文化素质的培养,成为中国竞技运动员可持续发展的阻碍。同时,政府培养竞技运动员耗费了大量的人力、物力、财力,然而运动员的保障却不理想,极大地浪费了国家资源,政府的保障制度严重暴露了竞技体育管理组织架构的弊病。①

其次,竞技体育中的异化现象方面。竞技体育的发展经历了产业化、社会化、职业化等发展历程,这一过程中,竞技体育会无可避免地受到各种社会因素的影响,这也一定程度上会被社会发展中的某些问题所"传染",影响竞技体育的本质化发展。

最后,奥林匹克运动发展理念方面。奥林匹克运动发展离不开竞技体育发展的推动。《奥林匹克2020议程》提出了奥林匹克运动新的愿景,倡导"将可持续性融入奥林匹克运动的日常运行,将可持续性融入奥运会的各个方面"。② 可持续发展是人类社会发展的永恒主题,是构建和谐世界的必然选择,也是奥林匹克运动前进与发展的不竭动力。

(四)社会体育

第一,社会体育资源方面。我国当前的社会体育资源理论研究还存在着较大的完善空间,社会体育整体资源相对过剩与局部体育资源相对短缺的尴尬矛盾仍然存在,因此这就决定了今后研究的重点就是如何确保社会体育资源的合理配置、开发利用等。

第二,公共体育服务体系方面。公共体育服务能在一定程度上反映

---

① 周才. 中美竞技体育现状与我国竞赛体制改革研究[J]. 青少年体育,2021(02):84-85,80.

② 崔洪成. 平昌冬奥会可持续发展管理:理念、实践及启示[J]. 河北体育学院学报,2021,35(04):7-14.

第三章 体育教育专业学生应具备的体育学科理论素养

出我国公共服务体系子系统的发展状况,同时关系到国家经济社会发展。今后,在公共体育服务方面的研究重点仍然放在其概念、内容、供给等相关问题上。

第三,城市化进程中的体育方面。现代体育运动的发展与城市化发展进程之间有着密切的关联,前者是后者的产物,而后者又会影响到前者。从当前的发展态势来看,从城市化的发展角度出发来研究体育运动,并促进其发展,使其成为研究重点。

第四,特殊人群体育方面。特殊人群体育活动的开展是社会问题之一,也是需要高度关注的。根据社会不断前进的规律,我国教育事业在不断发展中有了更多的要求,其中对教育平等在特殊人群实践中的优化也是重点推进的内容。[①] 社会能够给予的是让痛苦和不幸减轻,为了让更多人能够减轻痛苦改善生命质量,就要让更多人享有体育教育的权利。

(五)学校体育

(1)体育课程方面。学校体育课程方面需要重点进行关注与研究的方面比较多,其中较为典型的如学校体育教学目标的定位、体育教学内容的确定、教学科学性的评价标准等。

(2)学生健康教育方面。当今,学校健康教育往往被误解为利用零碎时间给学生上体育健康课、体育保健课即可,对学生有组织、系统地进行体育健康教育更是无从谈起。健康教育在学校渐行渐远,处于被边缘化的境地,无法督促学生形成有益于健康的行为和习惯,无法消除影响学生健康的危险因素,更不能提升学生的健康水平。[②] 在"健康第一""以人为本"等理念的指导下,学生体质与健康问题已经成为一项社会广为关注的重大问题,它关系到国家和整个民族的发展。

(3)学校竞技体育与课外体育发展方面。尽管当前的学校体育已经取得了一定的成效,但是这也并不能说明学校在竞技体育和课外体育方面发展就是理想的,其仍然存在着一系列的问题需要解决,如学校高水

---

① 李言,李姗姗.体育教育中特殊群体的平衡发展研究[J].当代体育科技,2020,10(35):162-163,168.

② 陈曙,王健.健康中国视域下学校体育的时代使命、现实困境及发展路径[J].北京体育大学学报,2020,43(05):13-22.

平运动队的管理模式、运动员的训练体制、大中小学校学生运动员的衔接问题;许多学校课外体育组织管理科学性差、效率低,对学生进行体育锻炼的积极性既调动不足又欠缺引导。这些都是体育理论亟待研究的问题。

第二节　运动训练学理论

一、运动训练学的概念

运动训练学是一门研究和反映运动训练一般规律的新型体育交叉学科,它在研究和总结运动训练丰富实践经验基础上,广泛运用其他相关学科的基本原理与方法。运动训练学的研究对象即为运动训练的普遍规律。

运动训练学的研究对象确立以后,又逐渐建立起了自己的理论和内容体系。运动训练学的理论体系构成,可分为自然科学和社会科学两大类,具体如图 3-1 所示。

由图 3-1 可见,运动训练学是一门建立在专项训练实践、专项训练理论和现代体育科学技术发展的基础上,系统、概括地阐明了运动训练的目的、任务、原理和原则,选材的方法,训练的基本内容、方法,训练过程的结构、组织、控制和计划的安排,以及对运动员和教练员的要求和运动队的组织与管理等一般规律的一门新兴体育学科。纵观该学科的发展史不难发现,当初隶属于体育理论体系中的运动训练基本理论,是随着本体理论的逐步构成和运动训练的实践需要走向分化、独特、系统的体系构建之路。① 运动训练学学科的创立标志着中国运动训练理论从经验积累阶段进入理论自觉阶段。

---

① 金成平,胡海旭,杨成波,谢云,张冬琴,石磊,高平. 中国运动训练理论的演进与展望[J]. 上海体育学院学报,2021,45(05):29-37.

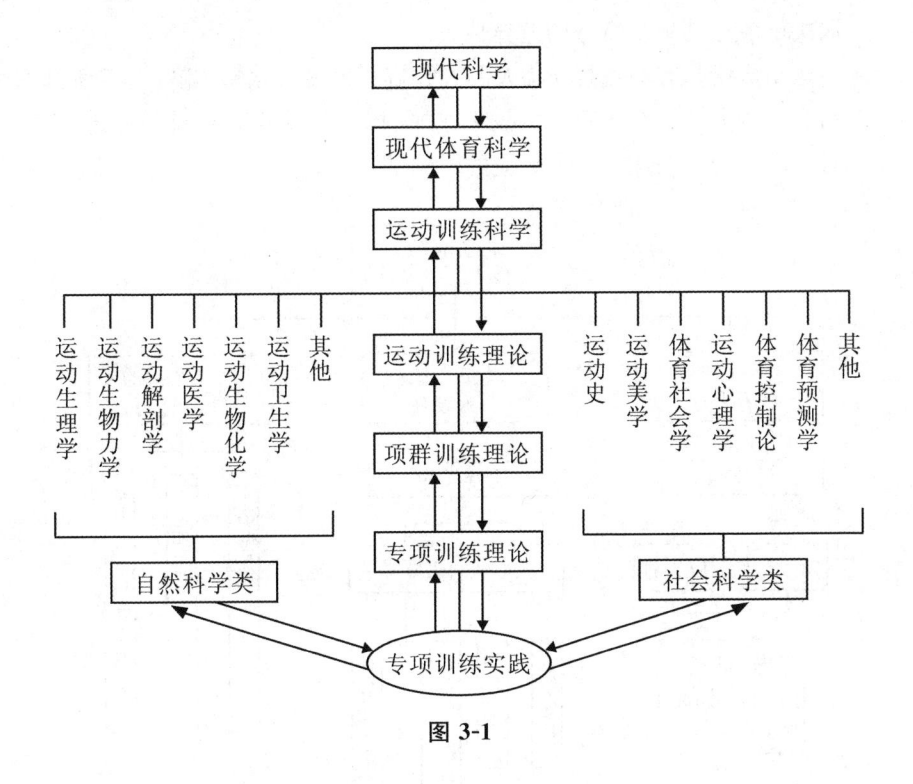

第三章 体育教育专业学生应具备的体育学科理论素养

图 3-1

对于运动训练学概念的确定,尤其是运动训练学的研究对象,各个国家的不同运动训练学学者都有其各自的观点和表述方式,但不管形式是怎样的,他们都普遍认为:运动训练学研究的不是某一个运动项目的特殊规律,而是各运动项目的普遍规律。为此,我国学者田麦久教授根据运动训练学研究对象的不同,将其区分为两大部分,一个是反映运动训练一般规律的"一般训练学",另一个是反映专项训练特殊规律的"专项训练学",并提出了"项群训练理论",为后续运动训练理论研究奠定了基础。

二、项群训练原理分析

(一)各项群运动成绩决定因素分析

不同项群对运动成绩的理解和影响也都是各不相同的,这一定程度上取决于各运动项目特点的差异性。

运动员所具有的竞技能力及其在比赛中的发挥水平、竞赛对手所具有的竞技能力及其在比赛中的发挥水平,以及运动竞赛结果的评定,都会对运动员的运动成绩产生相应的影响(图 3-2)。

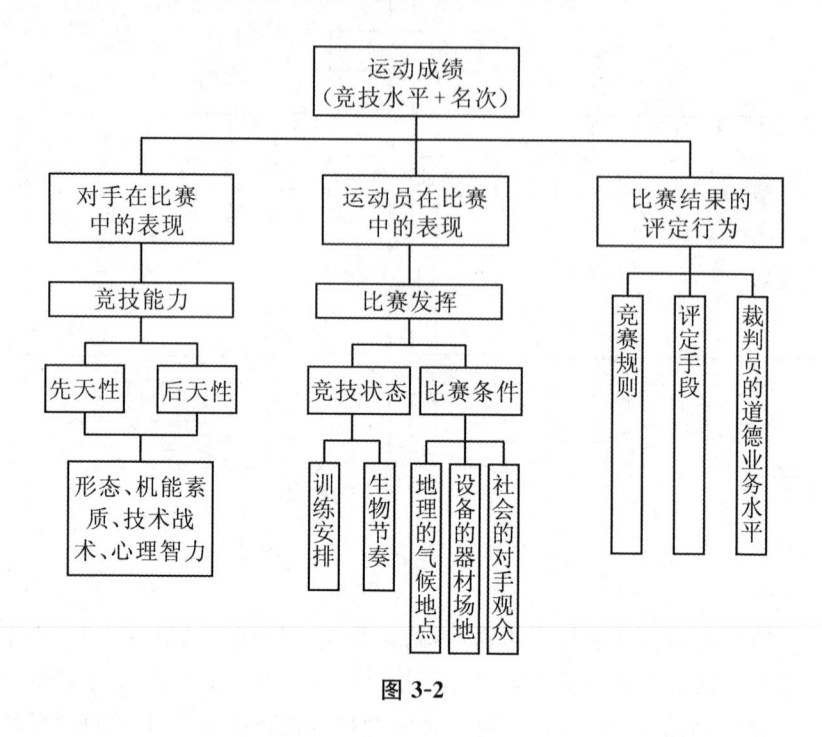

```
                        运动成绩
                    (竞技水平+名次)
         ┌──────────────┼──────────────┐
    对手在比赛      运动员在比赛      比赛结果的
     中的表现         中的表现         评定行为
        │                │          ┌────┼────┐
      竞技能力         比赛发挥    竞赛  评定  裁判员的
        │                │        规则  手段  道德业务
    ┌───┴───┐       ┌───┴───┐                  水平
   先天性  后天性   竞技状态 比赛条件
        │              │       │
   形态、机能素    ┌───┴──┐ ┌──┼──┐
   质、技术战     训练  生物  地理 设备 社会
   术、心理智力   安排  节奏  的气 的器 的对
                              候地 材场 手观
                              点   地   众
```

图 3-2

运动项目所属的项群不同,其比赛中对抗的具体特点和表现形式以及对抗性的强弱也会有一定的差异性。这就要求以不同项群运动项目的对抗特点为依据,来进行有针对性的训练,从而使所取得的运动成绩能够达到最佳。

"运动成绩"这一概念定义为"运动员参加比赛的结果",是"根据特定的评定行为对运动员及其对手的竞技能力在比赛中的发挥状况及竞技结果的综合评定",包括竞赛的胜负或名次和运动员在比赛中表现出来的竞技水平。[①] 运动成绩的评定也会影响到比赛结果。各运动项目运动成绩的评定方法不同,对运动竞赛的结果所产生的影响也是各不相

---

① 田麦久,田烈,高玉花. 运动训练理论核心概念的界定及认知的深化[J]. 天津体育学院学报,2020,35(05):497-505,512.

第三章 体育教育专业学生应具备的体育学科理论素养

同的。因此,为了体现比赛的公平、公正原则,在健全运动成绩评定方法的同时,对裁判员职业道德以及业务水平的培养与提高也是需要关注的一个重点所在。

运动成绩还会受到竞赛规则变化的影响。由于不同项群的评定方法、比赛方式是不同的,各自竞赛规则的变化也都服从于不同运动项目的具体目标,因此,所表现出的发展趋向也就存在着差异性特点(表 3-1)。

表 3-1 不同项群竞赛规则发展的主要趋向

项群		规则发展的主要趋向
按评定方法	按主导因素	
可测量类	体能主导类 技能主导类 表现准确性	提高评定的精确度,便于运动员更好地发挥,便于比赛的组织进行
评分类	技能主导类 表现难美性	加强评定的客观性,提高评定标准,便于比赛的组织进行
得分类、命中类、制胜类	技能主导类 对抗性	保持宏观的攻防平衡,提高观赏价值,便于比赛的组织进行

(资料来源:田麦久等,1998)

(二)各项群训练的基本特点

项群训练理论概括了同一项群不同项目的共同规律,不仅避免了一般训练理论对训练实际难以深入和具体的缺点,同时又在专项训练理论的基础上有所升华和提高。从而使二者实现了有机的过渡,拓展了运动训练理论研究的视野,在原有的基础上上升到一个新的高度。[①] 对于不同项群运动项目来说,其在训练过程中所表现出的特点是有所差别的。不同项群运动项目的运动员,在选择适宜的训练方法和手段时,都要参

---

① 李波,马兰军. 运动训练学研究现状与反思[J]. 山东体育学院学报,2009,25(02):61-65.

照发展竞技能力的目标以及在比赛中充分发挥竞技能力取得优异成绩目标的需要来进行。

当前,随着现代训练理论与方法的不断发展,人们对优秀运动员竞技能力特点的关注程度及研究力度也不断加强。总体来说,现代优秀运动员竞技能力表现出的新特点主要为"全面发展加特长绝招",在不同的项群中表现出的发展趋向是不同的(表3-2)。

表3-2 不同项群优秀选手竞技能力结构的新特点

项群		竞技能力结构及训练目标新特点
体能主导类	耐力性	在保持高度发展的耐力水平的同时,明显地提高了速度水平;在保持高度发展的专项竞速能力的同时,注意提高全面训练水平
	速度性	明显提高运动员的力量素质以及快速反应、快速动员的能力
	快速力量性	在最大力量的基础上重视发展快速力量,突出力量与速度、技术的结合,单一技术进一步精雕细刻
技能主导类	表现难美性	继续突出动作的难度价值(增加翻转的周数和度数,减少高难度的预备动作,发展新动作类型等),同时强调动作质量,提高艺术修养
	表现准确性	心理训练的重要性更加突出,场地、器械进一步改进
	同场对抗性	全攻全守继续发展,良好的形态条件与娴熟的技巧相结合
	隔网对抗性	战术变化更加多样,战术决策对比赛结果的影响更为突出,体能的作用加大
	格斗对抗性	鼓励主动进攻,绝对胜利的比例减少,相持能力(技术与体力)的作用加大,重视全面发展和突出绝招

(资料来源:田麦久等,1998)

第三章　体育教育专业学生应具备的体育学科理论素养

(三)项群训练理论的应用实践

1. 应用于竞技体育发展战略规划的科学制定

项群训练理论应用于竞技体育发展战略规划的制定过程中,是需要具备一定的前提条件和依据的。从一个国家或是一个省市和地区的角度来说,其在竞技体育发展战略规划的制定开始实施,为了追求理想的效果,都要高度重视重点竞技体育项目的科学选择。

2. 应用于竞技体育项目科学管理的指导

项群理论的应用有利于对竞技体育项目内部结构的有序管理,为运动训练组织机构的领导者和管理成员实施有效的宏观管理提供了可能性。正确地认知和把握运动员竞技能力的结构对科学训练具有重要实践意义和价值。从竞技能力构成概念解释到"双子模型"竞技能力结构的功能、效益等的揭示,对竞技能力结构整体涌现性研究是一个阶段性的突破。[①] 例如,各级体委在对运动项目实施分类管理时,可以将项群的分类系统作为分类的依据。

3. 应用于同项群训练规律的探讨和揭示

在对具有共同特点的项群内部训练规律进行研究、揭示的过程中,项群理论所提供的先决条件是非常重要的。项群理论会在很大程度上使研究者打破固有的运动项目界限束缚,进行跨项规律性的探索和研究,这也是其主要作用所在。在同项群训练规律的探讨和揭示方面,一定要充分理解项群理论的实际应用。

4. 应用于运动训练方法的创新与发展

从运动训练的实践中可以发现,不管是什么样的竞技运动项目,都是在与外界信息交流中,吸收其他项目中有用的理论、技术与方法,同时不断地把本项目的科学理论、精湛的技巧以及有效的方法传输给别的运

---

① 金成平,李少丹. 我国运动训练理论的演进及其问题分析[J]. 南京体育学院学报(社会科学版),2016,30(04):117-123.

动项目。这种信息上的交流主要在同项群内不同项目之间得以发生。如果能够较好地加以运用,通常能够保证理想的应用效果。

第三节　运动生理学理论

一、运动生理学的本质

关于运动生理学的本质,即为通过对人体施加一定的生理负荷刺激,引起机体各器官系统在生理功能和形态结构方面产生诸多连锁性运动条件反射。也可以将运动生理学的本质理解为运动技能是一种连锁性的运动条件反射,而运动技能的获得需要经历复杂的过程,主要有以下两个方面。

(一)运动技能的形成过程

运动技能的形成并非偶然,也不是随意就能实现的,其需要在一个非常富有规律性的过程中,在一定的条件下,逐渐遵循相关特定的轨迹来实现。具体来说,就是从一名运动者开始某项运动技术的学习到最终的形成。在这一过程中,表现出了各个相关因素的相互联系、相互交错、相互融合、完整统一。

从技能形成过程的步骤上来说,整个过程可以由泛化过程、分化过程、巩固过程和自动化过程组合而成。可以说,运动技能的形成与发展,就是在这四个过程不断循环往复中实现的。

(二)运动技能的储存、再现与校正

人们通过练习巩固下来的动作会作为一种信息存储于大脑皮层的一般解释区和小脑。当需要做出动作时,首先由小脑中提取该套"程序",然后重现该运动动作,此时这个动作的完成完全属于一种程序化的行为,外在上会体现出非常明显的动作协调与精确。人们在学习运动技能的过程中,其需要对肌肉的用力状况、用力时间、协调功能等不断进行改正,这种更正行为并不具有显著性特征,是非常细微的。这种从动作

完成过程中的感觉或结果反过来再校正动作的过程,就是运动技能的校正,这样就形成了反馈原理,此处不再赘述。

二、运动生理学研究的主要内容

运动生理学的主要研究对象就是健康的人体,探究人体机能构造规律,以及在运动期间对人体机能的活动规律和变化规律给予研究,其隶属人体生理学范围,可以将更加科学的训练方式和运动体制提供给人体运动。① 运动生理学作为一个重要学科,其所研究的内容也是非常丰富的,主要涉及以下几个方面。

(一)环境

运动生理学所研究的环境有内环境和外环境两个方面。

所谓的外环境,是指人生活的大气环境、自然环境等。内环境则是指人体细胞所浸入的液体环境,主要由组织液和血浆组成。内环境是连接体内细胞与外环境进行物质交换的纽带,虽然体内各个细胞不与外环境直接接触,但是可以与外界环境进行物质交换,实现新陈代谢的基本功能。

外环境与内环境之间是有联系的,主要表现为:外环境会不断将各个细胞需要的氧气和营养物质,通过呼吸、循环和消化系统,不断送入内环境,再进入细胞供其利用,同时将各个细胞所产生的二氧化碳和代谢废物排入内环境中,通过呼吸、循环和泌尿系统的活动排泄到外环境中,实现细胞和外环境的物质交换。

(二)稳定状态

稳定性特点在内环境中是有着特殊体现的,这种稳定性并不是绝对的,而是相对的,其也会在一定范围内波动。机体的生存必须具备内环境理化性质保持相对稳定的状态这一必要条件,否则是无法实现的。内环境理化性质在一定范围内的波动,还体现在各种物质都处于不断转换

---

① 于研. 浅议运动生理学在体育教学和训练中的运用[J]. 当代体育科技,2018,8(32):43-44.

的状态中,最终会达到一种平衡的状态,也就是动态平衡。

(三)生理功能的调节

人体处于不断变化的内外环境中,由于肌肉活动的增强,体内会产生一系列的变化,机体稳定状态就会因此而发生改变,同时由此所导致的变化还涉及多种相关功能活动,通过散热来有效降低体温,通过呼吸活动的增强来将更多的二氧化碳排除体外,从而使身体机能始终都能保持在相对稳定的状态。维持机体的稳定状态是在机体的功能调节控制机制的调控下,多个器官功能相互协调实现的。

(四)反馈

机体反射的实现是需要经过一定过程的,在这一过程中,主要包含着两个方面的内容:一方面会有反射中枢向效应器传出信息,以此来激活、控制效应器的活动;另一方面,效应器也会有信息送回到反射中枢,反射中枢根据效应器的情况及时调整其对效应器的影响。由效应器回输到反射中枢这种信息,就是所谓的反馈信息,而回输过程就是所谓的反馈。

(五)前馈调节

机体之所以能够维持相对稳定的状态,是通过多种途径来实现的,其中负反馈调节就是有效途径之一。需要强调的是,这种调节方式并不是完美的,是有缺点的,即这种调节方式作用的发挥是需要在外界干扰下使受控的生理活动出现偏差后才能实现的,因此会滞后一段时间才能纠正偏差。而前馈调节则能使负反馈调节的这一缺陷得到有效弥补,前馈就是干扰信息作用在效应器某一生理活动的同时,通过感受器直接作用于中枢部分。

三、生命活动的基本表现

运动生理学研究的方向和内容都具有多样性特点,生物体需要从事一定的生命活动,在其生命活动现象中,基本都会涉及新陈代谢、兴奋

第三章 体育教育专业学生应具备的体育学科理论素养

性、适应性和生殖等方面,这些也是生命活动的基本表现。

(一)新陈代谢

对于所有的生物体来说,要想生存发展,都要经历新陈代谢的过程。可以说,新陈代谢是生命活动的最基本特征。新陈代谢通常会包含两个方面的代谢过程,一个是分解代谢,一个是合成代谢。

对于生物体来说,其一方面不断地利用从外界环境中摄取来的营养物质合成为自身的组成成分和能源物质;另一方面,人体又不断地将已衰老的组成成分和能源物质进行分解,放出能量以供合成体内新物质和完成各种生理功能,并把分解产物排放到外部环境中。如此一来,新陈代谢便实现了。

从严格意义上来说,生物体的新陈代谢是一种高级的、复杂的物质运动形式,这种运动形式是通过生命活动体现出来的。

(二)兴奋性

兴奋性,是生物体的显著特征之一,生物体的生存必须在这一前提条件下才能实现,因此可以说,兴奋性是生物体生存的必要条件。

借助现代科学电生理技术的发展和应用,已经证实了兴奋来源,即机体的一些组织在受到刺激后所产生的某种特殊的生物电反应,如神经、肌肉、腺体等。而所谓的兴奋性,就是生物体对刺激发生反应的能力。兴奋性的高低程度主要取决于刺激强度的大小。

可兴奋组织有两种基本的生理活动过程:一个是兴奋活动,一个是抑制活动。人体各种生理功能活动,既有兴奋活动也有抑制活动,二者既对抗又协调,并可相互转化。因此,可以将兴奋和抑制理解为对立统一的生理活动过程。

(三)适应性

对于生物体来说,其往往会在长时间内都处于一个特定的生活环境中,受客观环境的影响,其会逐渐形成一种与环境相贴近的、适合自身生存的反应模式,也就是所谓机体对周围环境的适应能力,也就是所谓的适应性。

对于运动者来说,其适应性是可以保持良好运动能力的。比如,经过长期的力量训练可使肌肉发达,长期的耐力训练可使心肺功能得以改善等,这些都是人体对环境变化产生适应的结果。但是,这也会成为进一步增强其综合素养的瓶颈和限制,这就需要适当变换其所处环境及相应的条件,不断锻炼和提升其适应能力。

(四)生殖

对于所有的生物体来说,生命都是有限的,这是宇宙之间普遍存在的规律,因此为了保持生物生命的延续性,生殖就成为自我复制和繁殖的重要途径和方式。

生物体在生长发育到一定阶段后,就能够产生与自己相似的子代个体,这种功能就是所谓的生殖。单细胞生物的生殖过程是通过一个亲代细胞分裂为两个子细胞而实现的。高等动物则由雄性与雌性的生殖细胞结合以生成子代个体才能完成生殖过程。

近年来,随着生物科学技术的不断发展,已经形成了一些新的延续生命的途径和方式,如克隆技术,这也在一定程度上对传统的生殖理论和观念提出了挑战。

第四节 运动心理学理论

一、运动心理学的概念解析

人在从事运动训练、比赛或者其他与运动相关的体育活动时会呈现出运动状态下的心理特点,运动心理学就是研究人在这些运动活动中的心理特点、规律及其影响因素的学科。运动心理学是研究人从事体育运动时的心理特点及规律的一门科学,是心理学的一个分支。作为心理学的分支,运动心理学是在体育运动实践及整个社会发展需要基础上产生并发展起来的,通过运动心理学,能够将体育运动的心理学基础充分阐释出来。

运动心理学研究的内容主要涉及以下几个方面。

(1)人在体育运动中心理过程的特点和规律。

(2)人的心理过程和个性特征受体育活动的影响。

(3)对心理学规律的研究。

(4)运动竞赛中人的心理状态问题。

由此,可以将运动心理学的概念界定为:研究心理和情绪因素对运动和锻炼表现的影响,研究参加运动与锻炼所产生的心理和情绪效益的一门学科。

二、运动心理学研究的主要领域

运动心理学研究的领域也较为广泛,涉及竞技运动、体育教育、大众健身三个主要领域。

(一)竞技运动领域

竞技运动领域一向都是行内外心理学家最关注,也是研究最多的一个领域,其研究的范围包括:运动心理学基础理论和方法,运动心理能力的测评,运动员人格、自信、运动动机、注意及竞赛情绪等方面的内容。[1] 运动心理学对竞技运动领域的研究内容,主要涉及运动员的心理评定、心理选材、心理训练和心理咨询几个方面。

1. 心理选材与心理评定

一般来说,运动训练是从运动员的选拔开始的,因此心理因素是运动员人才选拔的重要内容之一。对运动员心理素质的选拔依据主要是运动心理学的原理,同时借助有效和可靠的心理测量、心理实验等手段,按照各专项的心理特征,为教练员提供长期预测的信息,以便从训练的起点开始就实行最优化的训练。一般来说,心理选材主要是对运动员的思维能力、意志品质和个性心理特征等方面的选材。

---

[1] 张忠秋.运动心理学在竞技体育领域的研究发展与应用[J].天津体育学院学报,2012,27(03):185-191.

2. 心理训练与心理咨询

运动员心理训练和心理咨询主要是针对动机、自信、情绪控制、注意控制以及人际交往等这些方面来进行的。具体来说,心理咨询和心理训练,有两个明确的目的,即帮助运动员以最有效的方式掌握运动技能和表现运动技能,从而最大限度地发挥自己的运动才能;帮助运动员不断完善自己的人格,以更加积极的方式去应付运动生涯中及其之后的各种挑战。

(二)体育教育领域

在体育教育领域,心理学的研究对象主要有两个方面,一个是如何帮助学生掌握运动技能,一个是如何有效增进心理健康。

通常,人们对于自然的认知过程是逐渐推进的。比如,人们对自然的适应、改造和享有,这一过程可以理解为是一种意识,然后逐渐将这一意识应用于具体的行动实践中去。在世界上一些发达国家,有关运动技能形成、保持和发展的研究已经成为单独的学科,也被称为运动技能学习。这一学科主要研究的内容包括:肌肉系统与神经系统的联系,运动技能的记忆,运动技能在不同肢体间的迁移,运动技能自动化的特征等方面。因此,了解和掌握运动技能学习和发展的规律,对人们更加有效地学习和掌握那些生存技能和发展技能具有重要意义。

体育教育有着显著的心理建设功能,具体表现如下。

(1)诱发运动兴趣,培养锻炼习惯。

(2)欣赏体育文化,享受身体活动。

(3)发展健康人格,增强社会适应能力。

学校体育对大、中、小学生心理健康的影响作用有:能有效促进学生智力与能力的发展;提高学生德性修养,养成良好的品德;净化学生的情感;治疗心理疾病;发展学生的个性,提高社会适应能力;培养学生的竞争意识与协作精神;缓解学生精神压力,消除心理紧张。[①] 要在遵循体育教学和运动心理学规律以及学生学习心理特征的基础上,加强融合实践的计划,有针对性地进行教学,从而实现体育教学的新发展,提升高校

---

① 姚家新,张力为,李京诚,等. 运动心理学研究进展[J]. 天津体育学院学报,2008(01):1-10.

体育教学的质量,提升学生心理素质,促进学生体育运动锻炼的积极、健康发展。

(三)大众健身领域

大众健身领域的心理学所研究的内容主要有两个方面,一个是参加体育锻炼的动机,另一个是体育运动锻炼与心理健康的关系。

1. 参加体育运动锻炼的动机

动机的分类有内因成就动机和外显成就动机,二者都与参加体育运动锻炼息息相关。又可以分为两个方面:一个是参与或退出体育运动锻炼的原因,另一个是影响体育锻炼动机的因素。其参与动机都可以基于成就动机理论和逆转理论来进行解释说明。

2. 体育锻炼与心理健康的关系

这主要针对一次性体育运动锻炼对心理状态的影响,长期体育运动锻炼对健康人心理特征的影响,长期体育运动锻炼对患者心理疾病的治疗作用,体育运动锻炼促进心理健康的机制等问题进行研究。

总体来说,大众健身领域的研究内容与健康心理学和行为医学之间有着密切联系。

三、心理技能训练与调节的实施

(一)行为方面的心理技能训练

1. 放松训练

放松训练就是使运动员的思想、情绪和肌肉都处在一个不紧张或松弛宁静的状态。放松训练主要有渐进性放松法、自生放松法和静默法。其中,渐进放松法是指通过一定方法与程序使练习者放松肌肉,以达到心理放松的心理技能训练法。静默法是通过静坐、闭眼、凝神于某种形象物体(如一束鲜花)或某种意境(如畅游于湖光山色之间)来排除杂念使情绪宁静的方法,中国的气功静功、印度的瑜伽冥想和日本的坐禅都属此类。自生放松法则是指通过指导语诱发练习者自身产生某种感觉体验,以达到身心放松的方法。自生放松法的练习内容都对应着相应固定格式的指导语(表3-3)。

表3-3 自生放松练习内容及指导语

练习内容	指导语
沉重感练习	我的……(身体某一部位)很沉重
温暖感练习	我的……(身体某一部位)很温暖
呼吸调控练习	我的呼吸是平和、舒缓的,很慢、很深
心跳调控练习	我的心跳是轻柔、缓慢的
额部调控练习	我的额部是凉爽、舒展、放松的
腹部调控练习	我的腹部是温暖、舒适、放松的

2. 系统脱敏训练

系统脱敏训练又称交互抑制法,是一种以渐进方式克服神经症焦虑的心理技能训练。系统脱敏训练需要按照一定的程序来进行,主要有以下三个方面步骤。

(1)建立恐怖或焦虑等级(层次)。

(2)放松训练,训练者的全身肌肉能迅速进入松弛状态即可。

(3)训练者在放松的情况下,按某一恐怖或焦虑等级层次进行系统脱敏练习。

3. 模拟训练

模拟训练主要是针对即将进行的比赛情况进行的模拟,使运动员提高临场适应能力的一种训练方法,其本质属于适应性训练。模拟训练有实景模拟和语言图象模拟两种具体的训练形式。

在运动比赛训练过程中,模拟训练的模拟对象、模拟内容、训练目的可参考表3-4。具体要根据实际情况来加以选择。

第三章 体育教育专业学生应具备的体育学科理论素养

表3-4 模拟训练分析

模拟对象	模拟内容	训练目的
对手	模拟对手的技术、战术特点	了解对手,增加运动员对对手技战术的适应性
比赛关键情境	模拟固定比赛情境和动态比赛情境	帮助运动员克服在关键时刻的紧张情绪,提高心理状态的稳定性
裁判	裁判的错判、误判和漏判	培养运动员对裁判的尊重、适应裁判的各类判罚,培养运动员控制注意的能力
观众	观众的鲜明态度和立场	培养运动员在不安静或不公正的气氛中进行比赛的能力
地理环境	气温、湿度、气压、风力风向等	提高运动员适应不同地理环境的能力
时差	倒时差	提高运动员对时差的适应

(二)认知方面的心理技能训练

1. 表象训练

表象训练,又称"视觉化"训练、内心演练、意象演习或想象训练等,是常见的心理技能训练方法之一。具体来说,表现训练就是运动员有意识地在头脑中再现或完善动作或运动情境,从而建立和巩固正确动作的动力定型、提高运动技能、增强心理调控能力的过程。

表象训练的实施主要包含两个方面的内容,具体如下。

(1)基础表象训练的实施

基础表象训练的实施,包含以下三个方面的具体内容。

①感觉觉察能力训练:就是利用记忆中的经验,创造出可控形象并对这些形象进行操纵。在训练实践中,训练者感受到的越多,意识越清晰,体验感就越真切。

②表象清晰性训练:就是要求训练者尽量充分利用自己所有的感觉体验,生动、真实地进行表象演练。训练实践中用到的训练辅助方法主

要有手掌观察、冰袋练习、提桶练习等。

③表象控制力训练:主要对训练者改变、操控和调节表象的能力进行训练和提升。训练实践中用到的训练方法主要有比率训练、木块训练等。

(2)针对性表象训练的实施

针对性表象训练主要是结合运动专项进行的表象训练,具体的表象训练方法和参照的程序可依不同动作技能、训练阶段、训练目的和不同的运动员而定。

2. 暗示训练

在体育运动中,暗示训练是一种有效的心理技能训练方法,能使运动员有效地平复激动和烦躁的心情,并提高动作的稳定性和成功率。

在暗示训练过程中,指导者的暗示语应更多地侧重于过程而非结果。暗示语有积极和消极之分。通过积极暗示,要达到增强自信心,从而达到实现预期结果的目的,负面词汇尽量不用(表 3-5)。

表 3-5 积极暗示语与消极暗示语

消极暗示语	积极暗示语
别紧张,别着急	放松,稳住
落后这么久,没戏了	这不是最后的结局,还有机会
千万别猛扣扳机(射击)	放松,食指用力,"慢扣等响"
真倒霉,抽到不好的泳道(游泳)	技术实力才是最重要的,我的稳定性好,爆发力强
这次比赛我发挥不好了	只要我认真做动作,我会赛出水平的(体操)
这场球千万别输在我手上	我一定能踢进去的(足球)
这些观众真讨厌	观众在为我加油,期待我打得更好

3. 合理情绪训练

合理情绪训练是帮助人们培养更实际的生活哲学,减少情绪困扰与自我挫败,学会正确面对和处理困难的一种训练方法。

合理情绪训练的实施方式主要有以下几种。

(1)与不合理信念辩论。

(2)布置认知家庭作业。

(3)合理情绪想象。

(4)角色扮演。

第五节　其他有关体育学科理论

一、运动医学理论习得

(一)运动医学研究相关知识

1. 运动医学研究的学科范围

运动医学是一门研究人体参加体育运动的学科。它包括运动员选材、医务监督、运动员伤病防治和运动员营养等。运动医学是交叉学科或边缘学科,横跨体育学和医学两大领域,既以体育领域的"医学问题"为研究对象,也以医学领域的"运动问题"为研究对象。[①] 运动医学涉及的学科多种多样,几乎包含了所有人体运动方面的内容,其范围主要包括:运动保健与医疗、运动治疗学、运动营养学、运动创伤学与运动骨科学、兴奋剂检测学。

除上述几个方面外,如运动生理、生化和运动解剖等部分内容也属于运动医学的研究范围。

---

① 乔玉成,周威. 我国运动医学学科定位 6 个基本问题辨析[J]. 体育学刊,2020,27(03):136-144.

2. 运动医学的研究任务

(1)可以作为少儿选拔优秀运动员的重要参考依据。
(2)非运动性伤病后的训练安排与运动康复。
(3)促进运动性疲劳的恢复并提高运动成绩。
(4)防治运动性损伤。
(5)运动能力评定。
(6)利用运动手段预防运动缺乏病。
(7)检测运动员使用兴奋剂。

3. 运动医学的研究内容

(1)体格检查。
(2)医务卫生安全监督。
(3)检测与监督非法使用兴奋剂。
(4)运动损伤的预防、治疗、康复。
(5)专题研究。

(二)运动医学中伤病的急救

在体育运动中,运动伤病是经常出现的一些不可避免的事故结果。而对所发生的运动损伤与疾病进行急救,就是运动医学的重要内容。对于体育教育专业的学生来说,这是一项必须要掌握的极为重要的工作内容和基本知识技能,关键时候能够起到拯救生命的重要意义。

进行现场急救,要遵循抢救生命为第一的基本原则。在此基础上,为了保证抢救的有效性,还要有时间概念,即要争分夺秒地进行抢救,做到以最快的速度准确判断病情,迅速进行现场处理,及时转送医院。同时,抢救人员要有高度的责任心、正确熟练的急救技术、沉着冷静的心理素质、良好的组织能力和亲切和蔼的态度,这些也是体育教育专业学生必须要做到的。

急救的方法通常有止血法、人工呼吸法、搬运法等。其中,止血法中的压迫法应用较为广泛,尤其指压法,是动脉出血最佳的止血方法。常用指压法有:颌外动脉指压止血法(位于下颌角前1.5厘米处)、肱动脉指压止血法、股动脉指压止血法、胫前(后)动脉指压止血法。

人工呼吸法的形式也有很多种。比如,口对口呼吸法,这种方法适用于小孩和肋骨折断的病人。心脏胸外挤压法又可以分为俯卧法和仰卧法。

伤员经过现场急救后,应迅速和安全地转运到安全处休息或直接送医院治疗,这就需要用到搬运法,常用的形式有扶持法、托抱法、椅抬法和三人托抱法等。

二、运动生物力学理论习得

(一)运动生物力学学科知识

运动生物力学,是指研究体育运动中人体机械运动规律及其应用的科学。

研究内容:人体或生物体在外力和内部受控的肌力作用下的运动规律。

研究目的:提高竞技体育成绩、增强人类体质,以及从中丰富和完善自身的理论和体系。

研究任务:提高运动能力和预防运动损伤。

任务范围:体育动作技术、运动训练、运动损伤和体适能、运动器材装备等。

(二)人体运动的生物力学原理

国内研究侧重于以提高运动成绩为目的的竞技体育项目的运动技术分析,[①]关于人体运动的生物力学原理的分析,主要包含人体运动的时空特征和体育运动中的人体平衡两个方面,这也是体育教育专业学生需要掌握的重要相关知识。

1. 人体运动的时空特征

人体运动的时空特征主要从以下几个方面得到体现。

---

① 王清,郝卫亚,刘卉,王向东,刘颖.运动生物力学学科发展现状及前景[J].体育科研,2016,37(03):91-95.

(1)以时刻、时间为主的时间特征。
(2)以位移、轨迹和路程以及角位移为主的空间特征。
(3)以速度和加速度、角速度和角加速度为主的时空特征等。

2. 体育运动中的人体平衡

稳定性,就是指人体或物体抵抗各种干扰作用保持平衡的能力。

通常情况下,可以将人体的稳定性大致分为两种:一种是静态稳定性,可以将其理解为人体静止时抵抗各种干扰的能力;一种是动态稳定性,可以将其理解为人体重心偏移平衡位置后,干扰因素除去时,人体仍能恢复到初始平衡范围。

人体的平衡类型有很多种,根据不同标准有不同的划分。比如,以人体重心和支撑点的位置关系为依据,有上支撑平衡、下支撑平衡和混合支撑平衡之分;依据平衡的稳定程度,有稳定平衡、有限稳定平衡、不稳定平衡和随遇稳定平衡之分。

在体育运动中,人体平衡大多是下支撑平衡,影响其稳定性的因素有很多,其中支撑面大小、重心高度、稳定角和稳定系数等是主要的影响因素。

人体稳定性是至关重要的,这对于静止和运动中的人体平衡来说也不例外。通常情况下,稳定性强的人,对人体平衡的调控力度也比较大。在体育运动中,运动员人体稳定性程度往往直接决定着动作的成败与成绩的高低。

第四章　体育教育专业学生基本文化素养的培育

体育教育专业学生是未来体育教师的后备军,承担着增强青少年体质健康,培育优秀体育后备人才的神圣使命,他们的基本文化素养直接关系到未来的职业胜任力,也关系着下一代学生的健康成长。培育体育教育专业学生的基本文化素养,有助于他们毕业后能够顺利担任体育教师角色或从事其他体育相关工作,更好地适应体育课程改革需要,并全面提高基础教育阶段体育教学的质量。本章对体育教育专业学生基本文化素养培育的研究主要涉及三方面的内容,分别是基本思想政治素养培育、基本运动文化知识素养培育以及基本专业知识素养培育。

第一节　基本思想政治素养的培育

随着社会经济与文化的融合,教育逐渐趋向国际化,培养全面、综合型的人才成为当前各大高校的主要培养目标。[①] 基本思想政治素养培育的主要目标是培养出社会所需要的综合性人才,因此需要重视体育教育专业学生的思想政治素养培育,对于学生的政治素养培育和法制素养培育都有一定的要求,通过一系列的基本思想政治素养培育,挖掘体育教育专业学生的潜能,促进其个人才能的发挥,实现为社会、为国家贡献价值的目的。

---

① 陆高峰.关于新时期高校加强体育师资队伍建设的思考[J].教育与职业,2016(05):62-64.

一、思想素养培育

思想素养是大学生思想意识和世界观、人生观、价值观的综合表现,良好的思想素养可以帮助大学生树立崇高的理想,激励他们追求理想、追求真理,勇于投身社会实践。① 基本的思想素养培育是培养体育教育专业学生必不可少的一部分,其主要包括学生理论能力、鉴别能力以及批判能力。

(一)理论能力

培养体育教育专业学生的思想素养,首先要培养其理论能力,主要包括以下两个方面。

第一,体育教育专业学生作为未来的体育教师,要对思想政治基本知识有所了解,要对国家的核心价值观、政治经济制度、指导思想等意识形态领域的内容有基本的认识。

第二,体育教育专业学生是未来体育教育工作的从业者,应该具备长期学习的意识与能力,不断更新思想,时刻根据社会的发展,正确把握对体育教育工作者的新要求,同时要及时掌握国家政策、大政方针等重要信息。体育教育专业学生不仅要有良好的思想认知,还要有不断学习和不断完善自我知识系统的能力,要树立终身学习理念,使自身的理论文化修养不断提升,这是快速发展的信息化社会对未来体育教师的客观要求。

(二)鉴别能力

在全球化浪潮下,我国社会进入价值观空前多元的时期,各种外来文化与中国传统文化不断交流碰撞,对尚未形成稳定世界观、人生观和价值观的大学生而言,精神层面的冲击不容小觑。② 在复杂多变的现实

---

① 汤修元.核心素养视域下的大学生思想政治素养研究[J].教育理论与实践,2017,37(30):29-31.

② 张维维,金蓉.新时代大学生思想政治理论素养的结构、特征与优化路径[J].思想教育研究,2019(12):135-139.

第四章 体育教育专业学生基本文化素养的培育

社会中存在着很多复杂多变的思想文化,意识形态领域的思想情况亦是如此。有些社会思潮虽然隐蔽性很强,但大众基础雄厚,能够将大众的普遍利益诉求反映出来,这些思潮得以传播主要运用了各种格式形态,包括文艺形态、学术形态及舆论形态等。因为社会形势复杂多变,所以各种思想形态与思想意识处于交织融合状态,包括正确的思想意识和错误的思想意识、主流思想形态和非主流思想形态以及进步的思想和落后的思想等方面呈现交织相融局势。为了避免错误意识形态对我们的阵线造成干扰,作为教师接班人的体育教育专业学生必须要有良好的分辨能力,能够理性判断正误,借鉴优秀思想文化,抵制落后文化,如此才能在以后更好地引导和教育学生。因此,要通过开展有效的思想教育,提高体育教育专业学生的思想素养,充分挖掘他们的潜能,提高他们的思想鉴别能力,减少和消除消极因素的影响,使体育教育专业学生能够拥有良好的个性品质。

(三)批判能力

体育教育专业学生不但要接受正确的政治思想,能够对正确的思想观点进行正面传授,并能对错误思想观念有高度的辨识,同时还要以批判的态度对待错误思想观念、落后思想观念及反动思潮。良好的辨识能力是形成良好批判能力的基础,这需要在思想素养培育中提高学生的马克思主义理论素养,使其用马克思主义理论观点进行高度辨别,并在马克思主义理论思想的指导下批判错误思想,有效解决因错误思想干扰而造成的问题。

现代社会背景下,市场经济的迅速发展一定程度上对人们的思想观念造成了冲击,在市场经济环境下人们面对物质诱惑、经济利益以及思想价值观念上陷入迷茫,尤其是大学生处于心理不完全成熟时期,对事物敏感而又充满热情,自尊心和自信心较强,有较强的竞争意识,但社会阅历不足,心理脆弱,情绪不稳,思想认识和行为还存在一些盲目性和随意性。为了打破这种冲击,免受不良影响,必须重视对体育教育专业学生的思想素养培育,提高其思想政治品质,并提高其思想教育能力,使其在未来的工作上能够具备积极培育下一代的正确价值观。

二、政治素养培育

道德和法律是调节人们思想行为,协调人际关系,维护社会秩序的重要手段,这二者是社会上层建筑的主要组成部分,共同服务于经济基础。① 思想道德为法律提供了价值准则和道义基础,而法律的实施则为思想道德提供了制度保障。体育教育专业学生必须具备基本的政治素养,主要包括指导思想认同、核心价值观认同以及政治制度认同三方面。

(一)指导思想认同

指导思想认同包含两个方面的含义,一是对马克思主义指导思想的认同,二是对马克思主义中国化理论成果的认同。马克思主义指导思想具有科学性、崇高性、时代性及发展性,这些都应该得到我们的认同。马克思主义中国化的最新成果是新时代中国特色社会主义思想,我们对此也必然要给予高度认同。

对马克思主义指导思想、中国特色社会主义思想的认同有助于在正确指导思想的引导下开展实践行动。高校思想政治工作关系高校培养什么样的人、如何培养人以及为谁培养人这个根本问题。② 体育教育专业学生要对马克思主义理论认真学习,要对科学的世界观与方法论予以掌握,形成良好的思想基础,这对学生的未来发展非常有利。高校体育教育专业学生还应该在马克思主义理论思想的指导下对体育科学进行研究,在研究过程中将马克思主义理论中的观点、立场及方法灵活贯穿与运用其中,以此来明确研究方向,提高研究思维能力,掌握符合规律的研究方法,提高研究能力。

(二)核心价值观认同

我国作为典型社会主义国家,在社会主义道路上的发展走向及价

---

① 江婷,石磊. 新时代高校道德素养与法治精神培养途径探究——评《新时期大学生思想道德教育与法律素质培养》[J]. 中国教育学刊,2020(3):110.

② 习近平在全国高校思想政治工作会议上强调:把思想政治工作贯穿教育教学全过程 开创我国高等教育事业发展新局面[N]. 人民日报,2016-12-09(1).

第四章 体育教育专业学生基本文化素养的培育

值追求集中反映在社会主义核心价值观上。社会主义核心价值体系是党的十六届六中全会首次明确提出的一个科学命题,包括四个方面的基本内容,即"马克思主义指导思想、中国特色社会主义共同理想、以爱国主义为核心的民族精神和以改革创新为核心的时代精神、社会主义荣辱观"。[1]

马克思主义是我们立党立国的根本指导思想,为体育教育专业学生坚持了思想政治教育的政治方向,规定了思想政治教育的基本原则,明确了思想政治教育的主要任务。中国特色社会主义共同理想作为思想政治教育的核心内容,决定了体育教育专业学生思想政治教育的基本性质,是振奋学生精神的有效途径,也是衡量体育教育专业学生政治教育效果的有效途径。民族精神(以爱国主义为核心)和时代精神(以改革创新为核心)则是代表了思想政治教育的主旋律和现实要求,培养体育教育专业学生的爱国精神并且增强他们思想政治教育的适应性。社会主义荣辱观是体育教育专业学生思想政治教育的道德准则,使学生形成科学的世界观、人生观和价值观。我们必须坚持这些社会主义核心价值观,在社会主义发展中努力践行这些核心价值观,并大力培育人民群众的社会主义核心价值观。高校体育教育专业学生应该在马克思主义理论思想的科学指导下追求核心价值观,对此给予高度认同。

(三)政治制度认同

政治制度认同包含下面两层含义。

第一,对国家政治制度的认同,包括社会主义制度,人民民主专政制度,人民代表大会制度,中国共产党领导的多党合作和政治协商制度,公有制为主体、多种所有制共同发展的经济制度等。认同我国实行的这些政治经济制度,也就是认同了中国是人民当家作主的民主国家,认同了人民的地位。

第二,对教育服务于国家发展和社会进步的目的的认同。促进国家发展和巩固政权服务是教育的目的。教育既然是为国家服务的,因此必须对国家制度予以认同,教育服务于国家的主要方式是培养对国家发展有用的栋梁之才,教育培养出来的人才要服务于国家,就要对国家制度

---

[1] 中共中央关于构建社会主义和谐社会若干重大问题的决定[N].人民日报,2006-10-19.

有高度的认同。高校体育教育专业学生在接受高等教育的时期很有必要形成政治认同,因此要加强这一阶段对学生的政治素养培育,这也有助于他们未来就业后通过自己的思想和言行对下一代产生积极影响。高校体育教育专业要做好对学生的思想政治教育,使学生树立崇高的信念,掌握丰富的文化知识,塑造良好的品格,这不仅影响着在校学生的精神面貌,也对下一代的价值取向有重要影响。

三、法治素养培育

党的十八届四中全会以来,全面依法治国的推进成为治国理政的重要方式和发展路径。① 体育教育专业学生作为社会主义建设者和可靠接班人,肩负着推动国家法治建设进程的重任。我们要通过培养法治思维、维护法律权威以及遵纪守法三方面来培育体育教育专业学生的法治素养。

(一)培养法治思维

我国作为法治国家,在治国上实行的战略布局是全面依法治国。因此要培养体育教育专业学生的法治思维,提高其法治意识,使其遵守法律规定,依据法律规范自己的行为。体育教育专业学生要清楚在法治社会,法律在维护社会制度和社会生活秩序中发挥着重要的作用,要自觉遵守法律,不做违背法律的事。学生对法律存在的价值意义及基本法律规定有所认识后,要对法律的尊严予以维护,遇到问题时也要按照法律原则采取理性的思维方式进行分析处理。法治实质上就是一种思维模式,这种思维模式表现为人们自觉地、经常地按照法治的理念来思考问题,并采取与法治理念相一致的普遍行为方式。②

培养学生的法治思维是建设法治社会的要求,体育教育专业的学生要对法治思维的内涵有正确的认识,自觉守法,在行动中促进自身法治思维的提升。拥有良好法治思维的学生在分析解决问题时更加理性,因此解决问题的能力和效率也会提升。我国作为法治国家,在依法治国的

---

① 杨忠明,何曾艳. 大学生法治素养提升的路径与方法研究[J]. 学校党建与思想教育,2017(12):50-52.
② 姜波,陈焘. 基于法治中国建设的大学生法律素养培育[J]. 河北大学学报(哲学社会科学版),2015,40(06):121-124.

道路上要将法律作为主要工具,我们必须对法律的普遍及优先适用性予以认同,并承认它是不可违背的最高原则。我们奉行法律至上的思维模式,要求采取正确的法律程序来解决问题,这体现了公平治国的原则。法律决定权力,也制约权力,法律规定了人的责任与义务,所以人人都要在法律的监督下正确行使权力,严格履行责任与义务,不能搞特殊化。

(二)维护法律权威

在治理国家和社会生活中,法律的崇高地位不可动摇,任何人都不能违背法律,任何违背法律的行为都要受到追究与制裁,这便体现了法律的权威性。在国家漫长的发展历史中形成了许许多多社会规范,其中法律作为社会规范之一居于主导地位,这一社会规范具有不可替代性和不可违背性。在大众的社会生活中,要将法律视为最高权威,树立法律权威意识。

高校体育教育专业学生要树立法律意识,坚决维护法律权威,这包含下面三层含义。

第一,体育教育专业学生在校期间要对法律权威予以维护,树立高度的法律意识,做一名懂法守法的学生。

第二,体育教育专业学生未来就业后要在职业岗位上对法律权威予以维护,不得做违背法律和违背师德的事。

第三,体育教育专业学生未来在学校任职后要培养下一代的法律意识,使下一代认同法律的权威性,并自觉维护。

培养体育教育专业学生的法治素养,提高学生的法律意识,使其自觉维护法律权威,按照法律规定和相关要求来严格规范自己的言行。维护法律权威一方面要强调法律的强制性,同时也要以理服人;另一方面要做好法治宣传教育工作,正确引导与规范人的言行。高校体育教育专业学生既要在接受教育的过程中树立法律意识和维护法律权威,也要在社会实践中自觉守法,不能挑战法律权威。对法律权威的维护既是学生的责任,也是学生的重要使命,不仅要自己认同法律、维护法律以及懂法和守法,同时要勇敢地对抗违法犯罪行为。

(三)遵守法律

法律作为最高的社会规范,其本质特征是强制性。人们要自觉遵守法律,按法律办事,如果人们的自觉性差,不尊重法律的权威,就要靠强制手段来实行法制管理,从而维护良好的社会生活秩序,为社会制度的运行提供良好的环境。但是,完全依靠法律的强制性进行社会秩序管理,会增加治国成本,而且难以使所有人都自愿接受管理,难以取得所有人的信服,这也会影响最终的治理效果。亚里士多德曾说过,法治应包括两重含义:已成立的法律获得普遍的服从,而大家所服从的法律应该本身是制定的良好的法律。① 对此,要重视法制教育,发挥法律的教化作用,引导大众树立良好的法律意识,自觉遵法守法,做合法公民。高校体育教育专业的学生既要遵守普通公民应该遵守的法律,行使作为公民的权利,履行作为公民的义务,又要遵守教育相关法律,自觉约束言行,为人师表,履行好教书育人的职责,做学生的好榜样,为将来就业从事体育教育工作打好基础。

遵守法律不仅要体现在政治生活中,还要体现在职业生活和社会生活中,作为未来的教育工作者,体育教育专业学生不仅要自己守法,还要具备进行法律宣传教育的能力,在未来的教师岗位上对青少年学生进行法律教育,培养知法、懂法、守法的社会主义接班人。

第二节 基本运动文化知识素养的培育

一、体育运动基本理论概述

(一)体育运动的概念

《中国大百科全书》(体育卷)对体育的定义"是指以身体活动为手段的教育"。② 而运动则是从事体育活动的基本内容和方法,其包括旨在促进身体正常发育和充分发展身体机能的各种锻炼方法和活动项目。③

---

① [希腊]亚里士多德. 政治学[M]. 北京:商务印书馆,1965:133.
② 《中国大百科全书》总编委会. 中国大百科全书[M]. 北京:中国大百科全书出版社,1982.
③ 《辞海》编辑委员会. 辞海(缩印本)[M]. 上海:上海辞书出版社,1998.

第四章 体育教育专业学生基本文化素养的培育

因此,体育运动是指人们根据社会生产和生活的需要,遵循人体生长发育和机能活动规律,以身体动作为基本手段,为增强体质、提高运动技术水平、丰富社会文化生活而进行的一种有目的、有意识、有组织的身体运动和社会活动。

(二)体育运动的健康功能

体育具有强身健体、娱乐功能,还有教育、政治、经济等功能,因所处的历史阶段不同,体育所展现的功能也有所不同。自从体育产生以来,强身健体就成为其主要功能。现在随着社会经济的发展,人们的生活水平得到了提高,在精神方面的需要也越来越多,所以人们对体育的认识水平也有了提升,希望通过参与体育活动得到更多的精神享受。人们的生活水平越高,越注重体育精神层面的价值。但不管在任何时期,体育运动的健康价值与功能始终是第一位的。下面简要分析体育的健康功能,包括生理健康功能和心理健康功能。

1. 生理健康功能

(1)改善和提高中枢神经系统的功能。
(2)促进血液循环,增强心脏器官的功能。
(3)改善呼吸系统的功能。
(4)促进骨骼发育和肌肉生长。
(5)控制体重,保持健美体型。

2. 心理健康功能

(1)保持乐观向上的情绪。
(2)提高应激能力,促进身心健康。
(3)消除疲劳,恢复体力。
(4)提高自信,完善自我。

(三)体育运动锻炼

1. 体育运动锻炼的原则

(1)循序渐进原则
体育锻炼应遵循循序渐进的原则,循序指遵循规律,注重次序,按知识、技术、技能的内在联系安排练习次序;渐进指平稳发展,逐步提高。总之,要由小到大、由浅入深、由易到难地合理安排锻炼内容与方法。

(2)区别对待原则

区别对待原则指的是从个人性别、年龄、体质状况、客观条件及锻炼目的出发,合理安排锻炼内容、方法和运动负荷,使健身锻炼处方符合个人实际情况和健身锻炼需要。

(3)持之以恒原则

持之以恒是指以相对稳定的时间、节奏和周期,连续、经常、不间断地从事体育锻炼。经过长期科学的体育锻炼,人的身体形态、身体机能、生理生化等方面都会发生积极变化,这是不断积累的过程。如果锻炼断断续续,那么锻炼的效果就不会持续很长时间。①

2. 体育运动锻炼方法

(1)重复练习法

重复练习法是指不改变动作结构和运动负荷的表面数据,在相对稳定的条件下根据完成动作的基本要求反复进行练习的方法。重复练习法有利于掌握及巩固技术动作和发展身体素质。

(2)持续练习法

持续练习法是用强度较小的方式持续练习较长时间,主要用于锻炼心脏和发展有氧代谢能力。持续练习法有利于发展人有氧代谢系统的供能能力,提高人对运动的适应能力。

(3)变换练习法

变换练习法是通过不断变换运动负荷、练习内容、练习形式以及条件以提高练习积极性、机体适应性及应变能力的锻炼方法。此方法可以有效调节生理负荷,提高神经兴奋性,提升锻炼积极性,克服疲劳和厌倦情绪,提高锻炼效果。

---

① 杨海平,张新安. 体育教育专业必备基础知识读本[M]. 广州:广东高等教育出版社,2014.

二、体育教育专业学生基本运动文化知识素养的培育路径

(一)转变人才培育观念

高校体育教育专业应该注重对学生体育文化素养的培育,不能只关注对学生教学能力、训练能力及科研能力等素质的培育,否则就会影响学生的综合素质,从而影响学生的未来就业。如果忽视培育学生的基本运动文化素养,学生从事体育教育工作后就容易忽略体育文化的重要性,意识不到建设校园体育文化的重要意义,从而影响对学生体育意识、体育能力及体育素养的培育,最终也会制约增强学生体质的教学目标的实现。因此,在高校体育教育专业人才培养中,要及时转变观念,不能只将注意力集中在传授运动技能和教学技能上,还要了解该专业学生应该具备的体育文化素养。将培育体育文化素养纳入综合素养培育计划中,并合理选择评价学生体育文化素养的指标,从而了解体育教育专业学生的体育文化素养水平和培育效果。在体育运动文化知识素养的培育中,要传授丰富的体育运动知识和体育文化知识,并对学生的终身体育意识进行培育,为学生今后的就业及长远发展奠定基础。

(二)营造和谐的校园体育文化氛围

校园体育文化是整个人类文化的组成部分,是校园中所呈现的一种特定文化氛围,具有高度校园特色和健康生活气息。[①] 校园体育文化具有重要的教育作用,它是体育教学的重要补充,也是不可获取的外延性教育方式。高校创建良好的体育教育环境,营造和谐的体育文化氛围,可以提升体育教育专业学生的体育意识与体育文化素养,使学生在良好的氛围中学习体育运动知识,掌握体育文化知识,同时学校应重视体育活动场所设施和设备的建设。体育场所和运动器材是创建校园体育文化氛围开展体育活动的物质保障,只有提供完备的体育设施和运动器材,学生在体育项目上才会有更多的选择空间,根据自己的爱好来选择

---

① 黄欣加.营造校园体育文化氛围 加强学生综合素质培养[J].体育科学,2004(06):67-71.

自己的体育活动项目。① 良好的校园体育文化也能营造良好的体育锻炼氛围,形成良好的体育锻炼风气,培养学生的体育锻炼习惯,使学生在长期的体育锻炼中运用体育基础知识和体育文化知识,学以致用,并进一步促进学生对体育运动文化知识的吸收与内化,达到良好的智育效果和体育文化素养培育效果。

(三)加强教学内容的改革创新

高校在培育体育教育专业学生基本运动文化素养的过程中,要重视体育运动基础知识的传授,其中包括体育运动锻炼知识,使学生掌握丰富多样的身体锻炼方法,提高其自我锻炼和自我保健能力,并使其学会采用正确的方法评价自身锻炼效果,学会自我健康监测,了解锻炼目标的达成程度。鉴于此,高校应从学生的身心特征出发合理安排体育教育专业课程内容,扩大教学内容的选择范围,不断充实与完善教学内容体系,扩大学生的体育理论知识面,并增强学生对理论知识的应用,使学生了解理论知识在实践中的重要指导意义,从而提升其学习与掌握体育理论知识与文化知识的积极性。高校体育教育专业在教学内容上还应补充运动处方、运动监督、健康教育等内容,从而提高体育教育专业学生自主锻炼和维护自身健康的能力,这些教学内容能够使学生终身受益,学生将来从事体育教育工作后也可以将这些知识作为教学内容传授给青少年学生。

第三节 基本专业知识结构的形塑与培育

一、教育基本理论知识概述

(一)教育的概念与本质

教育是在一定社会背景下发生的促使个体社会化和社会个性化的实践活动。教育的本质体现在以下三个方面。

---

① 辛娟娟. 校园文化体育氛围对大学生体育意识的养成[J]. 高教探索,2018(05):123-128.

第四章 体育教育专业学生基本文化素养的培育

(1)教育是人类所特有的一种有意识的社会活动。
(2)教育是人类有意识地传承社会经验的活动。
(3)教育是以影响人的身心发展为直接目的的活动。

(二)教育的要素

1. 教育者

"教育者"就是从事教育活动的人,是指在一定社会背景下促进个体社会化和社会个性化的人。真正的教育者必须有明确的教育意图或教育目的,理解自身在实践活动中所肩负的促进个体发展及社会发展的任务或使命。

2. 学习者

学习者是相对"教育者"或"教师"而言的。学习是一种高度个性化的活动,教育者要想成功地促进学习者的有效学习或高效学习,就必须把握学习者之间的共性和个性,处理好共性与个性的关系。一定意义上而言,对学习者个性的把握程度决定了教学有效性与教学境界的高低。

3. 教育影响

教育影响即教育活动中教育者作用于学习者的全部信息,既包括了信息的内容,也包括了信息选择、传递和反馈的形式,是形式与内容的统一。从内容上说,主要包括教育内容、教育材料或教科书;从形式上说,主要包括教育手段、教育方法以及教育组织形式。

教育的三要素既相互独立,又相互规定、相互影响,共同构成一个完整的实践系统。没有教育者,就不可能展开教育活动,学习者也不可能得到有效指导;没有学习者,教育活动就失去了对象,无的放矢;没有教育影响,教育活动就成了无米之炊、无源之水,再好的教育意图、再好的发展目标也都无法实现。因此,教育是由上述三个基本要素构成的有机整体,是不可分割的系统性的社会实践活动。[①]

---

① 全国十二所重点师范大学联合编写. 教育学基础[M]. 北京:教育科学出版社,2014.

(三)教育的功能

1. 个体功能

(1)促进个体社会化功能

第一,促进个体观念的社会化。

第二,促进个体智力与能力的社会化。

第三,促进个体身份与职业的社会化。

(2)促进个体个性化功能

第一,促进个体主体意识的形成和发展。

第二,促进个性倾向性和心理特征的发展。

第三,促进个体价值的实现。

2. 社会功能

(1)促进经济发展的功能

第一,通过提高劳动者的素质,促进经济发展。

第二,促进社会产业结构和职业结构的合理化发展。

第三,教育是科学技术再生产的重要手段。

第四,教育是生产科学技术的重要手段。

(2)促进政治发展的功能

第一,教育是维护社会政治稳定的重要手段。

第二,教育是促进社会政治变革的有效路径。

(3)促进文化发展的功能

第一,教育可以保存与传递文化。

第二,教育可以传播与交流文化。

第三,教育可以筛选与净化文化。

第四,教育可以更新与创造文化。

二、体育教学基本知识概述

(一)体育教学理念

体育教学理念是体育教师从教学实践中形成的对体育教学的基本

第四章　体育教育专业学生基本文化素养的培育

观点和根本看法以及在此基础上形成的相对稳定的思想和观念体系。现代体育教学理念主要包括以下内容。

1. "健康第一"理念

在体育教学过程中健康是首要的,体育教师要在健康第一的思想指导下选择教学内容,安排练习强度,要与竞技体育训练区别开来,促进学生的体质健康。

2. "以人为本"理念

现代教育强调以人为本,把重视人、理解人、尊重人、爱护人、提升和发展人的精神贯注于整个教学过程。在体育教学中树立"以人为本"理念,要关注学生的现实需要和未来发展,重视学生的自身价值及其实现。

3. "全面发展"理念

"全面发展"理念在体育教学中主要表现为既要重视学生的体质健康,又要注重培养学生的运动技能,同时还要培养学生的运动习惯。此外,身体素质锻炼要全面,体能、心理、智能也要全面发展。

4. "终身体育"理念

在体育教学中,教师要以学生为中心,围绕学生的体育兴趣和学习需求来选择教学内容,运用教学方法和教学组织形式,从而为学生终身体育意识的形成奠定基础。

(二)体育教学原则

1. 从实际出发原则

开展体育教学活动要考虑学校现实条件,充分利用现有条件最大限度地实现体育教学目标。从实际出发,要求体育教师在分析学生、了解体育教学条件的情况下组织教学,并发挥自己的主观能动性,科学安排教学内容和设计教学过程。

2. 身心全面发展原则

身体教育作为体育教学的主要特点，决定了体育教学必须全面发展学生的各项身体素质。此外，体育教学既要发展学生的体能，也要培养学生的智商和情商，因此要选择丰富的教学内容来全面培养学生的身心素质。

3. 自觉积极性原则

体育教学中学生的亲身参与是体育课程区别于其他课程的主要特点。在体育教学中应该遵循自觉积极性原则，通过有趣的教学环节吸引学生，调动学生的学习积极性，学生自觉积极参与体育教学是顺利实现体育教学目标的重要条件。

4. 安全性原则

体育教学要遵循安全第一的原则，使学生安全地参与体育活动，对学生进行安全教育。只有提高学生的安全意识和自我保护技能，才能有效预防安全事故。体育教师要有预测体育课中危险与隐患的能力，从而有意识地远离危险。为保障学生的安全，学校有必要建立运动安全的相关制度。

（三）体育教学方法

1. 体育教学方法的概念

体育教学方法是在体育教学过程中，为实现教学目标，教师组织学生进行学习活动所采取的教与学的方式的总称。

2. 体育教学方法的分类

体育教学方法种类多样，可以根据体育学科的特性、体育教学指导思想和体育健康课程标准来划分体育教学方法，这几种分类方法对应的体育教学方法体系分别如图 4-1、图 4-2 以及图 4-3 所示。

第四章 体育教育专业学生基本文化素养的培育

3. 体育理论课教学技巧

体育教学以实践课为主,但也不能忽视体育理论教学,理论课和实践课都是体育课的重要开展形式,理论教学为实践教学提供理论基础。在体育与健康教育中,要合理安排理论课,精选体育理论教学内容,包括基本的体育常识,常见运动项目的发展历史、技战术、规则,常见运动伤病的特点和防治、体育保健知识等。

体育实践课与其他学科课程有很大的不同,需要学生亲身参与,而体育理论课和其他学科课程教学较为相似,所以在教学方法的运用上也有共同点。但是因为体育学科的特殊性,还需要体育教师在对各种常规教学方法灵活运用的同时,将一些教学技巧运用于理论课教学中,从而提高体育理论教学的趣味和效果,吸引学生的注意力,提高学生的学习积极性。

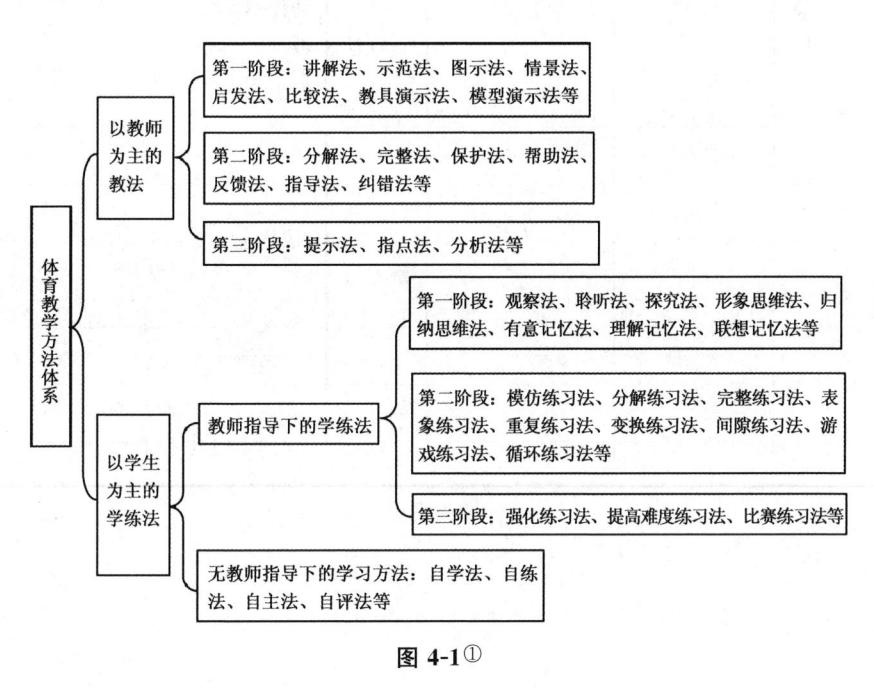

```
                  ┌─ 以教师   ┌─ 第一阶段:讲解法、示范法、图示法、情景法、
                  │  为主的  │   启发法、比较法、教具演示法、模型演示法等
                  │  教法    ├─ 第二阶段:分解法、完整法、保护法、帮助法、
                  │          │   反馈法、指导法、纠错法等
体                │          └─ 第三阶段:提示法、指点法、分析法等
育                │
教                │          ┌─ 第一阶段:观察法、聆听法、探究法、形象思维法、归
学                │          │   纳思维法、有意记忆法、理解记忆法、联想记忆法等
方                │          │
法   ─────────────┤          │
体                │  以学生  │   第二阶段:模仿练习法、分解练习法、完整练习法、表
系                │  为主的  ├─  象练习法、重复练习法、变换练习法、间隙练习法、游
                  │  学练法  │   戏练习法、循环练习法等
                  │          │
                  │          └─ 第三阶段:强化练习法、提高难度练习法、比赛练习法等
                  │
                  └─ 无教师指导下的学习方法:自学法、自练
                     法、自主法、自评法等
```

图 4-1①

---

① 李启迪,周妍. 体育教学方法与手段甄异[J]. 体育与科学,2012,33(06):113-117.

```
                              ┌ 知识型体育  ┌ 系统学习法
                     ┌ 原理性体育 │ 教学方法   │ 程序学习法
                     │ 教学方法   │            └ 掌握学习法
                     │           │
                     │           │ 能力型体育  ┌ 发现学习法
                     │           │ 教学方法   │ 问题学习法
                     │           └            └ 合作学习法
                     │
                     │                        ┌ 讲解法
体                   │           ┌ 以语言为主的│ 谈话法
育                   │           │ 体育教学方法│ 口令和指示
教                   │           │            └ 口头评定成绩
学                   │           │
方                   │           │            ┌ 动作示范
案    ┤              │           │    ┌ 直观法 │ 教具、模型演示
体                   │ 操作性体育 │    │       └ 电影和电视录像
系                   │ 教学方法   │    │
                     │           │    │       ┌ 按动作技 ┌ 完整练习法
                     │           │    │       │ 术的结构 └ 分解练习法
                     │           │ 以语言为辅的│
                     │           │ 体育教学方法│ 按休息时 ┌ 集中练习法
                     │           │    │ 练习法│ 间的长短 └ 分段练习法
                     │           │    │       │
                     │           │    │       │ 按条件的 ┌ 重复练习法
                     │           │    │       │ 变化情况 └ 变换练习法
                     │           │    │       │
                     │           │    │       │ 按组织方 ┌ 游戏练习法
                     └           └    └       └ 式的不同 └ 比赛练习法
```

图 4-2[①]

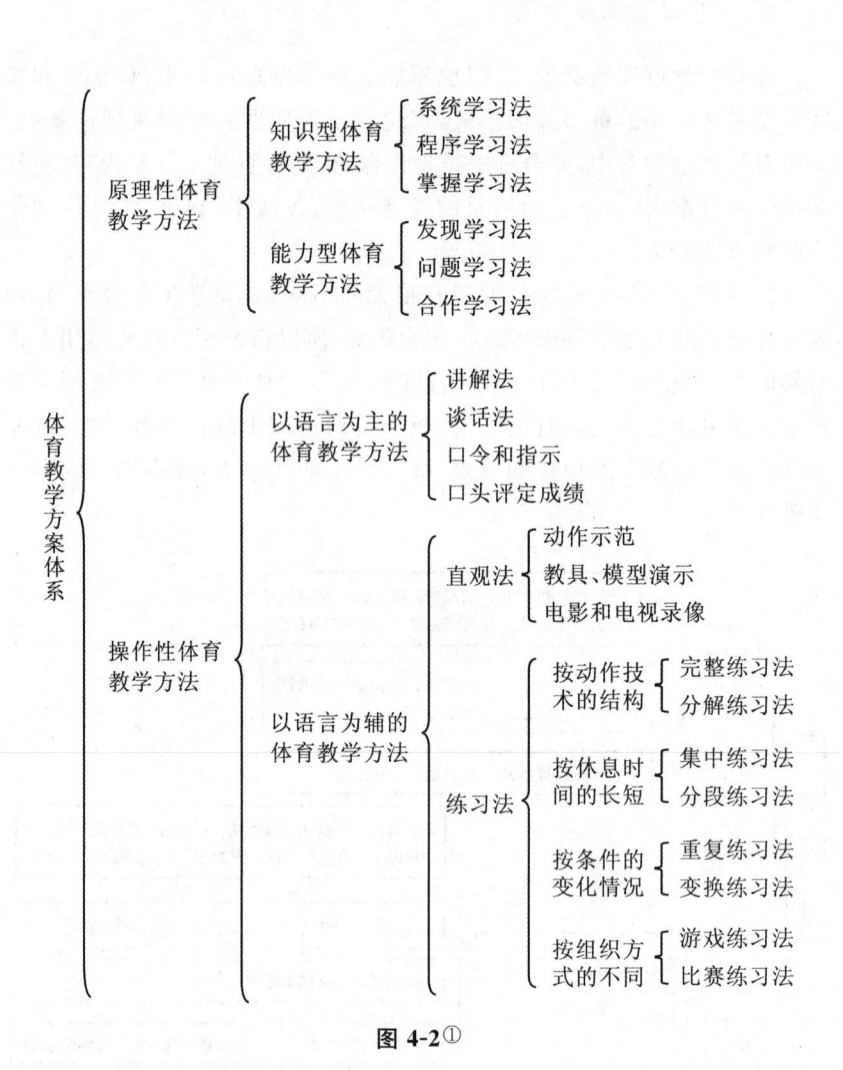

① 曲红军. 论体育教学方法的分类与选择[D]. 济南:山东师范大学,2003.

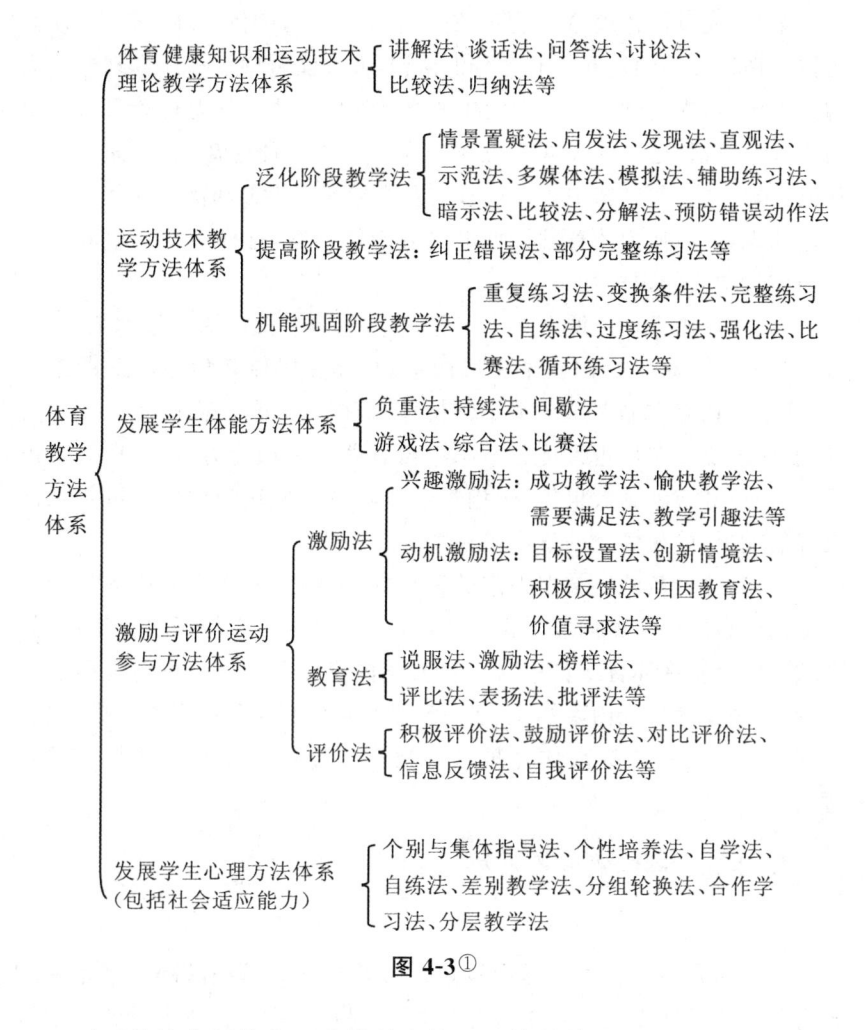

第四章 体育教育专业学生基本文化素养的培育

体育教学方法体系
- 体育健康知识和运动技术理论教学方法体系：讲解法、谈话法、问答法、讨论法、比较法、归纳法等
- 运动技术教学方法体系
  - 泛化阶段教学法：情景置疑法、启发法、发现法、直观法、示范法、多媒体法、模拟法、辅助练习法、暗示法、比较法、分解法、预防错误动作
  - 提高阶段教学法：纠正错误法、部分完整练习法等
  - 机能巩固阶段教学法：重复练习法、变换条件法、完整练习法、自练法、过度练习法、强化法、比赛法、循环练习法等
- 发展学生体能方法体系：负重法、持续法、间歇法、游戏法、综合法、比赛法
- 激励与评价运动参与方法体系
  - 激励法
    - 兴趣激励法：成功教学法、愉快教学法、需要满足法、教学引趣法等
    - 动机激励法：目标设置法、创新情境法、积极反馈法、归因教育法、价值寻求法等
  - 教育法：说服法、激励法、榜样法、评比法、表扬法、批评法等
  - 评价法：积极评价法、鼓励评价法、对比评价法、信息反馈法、自我评价法等
- 发展学生心理方法体系（包括社会适应能力）：个别与集体指导法、个性培养法、自学法、自练法、差别教学法、分组轮换法、合作学习法、分层教学法

图 4-3①

下面具体分析体育理论教学中的一些教学技巧。

第一，体育教师要选用哪些教学方法和教学手段，需要在考虑班级个性的基础上来做决定。面对个性不同的班级，要选择不同的教学方法和教学手段。例如，对于活跃的班级和对于偏内向的班级，或对于男生比例较多的班级和对于女生比例较多的班级，采取的教学方法和手段是有差异的。这就需要体育教师对班级个性进行分析，然后因材施教。

---

① 李启迪，邵德伟. 体育教学基本理论研究[M]. 北京：北京师范大学出版社，2014.

第二,通过体育理论课教学,使学生掌握丰富的体育理论知识,使其对体育理论知识的重要性有充分的认识,并在实践中发挥体育理论知识的指导价值,提高学生的活学活用能力和实践能力。体育运动有很突出的实践性特征,这个特征同样也体现在一些体育理论知识上,如运动损伤的处理方式、裁判知识等。这些实践指导意义很强和操作性很突出的理论知识,应该作为体育理论课的主要教学内容,这样有助于培养学生参与体育学习的积极性。

第三,在体育理论课上为了培养学生的兴趣,提高课堂教学效果,体育教师要注重对多媒体教学手段的运用,在多媒体教学中活跃课堂氛围,使学生在有趣的课堂环境中掌握体育理论知识,提高学习效率。另外,制作多媒体课件也是体育教师应该具备的一项能力,如变换教学画面、处理声音或动画效果等,运用教学技巧或许能达到比单纯讲解示范更好的效果,能使学生的学习积极性得到提升。

第四,体育教师要掌握一定的课程导入技巧,从学生喜闻乐见的体育趣闻中将所要讲的内容导出来,这样学生会更有兴趣听讲。所以,体育教师要具备在体育事件中对体育教学内容资源加以挖掘与提取的技巧,并能敏锐地发现内隐知识,能引导学生从体育事件中提炼关键信息,掌握这些技巧对于提高体育理论课教学的趣味性和实效性具有重要意义。

4. 体育实践课常用教学方法

(1) 语言法

语言法是体育教学中运用最频繁的教学方法,语言讲解、口令等是语言教学的具体方式。采用语言教学法,可以使学生接收大量的教学信息,帮助学生理解动作概念、动作要领。

(2) 直观法

动作示范是典型的直观教学方法,教师可以亲自示范正确动作,也可以由技术水平高的学生进行示范,当教师或学生示范时,其他学生要仔细观察,掌握正确的动作要领。语言教学与示范教学密不可分,往往结合起来使用,效果较好。

(3) 游戏法与比赛法

游戏法和比赛法在体育实践课上运用得也比较多,当教学内容较为复杂时,为了减轻学生的学习压力,调动学生学习的积极性,可设计游戏

第四章 体育教育专业学生基本文化素养的培育

来进行教学,完成教学任务。比赛法适合在学生已经基本掌握技术动作的情况下,通过组织比赛来考验学生的技术掌握情况和技术运用情况,提高学生的实践能力和适应能力,也能培养学生的公平竞争意识和团结合作意识。

(四)体育教学模式

1. 体育教学模式的概念

体育教学模式是在体育教学思想或教学理论的指导下,按照体育认知规律和技能形成规律的要求,在体育教学环境下为提高体育教学效益而建立起来的较为稳定的、多维指向的体育教学实践系统。①

2. 体育教学模式的分类

体育教学模式的类型很多,具体可以根据体育教学的本质特征、体育教学的目标以及体育教学要素来划分类型,这几种划分方式分别如图 4-4、图 4-5、图 4-6 所示。

体育教学模式的分类
- 运动技能类教学模式
  - 传统运动技能教学模式:运动技术程序式教学模式
  - 启发式体育教学模式:在学习运动技术前设置疑问,产生有意义学习
  - 领会教学模式:先尝试比赛,体会学习运动技术的意义后进行运动技术学习
  - 选择性教学模式:让学生参与运动技术的选择和深入学习
  - 小群体教学模式:利用集体中学生之间的互动更好地学习技术
  - 成功体育教学模式:设置不同的技术难度要求,使学生有针对性地选择运动技术
- 非运动技能类教学模式(介绍或尝试类教学模式)
  - 快乐体育教学模式
  - 体育锻炼类教学模式
  - 情景式教学模式
  - 发展学生主动性教学模式

  在运动技能要求较低的情况下初步尝试与体验运动情感

图 4-4②

---

① 邵伟德. 体育教学模式论[M]. 北京:北京体育大学出版社,2005.
② 同上.

| 划分类型 | 具体模式 | 模式目标侧重点 |

体育教学模式划分：
- 1. 运动技能教学类模式 —— 侧重掌握运动技能
- 2. 心理发展类模式
  - 个体发展类模式：情景教学模式、启发式教学模式、发展主动性教学模式、发现式教学模式、领会式教学模式、快乐体育教学模式、成功体育教学模式 —— 侧重发展智力与情感、促进个性发展
  - 社会适应能力发展类模式：{小群体教学模式} —— 侧重学生合作能力、社会适应能力发展
- 3. 体育训练模式：{身体素质教学模式} —— 侧重提高学生身体素质、发展体能

总目标：运动参与、运动技能学习、身心健康、提高社会适应能力

图 4-5①

体育教学模式分类体系：

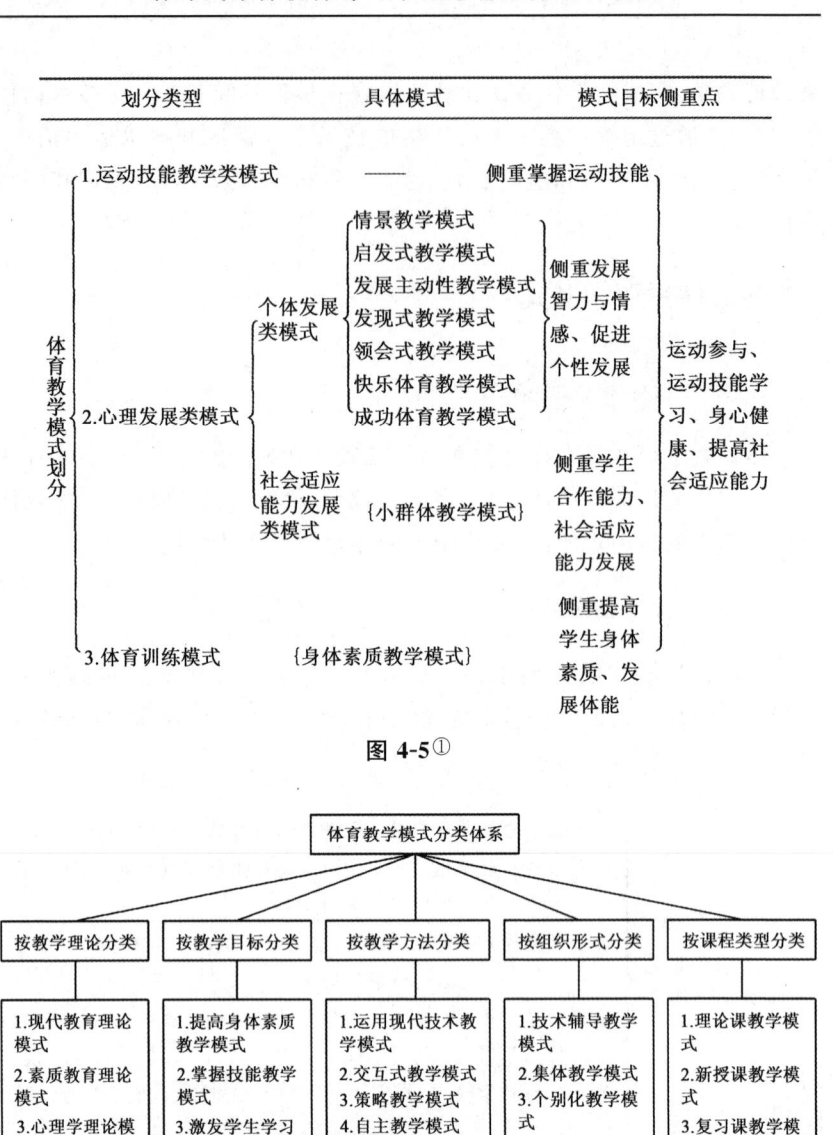

按教学理论分类	按教学目标分类	按教学方法分类	按组织形式分类	按课程类型分类
1.现代教育理论模式	1.提高身体素质教学模式	1.运用现代技术教学模式	1.技术辅导教学模式	1.理论课教学模式
2.素质教育理论模式	2.掌握技能教学模式	2.交互式教学模式	2.集体教学模式	2.新授课教学模式
3.心理学理论模式	3.激发学生学习兴趣教学模式	3.策略教学模式	3.个别化教学模式	3.复习课教学模式
4.社会学理论模式	4.健身体验乐趣教学模式	4.自主教学模式	4.合作式教学模式	4.素质课教学模式
5.系统科学理论模式	5.培养学生能力教学模式	5.情景教学模式	5.俱乐部式教学模式	5.考试课教学模式
		6.讨论式教学模式	6.课内外一体化教学模式	

图 4-6②

---

① 邵伟德. 体育教学模式论[M]. 北京:北京体育大学出版社,2005.
② 葛冰. 体育教学模式的整体优化研究[D]. 长春:东北师范大学,2007.

第四章 体育教育专业学生基本文化素养的培育

3. 常见体育教学模式

(1)运动技能教学模式

在体育教学系统中,体育教师处于主导地位,体育教材、体育教学组织方式也是非常重要的组成部分,运动技能教学模式重视这些要素,并以运动技能的形成特征与规律为依据循序渐进地安排教学,强调学生学习的渐进性与有序性,旨在使学生的运动技能达到自动化水平。运动技能教学模式的实施步骤如图 4-7 所示。

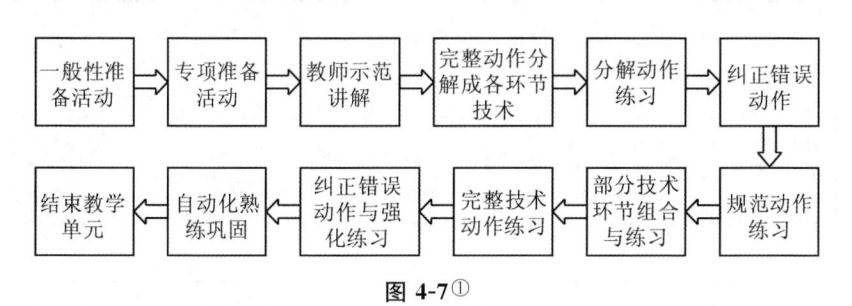

一般性准备活动 → 专项准备活动 → 教师示范讲解 → 完整动作分解成各环节技术 → 分解动作练习 → 纠正错误动作 ↓
结束教学单元 ← 自动化熟练巩固 ← 纠正错误动作与强化练习 ← 完整技术动作练习 ← 部分技术环节组合与练习 ← 规范动作练习

图 4-7①

采用运动技能教学模式对学生的运动能力有一定的要求,一般在负责技术动作的教学中采用该模式。

(2)启发式体育教学模式

在体育教学中,学生处于主体地位,启发式教学模式重视学生的地位,强调启发学生的思维,引导学生自主思考,自主分析与解决问题,注重培养学生的想象力、思维力以及创造力。启发式体育教学模式的实施步骤如图 4-8 所示。

一般来说,教学经验丰富,而且擅长情景教学的教师适合采用启发式教学模式,教师要重点启发基础知识水平较差和运动能力较弱的学生。

(3)主动性体育教学模式

主动体育思想是构建主动性教学模式的指导思想,该模式强调学生学习的自觉主动性,鼓励学生主动发现问题,主动掌握知识,主动和学生交流,主动完成学习任务,有助于培养学生的自我学习能力和独立性。

---

① 吴烦. 武汉市中小学体育教学模式的选用现状及发展对策研究[D]. 黄石:湖北大学,2016.

主动性教学模式的实施步骤如图 4-9 所示。

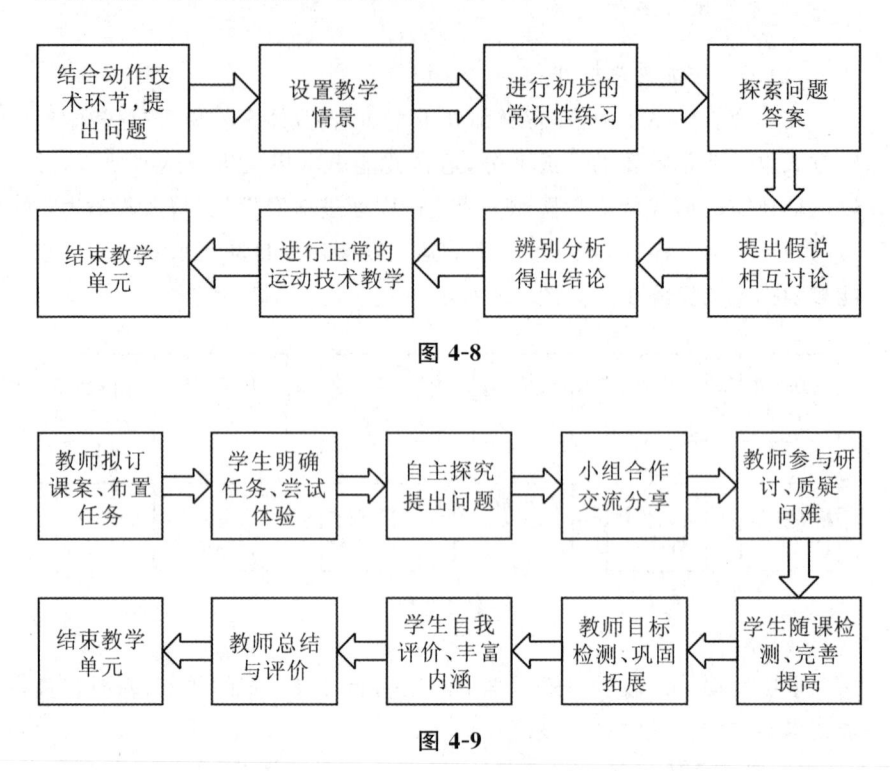

结合动作技术环节,提出问题 → 设置教学情景 → 进行初步的常识性练习 → 探索问题答案

结束教学单元 ← 进行正常的运动技术教学 ← 辨别分析得出结论 ← 提出假说相互讨论

图 4-8

教师拟订课案、布置任务 → 学生明确任务、尝试体验 → 自主探究提出问题 → 小组合作交流分享 → 教师参与研讨、质疑问难

结束教学单元 ← 教师总结与评价 ← 学生自我评价、丰富内涵 ← 教师目标检测、巩固拓展 ← 学生随课检测、完善提高

图 4-9

在体育实践课上,如果所教的运动技术没有太大难度,以学生自主练习为主,则适合采用主动性体育教学模式,学生自主练习时要做好监督,使其掌握正确的动作要领。

(4)快乐体育教学模式

"运动目的论"是构建快乐体育教学模式的指导思想,该模式强调学生在体育学习中尝试与体验运动乐趣,旨在提升学生对体育学习的兴趣,培养学生的个性,丰富学生的情感体验,使学生形成正确的学习态度和良好的学习习惯。快乐体育教学模式的实施步骤如图 4-10 所示。

当学生初步接触体育课,对体育课不感兴趣时,可采用快乐教学模式,为了使学生对体育课保持持久的兴趣,体育教师在运用该模式时要及时了解学生的个性与爱好,要对多种多样的教学方法和手段灵活运用。

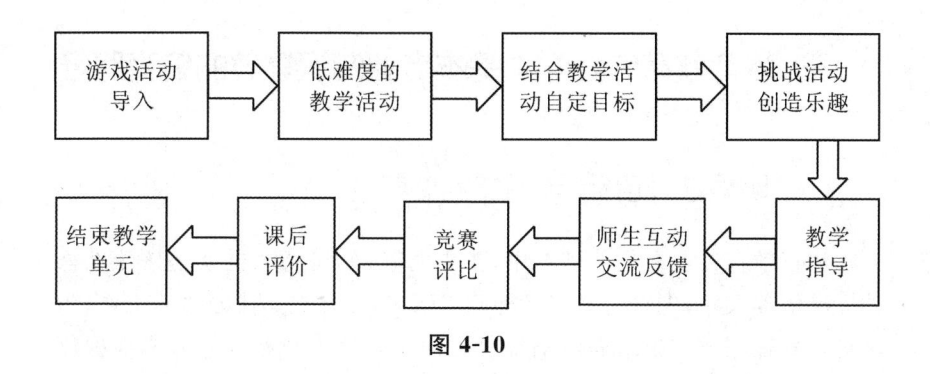

第四章　体育教育专业学生基本文化素养的培育

游戏活动导入 → 低难度的教学活动 → 结合教学活动自定目标 → 挑战活动创造乐趣 → 教学指导 → 师生互动交流反馈 → 竞赛评比 → 课后评价 → 结束教学单元

图 4-10

(5)小群体体育教学模式

小群体教学模式关注对学生合作学习能力、人际交往能力以及社会适应性的培养,教师采用该模式时,要将学生分成不同的学习小组,鼓励同组学生之间多交流、互动,互相帮助,共同进步,共同完成小组学习任务。采用该模式对培养学生的集体主义精神和团结协作能力非常有帮助。小群体体育教学模式的实施步骤如图 4-11 所示。

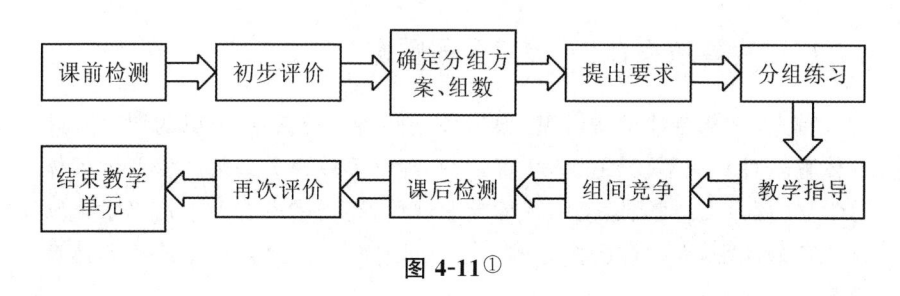

课前检测 → 初步评价 → 确定分组方案、组数 → 提出要求 → 分组练习 → 教学指导 → 组间竞争 → 课后检测 → 再次评价 → 结束教学单元

图 4-11[①]

运用小群体体育教学模式,要特别注意分组的合理性,最科学的方式就是首先对学生的运动能力进行测评,后进行分组,这样便于进行针对性指导。为了满足分组教学的需要,学校要保证教学资源尤其是教学器材的充足。

---

① 吴烦.武汉市中小学体育教学模式的选用现状及发展对策研究[D].黄石:湖北大学,2016.

三、体育教育专业学生基本专业知识素养的培育路径

(一)明确培养目标,重视特色培养

体育教育专业在人才培养中,要先明确培养目标,也就是按什么样的标准培养人才,先将标准与目标确定下来,再开展具体的培养工作,为制订培养计划及实施培养活动提供方向。高校体育教育专业要根据培养目标制订特色化培养方案,并在培养实践中不断调整与优化方案,这样才能走出教育困境,培养出优秀的人才。制订人才培养方案,要考虑培养目标与方案是否契合学校的办学理念,是否符合社会需要,是否按照专业培养目标、培养规格与标准而设置课程、开展各个教学环节的工作,是否有助于促进学生专业知识素养和专业能力的提升等。不同院校应根据办学特色及结合学校优势对体育教育专业学生的专业知识素养和专业特长进行培养,切实提高学生未来就业的竞争力。

(二)完善课程体系,提高课程质量

首先,细化专业课程类型,设置关于培养基本专业知识的课程。高校体育教育专业不仅要设置教育学、心理学等教育类基础课程及学校体育学、体育人文科学、运动训练等专业课程,还要增设有助于培养学生师德素养的课程,促进课程内容的丰富,不断完善课程体系,系统培养体育教师的专业素养。

其次,对学科教学相关课程进行优化,这类课程是促进体育教育专业学生专业化发展的重要课程,开设并完善这类课程,提高课程质量,有助于推进体育教育专业学生的专业化发展过程。设置学科教学相关课程,要注重对学生专业学科知识素养的培养,要根据社会需要选择课程内容,提高学生对专业学科知识的学习与应用能力。

最后,注重对社会实践课程的开设。对体育教育专业学生而言,掌握体育竞赛知识及具备竞赛组织和裁判能力较为重要。但目前该专业学生缺乏这方面的知识和能力,因此有必要开设社会实践课程,在实践中培养学生的体育赛事素养,丰富学生的体育赛事专业知识,使其在实践中将专业赛事知识充分利用。

第五章　体育教育专业学生师德素养的培育

师德素养是体育教育专业学生成为未来体育教师的首要素养,也是体育教育专业人才培养的重点内容。为了实现研究目的,本章主要对体育教育专业学生师德素养的培育意义、培育内容以及体育教育专业学生师德素养的培育路径进行分析和阐述,进而为体育教育专业学生的综合素养培育添砖加瓦。

第一节　培育体育教育专业学生师德素养的意义

一、培育体育教育专业学生师德素养对体育教育事业的意义

师德师风建设的根本任务在于积极有效落实"立德树人"的教育理念。从本质上来说,教育就是教书育人,以德立身、以德立学、以德施教、以德育德,这也是教育工作开展所特有的方式,是教师队伍育人能力建设的首要考虑。

对于体育教育专业学生来说,也必须做到以心育心、以德育德、以人格育人格。在体育教育专业学生的各项素养中,师德素养是最根本、最重要的素养,因此在对体育教育专业学生的素质进行评价时,一定要严格遵循"师德第一标准"的原则。对于体育教育专业的学生来说,其今后也要成为体育教师,需要面对他们的"学生",这就要求他们必须具备高

尚的师德素养、丰富的知识与专业的技能，并使其成为"又红又专"的社会主义建设者与接班人。可以说，体育教育专业学生个体的师德水平、师德涵养、师德品质在高校接受教育过程中所达到的高度，会对未来学生的道德成长、人格发育都产生关键性的作用。①

以师德素养培育为抓手，全面构筑有利于体育教育专业学生全人成长、道德发展的教育系统，是新时代我国体育教育事业科学发展的基本要求，也是对体育教育专业学生综合素养培育的内在要求。

二、培育体育教育专业学生师德素养对体育职业生涯的意义

（一）有利于职业精神的建立和综合素质的提升

人的综合素质，实际上是一个多层次的综合体。其中，道德素质是这个综合体中不可或缺的基本素质，其能够将人们协调个人与他人、个人与社会的关系充分体现出来，同时其还对个体的实践目的和方向起到决定性影响。其中，职业道德素质是体育教育专业学生道德素质中最重要的组成部分。这主要取决于其未来所要从事的教师的职业特点。良好的师德是体育教育专业学生将来敬业乐教的内在动力，能够增强其职业认同感、历史使命感和社会责任感，从而使其刻苦学习，提高综合素质。

加强对体育教育专业学生师德素养的培育，不仅对他们职业道德意识的建立和增强有帮助，还有助于其职业精神的培育和建立，对其职业道德的养成起到积极的促进作用，为其将来走上工作岗位，解决教书育人的人生重大课题打下良好的基础。②

（二）有利于体育教育专业学生队伍的核心能力建设

师德素养的培育是体育教育专业学生个体专业发展的"导航仪"与

---

① 龙宝新. 新时代师德师风建设的意义、依据与方向[J]. 中国德育，2020(13)：5-9.
② 韦陈锦，邱其荣. 试论加强广西高校体育师范生师德教育的意义[J]. 教育观察（上半月），2015,4(10)：52-53.

第五章　体育教育专业学生师德素养的培育

"驱动器",同时其还有力支撑着整个队伍能力建设。

从体育教育专业学生未来所要从事的教师职业的专业能力构成来看,它主要包括教书能力与育人能力两大核心能力。在学习型社会,育人能力的重要性"飙升",成为现代教师必须具备的首要专业能力。在这种情况下,育德育心能力或立德树人能力一跃成为体育教育专业学生队伍的核心素养,成为决定学习者发展水平的关键因素。因此,加强体育教育专业学生师德素养的培育,提升体育教育专业学生的道德影响力,成为体育教育专业学生核心能力建设的重要内容与首要支撑。

从另一个角度来看,体育教育专业的学生是不断成长的个体,而其未来所要面对的"学生"需要当下具有较强的向师性与可塑性的准体育教师,优良师德很容易转变为学生的卓越德性品质,高尚师风很容易转变为学生的优良学风,因此加大师德素养的培育力度自然成了当前我国整体提升教育行业育人水准的有力切入点,这也是对体育教育专业学生的重要要求。

(三)有利于强化体育教育专业学生对教师职业的认知

Feldman 研究指出:"职业认知是教师在教学过程中实际行为的重要依据。"[1]所以,面对即将从事体育教师职业的体育教育专业学生,首先,应该对其进行体育教师职业理想、职业荣誉、职业态度方面的教育,使其对体育教师职业的相关要求有一个比较全面和准确的认识。[2] 要使体育教育专业的学生和那些准备报考体育教育专业的学生了解体育教师的职业特点和职业价值,使他们对自己所选择的专业有更深入的理解。对自己未来所从事的教师职业有一定的认知,才能更好地去热爱自己的事业,发展自己的事业,从而能更好地为社会、为中国的教育事业服务。

体育教育专业学生习得师德素养是自身职业生涯和谐发展之本,同时,其也会对学生的长远发展产生重要影响。如果学校中没有学生,老师也就没有了存在的意义。尊重和关爱学生,是党和国家对教师基本素

---

[1] Feldman M. S. ,Orlikowski W. J. Theorizing Practice and Practice Theory[J].Organization Science,2011(05):1240-1253.
[2] 朱磊,杨维,杨民庆,等. 新时代体育教师敬业精神的解析与培育[J]. 教育理论与实践,2021,41(08):35-37.

质提出的要求,也是师德素养培育的重要核心。

总而言之,培育体育教育专业学生师德素养,有利于强化体育教育专业学生对教师职业的认知,对其未来职业生涯也会具有正向影响。

第二节 体育教育专业学生师德素养培育的内容

一、思想品德

(一)为人师表与理想

1. 为人师表

在师德素养中,处于基础地位的是为人师表,这也是众所周知的对体育教育专业学生思想品德的基本要求。对于体育教育专业学生来说,不仅要贯彻实施素质教育,还要对其中的德育工作引起高度关注,培养体育教育专业学生的思想品德和行为规范,使学生树立科学的世界观和人生观。

在现代社会中,教育事业的开展,从某种意义上也可以理解为是体育教育工作者对以身作则、为人师表这一传统美德的宣扬和传播,这是对体育教育专业学生的基本要求。古今中外,多少优秀教育家都持有这样的观点:体育教育工作者必须以其模范的品行来教育和影响学生,这是其品德素养的一个显著特点。而有些从事体育教育的工作者,往往会存在着穿着不整齐、头发不梳理、动辄训斥、说话粗鲁等现象,甚至会产生对一些不遵守纪律的学生采用罚站、罚跑圈或罚出课堂等不良的做法,如此是不可能将体育教师在学生中良好的榜样作用发挥出来的。教师为人师表的基本内涵是,教师在生活、教学和社会实践中,所表现出来的素质与行为都可以成为他人的表率。在实践中表现为师表内容的先

第五章 体育教育专业学生师德素养的培育

进性与师表形态的大众性的统一。① 德国教育家第斯多惠指出:"正如没有人能把自己所没有的东西给予别人一样,谁要是自己还没有发展、培养和教育好,他就不能发展、培养和教育别人。"体育教育专业学生在成为一名体育教师后在带领学生进行身体锻炼时,不仅仅用语言进行交流,还要尽可能多地将自己的形体作为与教育对象进行广泛交流的重要方式,这种良好的交流方式会在礼仪、仪表、教态、语言等方面反映体育教育工作者为人师表的行为。

当然,为人师表不仅仅表现在上述内容,尤其他们的道德品质以及知识渊博的程度等是影响其表率作用的重要方面。另外,体育教育专业学生还要不断拓展和充实自身的知识储备,能够将其学术形象良好地树立起来,体育教育专业学生所具备的基本素养应该包括:高尚的思想品德、雄厚的知识基础与丰富的实践能力,如此一来,就能够将其为人师表新的形象与风貌更好地展现出来。

2. 心中有理想,为教育对象做好表率

体育教育专业学生必须拥有崇高的育人理想和坚定的信念,否则就无法更好地献身社会主义教育事业。教书育人、为人师表、敬业爱生、掌握必要的现代教育技术与手段和在工作中勇于探索创新等思想政治素质和业务素质,都是新时代赋予每一名体育教育专业学生的新任务。而要想顺利完成这些任务,需具备完善的条件,即扬起心中社会主义教育事业的理想与信念的风帆。理想信念是精神之钙,理想信念是力量之源。② 列宁说:"理想! 人没有理想就成了动物。理想推动着进步,最伟大的理想是社会主义……业已实现的理想——社会主义又为最大胆的理想开辟新的宏伟的前景。"对于社会主义教育事业来说,其一直以来都特别重视和强调理想与信念教育,这是永恒的主题,在理想与信念的教育下,体育教育专业学生在将来走上教育岗位后要把健康传递给青少年,为一代代青少年的德、智、体、美全面发展,他们倾注着自己理想与信念的汗水。然而,由于受到市场经济的冲击和影响,一些从事体育教育工作的教师受到拜金主义的影响,他们开始看重收益,而忽视了理想与信念,这就导致其在岗位上马马虎虎,而第二职业却有声有色,如此一

---

① 胡相峰. 为人师表论[J]. 教育研究,2000(09):55-59.
② 李国强. 学生理想信念教育的三维向度[J]. 中学政治教学参考,2021(19):90-91.

来,"放羊式"的教学就成了常态,而专心从事体育教育工作的人却越来越少。苏霍姆林斯基说:"人如果没有信仰,不啻一个懦夫,是毫无价值的人。"

体育教育专业学生必须树立为发展社会主义体育事业而奋斗的理想与信念,只有自觉地、努力地去完成党在新形势下对学校体育提出的任务与要求,努力构建促健康、强体质的健康教育大厦,体育教育专业学生在优良的思想品德与崇高的理想方面才能得到保证。

(二)孜孜不倦,学而不厌

当前,随着科学技术的不断发展,现代社会已经进入了信息化时代,人们对知识和信息的获取和掌握途径的方式越来越多、越来越快,这对于体育教育工作者而言有着积极的影响。对于体育教育专业学生而言,一方面要及时掌握并学习体育学科的新理论、新知识,使自己能走在时代的前列;另一方面要改革思想观念,从而与教育改革的不断推进相适应。从宏观的角度来说,教育已经从"通识教育""基础教育"逐渐发展为"素质教育",这种教育形式的转变一定程度上反映出了教育思想和理念的转变。鉴于此,就要求我们必须不断学习,从而能够充分把握各个时期教育工作的正确方向,进而把党中央在各个时期对教育改革提出的新要求与新精神贯彻好。德国著名教育家第斯多惠说:"哪怕你用天使般的语言说话,拥有一切人的聪明和知识,如果你不努力进修……那么你就始终是一种鸣锣和响音,但绝不会属于能'推动人类前进'的人们的行列。""终身教育"就是这一理念的良好体现。

在教育体制改革的不断推动下,教育的人才观也发生了一定的改变,对从事体育教育工作的教师而言,对其学历层次有着越来越高的要求,也一定程度上反映出了对知识的重视程度。从体育教育专业学生自身的角度出发,要求其将对社会应尽的职业道德义务进行进一步的拓展,将学习最新科学知识、专业知识纳入其中。孜孜不倦,学而不厌,养成勤奋好学的习惯,把"学习、学习、再学习"当作座右铭。陶行知先生说:"我们做老师的人,必须天天学习,天天进行再教育,才能有教学之乐而无教学之苦。"就充分说明了这一问题。

（三）责任感与观念的转变

当前，体育教育的开展受到一系列思想和理念的导引，如"健康第一"的思想，其已经成为学校体育教育工作开展的重要指导思想，体育课改为《体育与健康》的新课程，学校体育课的教学内容、课程体系与教学方法也将发生变化，体育教师的责任感增添了新的内涵。具体来说，这种变化在很多方面都有所体现，如在体育教育工作中是否贯彻执行健康第一的教育思想，教学中是否重视发挥学生的主动性、积极性，是否注意学生创新意识与创造能力的培养，是否关注了学生生长发育、健康状况及体质增强的程度。这些改变对于体育教育专业学生未来职业的开展也产生了不小的影响，如对体育教育专业学生的参与教学方式要求有所提高，因此在这样的情形下，如果仍然热衷于以传习式的单纯教授动作技艺的方法教学，或只重视运动成绩与运动水平的提高，而忽视大多数学生体质与健康的增强与发展，这样的情形对于体育教育专业学生在将来走上教师岗位后是非常不利的。

体育教育专业学生应该具有强烈的责任感，这在很多方面都有所体现，对未来学生身体健康的负责是其中的主要方式之一。需要强调的是，青少年的健康问题因素复杂，不仅受体育锻炼的影响，还受到遗传、后天所处的社会环境、家庭、营养等方面的影响。因此，这就要求体育教育专业学生，一定要致力于对促进健康方面问题的研究和分析，做好健康教育学习工作。另外，还要大力开展体育与健康课程的推进，提高这方面的研究能力，从而能很好地适应新课程的要求，将其这方面的责任感充分体现出来。由此可见，体育教育专业学生的责任感，在他们要具有科学的态度和科学的精神方面也有着充分体现，具备对青少年健康问题的研究能力，这是时代赋予的新要求、新观念，是体育教育专业学生责任感与事业心具体表现的重要方面。

二、职业道德

体育教育专业学生的教师职业道德，就是指那些能够将教师道德的主要本质和特征概括和反映出来，体现一定社会对教师职业道德的根本要求,并成为教师的普遍内心信念,对教师行为产生影响的基本道德概念。① 其本身具有非常显著的特点,大致可以归纳为以下几点。

(1)受职业道德原则和规范的制约。不管在什么样的年代、什么样的社会、什么样的阶级层面,只要从事教育教学工作,都要具备良好的教师职业道德,主要包含教师义务、教师良心、教师公正、教师荣誉、教师幸福等方面。但是,由于受到各个时代、社会以及阶级教师职业道德原则以及规范的影响,其所包含的具体社会内容和职业要求也会存在一定的差异性,或者发生相应的一些变化。体育教育专业学生的教师职业道德素养的具体内容和要求的确定,是在当代的师德原则和规范的基础之上实现的。

(2)职业道德是师德原则和规范发挥作用的必要条件。道德原则和道德规范这一要求具有一定的社会属性和阶级特征,而职业道德则是一种道德责任感和道德评价能力,帮助人们充分把握一定社会或阶级的道德要求是其主要作用所在。教师职业道德对于体育教育专业学生来说,是其内心形成明确的道德意识,是按照一定的师德原则和师德规范去践行自己道德行为的基础,脱离这一基础,教育行为就无从谈起。由此可见,教师职业道德是指导道德行为的"网上的纽结",其在很大程度上为体育教师职业道德原则和规范重要作用的发挥提供了必要的条件。

(3)体现了人们对职业道德认识发展的阶段。职业道德是对教师职业道德原则和规范所包含的道德要求的某种概括和总结,教师职业道德的变化在很大程度上受到教育劳动发展的影响。对体育教育专业学生的教师职业道德进行把握,对于更好地认识和掌握教师职业道德原则和规范,并使其转化为内心的道德信念,具有非常积极的推动作用。

教师职业道德包含的内容非常丰富,其中最为主要的有五个方面,即教师义务、教师良心、教师公正、教师荣誉以及教师幸福。

(一)教师义务

责任与义务,二者之间是共同存在的,都是人们生活中重要的内容之一。义务是伦理学中最重要的范畴之一,也是人类社会生活中普遍存

---

① 杨芷英.教师职业道德(新编版)[M].北京:高等教育出版社,2007:130

在的道德关系和道德要求,是人们必须要履行的。所谓的教师义务,就是指教师在教育教学工作中应该承担的职责、使命和任务,其对教师的教育行为具有一定的约束作用。

义务在很多方面都有体现,而对于体育教育专业学生而言,其应该履行的义务主要是道德义务,除此之外,自己的职业角色所应承担的职业道德义务也是需要遵守的。由此,可以将教师义务的概念理解为:指教师在教育实践中所表现的对社会、集体、学生应承担的职责以及自己应该做的事情。[①] 为了对这一概念有更加具体的了解,可以将其含义分为两个层面:一层是社会对教师在履行职业义务时提出的道德要求;另一层则是教师自觉把履行教师道德义务看作自己对国家、对社会、对学生应尽的义务。

体育教育专业学生在将来走上教师岗位履行教师义务具有非常显著的意义,这在教师身上以及教育教学方面都有着显著体现。比如,能够将教师职业道德原则和规范充分体现出来,这对于教师的工作责任感、使命感的提高,高尚师德品质的培养,以及教育行为的正确选择,都具有非常积极的指导和促进作用。由此可见,将教师道德义务确定下来是多么重要且必要。具体来说,体育教育专业学生履行其教师义务的重要性有以下几点。

(1)能够有效减少体育教育活动中的矛盾和冲突产生的几率,同时还能有效促进教师责任感的提高,从而有效保证体育教育任务的顺利完成。

(2)能够有效促进教学工作中"道德综合判断"的推进,这对于正确教育行为的选择也是有帮助的。

(3)能有效推动体育教育专业学生高尚道德品质的培养与建立。

(4)有助于体育教育专业学生义务意识的培养与建立。

(二)教师公正

教师公正是体育教育专业学生教师职业道德素养习得的重要内容之一,这在体育教育教学的开展过程中有着重要意义。从某种程度上而言,其不仅是教师职业道德修养水平高低的重要标志,而且还能够将社

---

① 杨芷英.教师职业道德(新编版)[M].北京:高等教育出版社,2007:132.

会对教师的根本要求体现出来。

所谓的教师公正,即教师的教育公正,是指教师在教育和教学活动过程中,公平合理地对待和评价每一位学生,并处理好不同的利益关系。① 关于教师公正,可以进行进一步的分析和理解。教师公正对教师提出了在教育和评价学生的态度和行为上平等地对待每一位学生的要求,做到一视同仁;教师公正在正确处理好个人与集体的关系方面也提出了更高的要求,利益、人际等也属于这一范畴。

在体育教育教学过程中实施教师公正,本身的现实意义是非常重大的。具体表现为:充分体现教师的高尚人格和品德,是教师为人师表、以身作则的重要内容。除此之外,教师公正还是教育工作中的一项重要道德要求。

(1)教师公正能有效推进素质教育的实施和教育教学改革。素质教育本身对学生的主体地位是比较注重的,并且强调了每位学生都有实现自身价值的权利,而教育教学改革则将进一步提高教育教学效果作为主要目的。这两个方面都想顺利实现,就需要借助教师公正这一促进因素。

(2)教师公正能有效促进教师威信的树立和良好师生关系的建立。教师公正,是社会对教师职业道德的要求,也是学生对教师从事教育教学行为的道德要求。除此之外,教育公正还能有效促进教师威信的建立,使师生之间的关系得到有效改善。

(3)教师公正有助于推进学生良好教育氛围的创造和学生健康人格的养成。在教育教学实施过程中,首先要保持良好的公正氛围,在这样的情形下,素质教育才能得以实施,学生的身心教育和发展才能得到保证。

(4)教师公正对于学生公正品格的养成和认识与追求社会公正也具有重要的影响和作用。公正本身就是具有积极向上属性的正能量,将其实施于学生身上所得到的反馈也是非常理想的。不仅有利于学生形成公正的品德,还能激发学生朝着公正这一目标奋斗的潜能。

在体育教育教学的实施过程中,教师公正都起到重要的作用,具体来说,其作用的发挥是需要借助一定的途径来实现的。主要有以下几个方面。

---

① 杨芷英.教师职业道德(新编版)[M].北京:高等教育出版社,2007.

第五章　体育教育专业学生师德素养的培育

(1)对学生一视同仁,做到师爱无差等。这是要求教师在对待学生方面,切忌以自身的喜好为标准,来分等级对待学生。

(2)因材施教,长善救失。一视同仁并不是绝对的,而是相对的,这主要体现在全体学生的统一方面,同时还要以学生的特点为依据有针对性地为学生提供平等的发展机会,从而达到最佳的促进学生发展自我的教育效果。

(3)办事公道,赏罚分明。教师本身是教育教学过程中重要的参与主体,起到主导作用,因此这就要求其要时刻保持自己在学生心目中公正无私的形象,严格惩罚犯错的学生,表扬表现突出的学生,不徇私情、不包庇,将教师公正真正落实下来。

(三)教师荣誉

教师荣誉也是体育教育专业学生教师职业道德素养习得的重要内容之一,与教师义务、教师良心等其他几个内容之间有着密切关系。教师荣誉,是指社会对教师的教育教学行为的社会价值做出的肯定性评价,以及教师由此所产生的自我认同。[1] 为了对教师荣誉的概念有更加深入的理解,可以对其进行进一步剖析,即通过将其分为两个部分来加以剖析:一部分是社会舆论对教师行为做出的道德评价;另一部分是教师对自己履行教师义务行为所具有的社会价值的自我肯定。其中,前一部分是后一部分的基础,后一部分是前一部分的具体体现。二者之间有着非常密切的联系,并且是相互影响、互为促进的。从实质上来说,所谓的教师荣誉就是教师行为的社会赞赏与教师自我肯定的统一。

教师荣誉本身具有一定的时代特征,时代、阶级不同,其社会内容和表达方式也有一定的差异性。对学生、对教育事业、对民族的无私奉献是衡量教师荣誉的标准。要想形成良好的教师荣誉,需要借助的途径有以下几个方面。

(1)对集体荣誉和个人荣誉进行正确对待,并处理好二者之间的关系。集体荣誉和个人荣誉二者是辩证统一的关系,而这二者之间相互联系、相辅相成。

(2)对社会赞誉和个人尊严进行正确对待。在处理社会赞誉和个人

---

[1] 杨芷英. 教师职业道德(新编版)[M]. 北京:高等教育出版社,2007:143.

意向这二者的关系时,不管如何处理,都要严格遵循有利于国家教育事业发展的根本利益原则。这也是二者产生冲突时,解决问题要遵循的标准。

(3)将自尊与谦逊的关系处理好。体育教育专业学生要具有良好的教师职业道德素养,其在自身的自尊心和荣誉感方面是非常注重的,因此自尊与谦逊是其重要素养。

三、教书育人观

(一)严谨治学、勤于进取

对于体育教育专业学生来说,严谨治学、勤于进取也是其自身必须具备的崇高道德品质。所谓严谨治学、一丝不苟,将实事求是的科学态度充分表现了出来;而严谨治学与严慈相济、严中见爱之间又有着非常密切的联系,因此可以说,这是严格教育与培养学生良好品质的因果关系问题。

当前,在各项教育改革的不断推动下,素质教育已经成为目前主流的教育形式,素质教育对体育教育专业学生提出了更高的要求。广大的体育教育工作者则不能一味地沉浸于过去的"填鸭式"和"放羊式"教学方式,而应该进行积极有效的创新,从而有效带动学生也逐渐培养出良好的创新精神、创造能力,使严谨治学得到充分的应用。由此,关于体育教育专业学生应该具备的体育教学的严谨治学,要在体育教师教育教学的过程中有充分体现。比如,体现在教师研究设计体育教学课时,要充分考虑贯彻党的教育方针政策,教学中更注意学生学习的方法,重视学生是否学会学习,是否使他们养成了身体锻炼的好习惯,是否学到身体锻炼的知识、理论、技术、技能与方法,最终学生体质是否得到增强,健康水平是否提高,是否完成了学校教育的总目标。

在体育教育过程中,不仅要注重严谨治学,还必须将其与勤于进取有机结合起来。严谨治学对体育教育专业学生有着较高的要求,不仅需要其具有科学的态度,还要求其在社会变革中,要对社会、教育变革等有良好的适应能力,能够做到刻苦学习、学而不厌,不断充实更新学科的新知识与新文化,提高适应工作的能力。苏联教育家苏霍姆林斯基指出:

第五章 体育教育专业学生师德素养的培育

"教师所知道的东西,就应当比他在课堂上要讲的东西多十倍,多二十倍,以便能够应付自如地掌握教材,到了课堂上,能从大量的事实中挑选出最重要的来讲。"由此可以看出,体育教育专业学生一定要具备巨大的理论知识储备,才能保证其教学活动的顺利开展。同时,知识的更新也至关重要,具体来说,不仅要掌握当今学科前沿的研究成果,也要掌握你不曾了解的历史知识,更新知识的概念是建立在本人所掌握知识量程度的基础上,二者也要有机统一起来。教师在从事教育教学的工作中,既要遵循教育规律,又要不断地在实践中探索教育规律。① 严谨治学也要在体育教育教学方法上有所体现,除了传统的一些教学方法外,还要逐渐创新出一些符合现代体育运动发展规律,适应现代体育教育教学情况的教学方法,如分组练习、程序教学、合作教学、小群体教学、激励教学和心理训练、电化教学等,都应全面了解,教师只有具备丰富的知识,才能从中选取最精华的部分传授给学生,只有勤于进取,严谨治学才有可能实现。

(二)热爱学生、诲人不倦

体育教育专业学生要具备的一项重要的师德素养,就是热爱学生、诲人不倦,同时这也是教师全心全意为人民服务的崇高思想品德的具体表现。

认真钻研教材、教学内容,备好课,上好课,并搞好各项课外体育活动;对党的教育方针政策的高度认识与理解,并积极贯彻在自己的工作之中,这些都充分体现了体育教育专业学生在走上工作岗位后对学生的热爱和诲人不倦的良好品德。教师在教学工作中关心、热爱学生是中学教师职业道德八条中的一条,是党和国家对教育工作者最起码的要求。② 在健康教育的实施过程中,关心每一位学生,因材施教,使不同健康水平学生的体质都能得到提高。同时,在做好体育教学工作的基础上,抓好全体学生的课余锻炼,丰富他们的课余生活,使人人都能体验到体育的乐趣,真正热爱体育,逐步实现终身体育的教育思想,也是体育教师热爱学生的良好体现。

除此之外,从事体育教育事业的教师要热爱学生、诲人不倦,在对待

---

① 王增会. 进取创新——教师的时代责任[J]. 中国培训,1998(08):48.
② 李秀妮. 热爱学生是教育取得成功的基石[J]. 思想政治课教学,2010(10):84-85.

一些运动素质条件差、体弱多病者,甚至残障的学生时的耐心帮助与教育方面也应有着良好的体现,可以通过不同锻炼处方的制定与运用,对他们的科学健身锻炼起到积极的指导作用,并采取相应的措施来积极诱导他们激发体育活动的兴趣,对身体锻炼、提高健康水平建立自信心,这些如果没有体育教师辛勤的劳动精心栽培,使他们成为生活强者的目标也是不可能实现的。

第三节　体育教育专业学生教师职业道德素养的培育路径

对于体育教育专业的学生来说,具备良好的教师职业道德素养至关重要,因此培育体育教育专业学生的教师职业道德素养也显得非常迫切,要做到这一点,可以从以下三个方面着手进行。

一、明确体育教育专业学生的教师职业道德品质结构

(一)职业道德认知

作为一名体育教育专业学生,要想从事教师这一职业就必须要具备良好的职业道德,职业道德认知就是指体育教育专业学生对一定社会的教师道德关系以及如何处理这种关系的原则和规范的认识。体育教育专业学生的教师职业道德认知程度如何,往往能够从教师品质上的教师认识过程中得到体现,同时也能反映出教师品德的理性特征。

体育教育专业学生要培养和形成良好的职业道德素养,需要具备众多条件,而职业道德认知则是其中的基本条件。体育教育专业学生在建立良好的职业道德认知这一品质之后,就会产生积极的影响,因此这就要求促进体育教育专业学生的教师职业道德认知水平得到有效提升。具体可以从以下几个方面入手。

(1)通过积极的引导,使体育教育专业学生能够更加全面、准确地理解教师职业道德规范,使其在评价方面的能力有所提升,这也为其体育

第五章 体育教育专业学生师德素养的培育

教育行为的实施创造了良好条件。

(2)要借助各种有效途径来使体育教育专业学生的道德能力得到提升。

(3)进一步强化体育教育专业学生职业信念的形成。

(二)职业道德情感

所谓的职业道德情感,就是体育教育专业学生在其参与教育教学过程中,道德情感实践活动与道德需要相联系的情感体验。体育教育专业学生的职业道德情感是在对道德良好的认识基础上形成的,其不仅能够将教师品德方面的情感过程反映出来,还能起到有效催化道德认识向道德动机和信念的积极转化,这也要求体育教育专业学生能够从自身视角思考体育教师角色。

体育教育专业学生在将来从事教学工作后,其教育教学效果在一定程度上会受到其职业道德情感的影响。由此可见,培养体育教育专业学生爱憎分明的道德情感是非常有必要的。高尚的道德情感,不仅能有效推动体育教育专业学生献身学校体育事业,还能对其起到一定的调控作用,同时通过其调控作用的发挥,避免行为过失的情况发生。只有具有良好的职业道德情感,才会有稳定而持久的职业动力和履行教师职业道德义务的自觉性,求真务实的事业心和上进心,才会有强烈的求知探索、创新动力和淡然处世、不计功利、无私奉献的平和心境。①

(三)职业道德意志

在体育教育领域,所谓的职业道德意志,就是体育教育专业学生为实现教育目标,而自觉摆脱诱惑、战胜困难、克服阻力的坚持精神。职业道德意志是教师克服困难、教书育人的动力和保证。② 职业道德意志是在体育教育专业学生职业道德认知向职业道德行为转化的过程中形成的。

体育教育专业学生的职业道德意志对于其从事体育教育工作来说

---

① 潘利英.新课程改革背景下教师的职业道德义务与职业道德情感[J].思想理论教育,2013(10):13-16.
② 熊保林,汤劲松,路春娇.青年教师职业道德修养提升的策略[J].教育探索,2013(10):90-91.

有着非常重要的作用和意义。职业道德意志对于体育教育专业学生正确价值判断的形成具有积极的影响,从而有效避免错误行为的发生;职业道德意志对于排除主客观方面干扰和障碍的决心和勇气的建立有积极影响。

(四)职业道德行为

在体育教育领域,职业道德行为就是指其在一定的职业道德认知、情感、意志的支配下所采取的对他人或社会具有一定道德意义的体育教育行动。职业道德行为通常作为重要的标准用来衡量体育教师这一职业道德品质的优劣。

在体育教育专业学生具备良好的职业道德认知、情感、意志等品质后,赋予行动的具体表现,就是职业道德行为。可以说,职业道德行为是上述三个结构因素的最终实践结果,这是需要在很长的时间内才能形成的。

二、积极开展体育教育专业学生教师职业道德教育活动

(一)积极开展体育教育专业学生教师职业道德教育的意义

1. 对体育教育专业学生教师职业道德品质的形成起到导向作用

对于将来从事体育教育工作的体育教育专业学生来说,其职业道德教育的开展在正确的、良好的职业道德品质形成和发展方面所起到的导向性作用至关重要。

2. 对体育教育专业学生素养的提高有重要影响

体育教育专业学生素养的高低对于其将来参与教学工作具有重要的影响,因此一定要采取针对性的手段与措施促进体育教育专业学生综合素养的提高。

3. 对体育教育事业的发展有推动作用

重视并加强体育教育专业学生教师职业道德教育的开展，对我国体育教育改革和发展的推进有着重大意义。这也是众多高校从多个方面入手对体育教育专业学生教师职业道德的培养和水平提高的重要性进行进一步强调的重要原因所在。

(二)教师职业道德教育的显著特点

1. 多端性

多端性特点主要体现在教育环节上，其所强调的重点是根据实际情况有针对性地施教。

2. 反复性

反复性特点主要体现在教育过程上。具体来说，教育过程的这一显著特点可以从两个方面得到体现：一方面，体育教育专业学生教师职业道德教育要坚持不懈地反复进行；另一方面，要在思想方面不断改进、创新，反复实践，才能够取得较好的教育效果。

3. 渐进性

渐进性特点主要体现在教育效果上。体育教育专业学生教师职业道德教育的开展过程是非常漫长且渐进的，在这一不断推进的过程中，要使其职业道德完善和发展程度不断提升。另外，还需要强调的是，体育教育专业学生教师职业道德品质的形成并不是一蹴而就的，而是需要经历较长时期的过程才能实现的，这一形成过程又可以进一步细分为三个阶段，即行为依从、心理认同、内化为自觉行为。

(三)积极开展教师职业道德教育的有效方法

1. 说理疏导法

所谓的说理疏导法，就是在教师职业道德教育中通过广开言路、循循善诱、说服教育，来积极引导和促进体育教育专业学生逐渐提升自身道德方面的觉悟,满足社会道德要求所用的方法。通常,可以将说理疏导方法分为单向影响型、双向交流型和自我教育型三种类型。不管用哪种方法,都要坚持将以理服人、针对性以及相互尊重、平等交流等基本原则加以运用。

2. 榜样示范法

榜样示范法作为一种应用较为普遍的教育方法,具有显著的实际、生动、形象等特点。在运用这种方法进行体育教育专业学生教师职业道德素养的提升时,所用到的主要是其示范作用以及先进典型事例的教育意义。

3. 情感陶冶法

情感陶冶法,就是指通过爱和各种教育情境中的教育因素的应用来实现潜移默化影响受教育者的方法。在体育教育专业学生教师职业道德情感的培养过程中运用这一方法,能够使学生在潜移默化中不断提升自身的道德水平。

4. 实践锻炼法

实践锻炼法,就是在教育者的指导下,通过各种有目的、有计划、有组织的实践活动,来达到培养和提升体育教育专业学生的优良品德和行为习惯的方法。一般来说,实践锻炼法可以进一步细分为理论实践、活动实践以及结合自身的教学实践等具体方法,在具体的选用方面也有针对性。

三、有效提升体育教育专业学生教师职业道德素养水平

体育教育专业学生教师职业道德素养水平的高低对其将来教学工作的开展以及最终的教学效果都有着重要影响。其不仅能够满足社会发展的需要,有效实现体育教育专业学生的自我完善,还能使其自身健康成长的需要也得到有效满足。

第五章 体育教育专业学生师德素养的培育

(一) 提升教师职业道德素养的基本原则

1. 知与行统一原则

体育教育专业学生教师职业道德素养的培育必须遵循知行统一的基本原则,同时还要做好切实强化道德实践的相关工作。实践是检验真理的唯一标准。对于体育教育专业学生来说,其认知、情感、意志,只有应用到道德行为中,才能够得到充分的体现;而道德行为离开认知、情感、意志的指导也是行不通的。坚持知与行的有机结合是非常有必要的。

2. 自律和他律统一原则

体育教育专业学生作为师德素养培育的行为主体对自身的约束、管理以及外界因素对他们的约束,二者相互影响、不可或缺。只有做到二者的和谐统一,约束效果才会较为理想。

3. 动机和效果结合原则

动机是想问题、做工作、办事情的出发点和起点,效果是动机的落脚点和归宿,二者是有着显著差别的。另外,动机与效果也是道德标准中一个重要而复杂的理论问题,体育教育专业学生教师职业道德素养的培育,需要具备二者有机结合起来的必要条件才能实现。这也反映出了这一原则的重要性。

(二) 提升教师职业道德素养的有效途径

体育教育专业学生要想在教师职业道德素养方面有所提升,可以通过以下几种途径来实现。

1. 不断学习

体育教育专业学生教师职业道德素养的提升,必须经过不断学习,这是必要条件,也是基础前提。通过不断学习,能够在获得坚实的科学理论知识基础的前提下来对道德修养的提升起到积极的指导作用。而学习的内容主要涉及三个方面,即马克思主义的基本理论、教师职业道德规范、先进模范人物的优秀品质。

2. 自省慎独

体育教育专业学生教师职业道德素养水平的提升,某种意义上是自省慎独的结果。自省慎独是儒家的修身方法,其强调的重点是要经常检查、反省自己的言行,以便于积极改正。这已经成为教师自我检查、自我约束、自我教育、自我提高、完善自我应追求的重要方法,在体育教育专业学生教师职业道德素养的提升方面所起到的积极影响也不容忽视。

3. 注重细节

有效提升体育教育专业学生教师职业道德素养的坚实基础,就是对细节的重视,否则,"千里之堤毁于蚁穴"的悲剧就有可能发生。体育教育专业学生在提升教师职业道德素养时,对细节的强调主要体现在两个方面:一个是防微杜渐;一个是积善成德,保证量变到质变的转变。

四、加强体育教育专业学生的教师职业道德建设

(一)大力加强师德形象建设

对于体育教育专业学生来说,在将来走上教师岗位,从事体育教育工作后,知书达理,教会学生为人处世是其基本职责。除此之外,还要对学生所思所需有充分的了解,尊重个性发展,挖掘学生潜能。因此,这就要求体育教育专业学生自觉靠近新时代要求的"教师形象标准",注重自我警醒、自我完善、自我提高。体育教育专业学生还要积极融入体育教师角色,树立良好的"教师形象",使自身的道德修养教育的实效性得到有效提升。

(二)建立健全奖惩制度

体育教育专业学生的道德建设并不是单独进行的,其与外部条件之间有着非常密切的关系。要表彰在学习和生活中表现优秀的师范生,以

起到示范引领作用,惩治违反教师职业道德的行为,发挥规范和约束作用。① 实施体育教育专业学生的师德素养表现与学业考核挂钩,在重视对体育教育专业学生教师职业道德教育的同时,更好地提升体育教育专业学生自身的敬业精神和责任心。

(三)构建完善的体育教育专业学生教师职业道德素养评价体系

体育教育专业学生教师职业道德素养培育的规范化需要刚性制度的建立来作为重要保障。高校需要根据体育教育专业培养目标、毕业要求,构建完善的体育教育专业学生教师职业道德素养评价体系,并制定出相应的方案,从而使体育教育专业学生教师职业道德素养评价有章可循、有据可依。

(四)大力倡导体育教育专业学生通过自我教育习得师德素养

自我教育是体育教育专业学生教师职业道德素养提升的重要途径,在培育过程中高校要积极引导学生进行自我教育,不断更新教育观念、固化教师职业情感、培养教师职业道德、提升教师职业意识。

---

① 牛晓琴. 师范生教师职业道德教育研究——以山西省新升本科院校为例[J]. 教育理论与实践,2015,35(13):46-49.

第六章　体育教育专业学生身体、心理与智能素养的培育

作为体育教育专业的学生，必须要注意自身综合素养的发展，这些素养集中体现在身体、心理和智能等多个方面，这几个方面是学生参加其他活动的重要基础。加强体育教育专业学生身体、心理、智能等素养的培育与发展具有重要的意义。

第一节　体育教育专业学生身心发展特征与规律

一、学生身体发展特征与发展规律

对于体育教育专业学生而言，他们的身体发育情况日趋成熟。下面重点分析体育教育专业学生在身体形态、神经系统和性机能方面的发展特征与规律。

（一）身体形态方面

在体育教育专业学生的身体形态方面，总体而言，其体格与体型已与成年人十分接近，他们的骨骼基本固化，坚固程度得到了明显的增强。经历了生长发育的高峰期后他们的身体外部形态的发展逐渐趋于缓和。因此，在这一发展阶段，体育教育专业学生的身体形态已逐渐定型。

第六章 体育教育专业学生身体、心理与智能素养的培育

(二)神经系统方面

大学阶段的体育教育专业学生,脑细胞通常处于一个建立联系的上升期,在这一时期,他们的皮层细胞活动增长速度加快,神经元联系日渐强化,大脑皮层活动明显增多,大脑发育逐渐成熟。发展到这一阶段,体育教育专业学生神经系统发育程度与成年人之间已没有明显的区别。

(三)性机能方面

大学阶段的体育教育专业学生,其身体形态和神经系统日趋稳定,在这一时期,他们的性器官和性机能也日趋成熟,男、女生的性别特征呈现出愈发明显的趋势,异性之间相互吸引,产生爱慕等情感。在这一阶段,体育教育专业学生的情感呈现出较为复杂的局面,需要家长和教师给予必要的引导和教育,这样,其身心才能获得健康的发展。

二、学生心理发展

伴随着体育教育专业学生年龄的不断增长,他们的心理素质也得以不断完善与发展。一般来说,处于大学阶段的体育教育专业学生的心理特点主要体现在以下几个方面。

(一)抽象思维得以迅速发展

抽象思维是人们在认识活动中运用概念、判断、推理等思维形式对客观现实进行概括与反映的过程,属于理性认识阶段。[1] 对于体育教育专业学生而言,抽象思维可以说是他们的重要能力素质,随着掌握和积累的知识增多,其抽象思维在知识储备丰富的基础上不断快速发展,在思考和解决问题的过程中以辩证思维看待问题,这就是抽象思维的集中体现。是否具备良好的抽象思维能力成为衡量一个人能力的重要因素。

虽然体育教育专业学生的身体发育水平已经是成年人水平,但总体而言,其抽象思维还不够成熟和稳定,往往会带有一定的主观性和片面

---

[1] 朱嘉伊. 形象思维与抽象思维差异的多种思考——浅谈两者对立的统一[J]. 东南大学学报(哲学社会科学版),2011,13(S2):21-22.

性,在某些情况下,依然会出现自卑、自负、行为偏激等现象,这是比较常见的一种态势,这与这一阶段仍然缺乏必要的社会阅历有着一定的关系,需要进一步积累大量的社会经验才能不断改善。

(二)自我意识越来越强烈

随着年龄的增长,体育教育专业学生的自我意识越来越强烈。实际上,每一个人都有一定的自我意识。随着年龄的不断增长,他们的自我意识也越来越强烈。对于体育教育专业学生而言,处于青春发育末期的他们即将踏入社会,他们希望社会可以关注他们并认可他们的学识及能力,而不喜欢被指指点点、过分干涉与限制,也讨厌别人将他们当孩子看待,这一阶段体育教育专业学生表现出强烈的自我意识,希望能得到周围人的认可与肯定。

在这一时期,受社会经验和阅历的影响,体育教育专业学生在对待某件事情上通常会显得比较片面,有些想法不切实际,这是他们不成熟的一种表现。

(三)情感越来越丰富

处于青春期的体育教育专业学生,全身都散发着生命的活力。很多学生在大学期间与来自全国各地甚至国外的同学打交道,情感体验越来越丰富,社交能力也不断增强。在这一阶段,体育教育专业学生的独立性越来越强,他们非常珍惜师生之间、学生之间的情谊,其情感表现得越来越丰富。

青少年时期的个体情绪和情感最突出的表现就是不稳定性,易出现极端情绪。① 随着年龄的不断增长,体育教育专业学生控制情绪的能力日益提升,但是他们在遇到比较大的刺激时,还是难以控制好自己的情绪,情绪波动较大,有时甚至会做出出格的行动,这是心理不成熟的表现。在发生各种心理问题时,他们需要教师加以引导和教育。

---

① 张瑜,李宏翰. 论我国当前的社会环境与青少年心理发展[J]. 教育探索,2007(01):114-115.

(四)性别意识觉醒和逐步提高

对于处于青春期的体育教育专业学生而言,其心理发育程度越来越成熟,伴随着年龄的增长,性别意识也得到明显的增强,在其性意识不断增强的情况下,体育教育专业学生通常表现出以下两方面的特点。

首先,体育教育专业学生非常注重自我形象的塑造,追求个性化发展。

其次,处于青春发育期的体育教育专业学生性别意识开始觉醒,对异性有了接近的欲望,渴望得到异性的关注。在这一时期,体育教育专业学生的性别意识获得了快速的发展。

(五)意志水平逐步提升但缺乏稳定性

处于青春期的体育教育专业学生,通常会依据自身实际制订一个短期或长期的奋斗计划,按照这一计划学习或从事其他相关工作,为实现目标而不断努力,不断克服困难,表现出坚强的意志品质。这说明体育教育专业的学生随着年龄的增长,心理水平日益提高,意志力也不断提升。但需要注意的是,体育教育专业学生的意志水平还缺乏一定的稳定性,在遇到一些困难和挫折时,有时会显得退缩、优柔寡断,自己不能做出正确的决定。这说明他们的意志力还不够顽强,也缺乏必要的生活阅历和经验。

第二节 体育教育专业学生各项身体素质的培育

身体素质的发展对于体育教育专业大学生而言十分重要,因为身体素质是从事其他一切活动的重要基础。无论作为专业发展还是个体发展,加强学生身体素质的训练应成为体育教育专业学生日常的重要活动。

一、影响学生身体素质发展的因素分析

（一）先天因素

体育教育专业学生身体素质的发展主要受先天因素的影响，先天因素就是指的遗传因素，如学生的身高、体型等都会受到父母的影响。另外，一些遗传性疾病，如色盲、精神病等，如果学生父母患有这些疾病，那么其患病的概率就要比健康的人高一些，这都是遗传因素在起作用。总体上来看，每一个人的发展都会受遗传因素的影响，遗传因素有时候甚至起着重要的决定性作用。因此，遗传因素对于学生的发展而言十分重要。

遗传并不是只受先天因素的影响，后天环境的变化也会对遗传产生一定的影响。遗传变异就是这样一种现象，遗传变异主要就是受后天环境的影响导致的。人的身高在很大程度上受父母的遗传，除了父母的遗传因素外，后天的锻炼也是非常重要的，通过大量的后天锻炼，子女的身高会超过父母的平均身高水平。因此，通过外界环境的改善，人的机体能朝着良好的方向发展，而后天获得的优势又能通过遗传因素传给下一代，从而形成一个良性循环。除了良好的环境对人的机体发展产生有利的影响外，不良环境也会对遗传产生不利的影响。一般来说，受不良环境的影响，机体内外平衡会出现一定的失调情况，这样就容易引发基因突变，出现遗传变异的情况。

总之，环境变化也会对遗传产生一定的影响，因此加强环境的建设与优化具有重要的意义。体育教育专业学生在平时的生活中，要注意环境与个人卫生，养成良好的生活方式和习惯，虽然是体育专业学生，依然要科学参加体育活动，促使身体素质得到良好的发展。

除此之外，遗传因素还会对学生的心理产生重要的影响。据相关调查研究发现，人的智力发育水平在很大程度上受先天遗传因素的影响。如一个孩子在出生后就由高智商的养父母抚养成人，但其智商水平与亲生父母相近，这说明，先天赋予个体智能的差异与遗传因素有着极为密切的关系。但是，需要注意的是，身体素质的发展受环境因素的影响也是非常大的，这需要引起重视。因此，体育教育专业学生一定要在平时

第六章 体育教育专业学生身体、心理与智能素养的培育

重视后天体育运动锻炼,坚持不懈的进行运动锻炼,促使身体素质向着更加健康的方向发展。

(二)后天因素

1. 环境因素

环境因素会对人类社会及个体的发展产生至关重要的影响,这是已被大量实践证明了的事实。众所周知,人类与环境之间最本质的联系是物质和能量交换。这突出体现在以下两个方面:一方面,人生命的维持要从环境中摄取必要的物质,为机体提供重要的能量;另一方面,人体内产生的代谢物会排到周围的环境中,经过一定的改造与利用又会被人体所摄取。因此,环境的变化会对人体正常的生理活动产生非常重要的影响。环境与人类的发展是息息相关的,人们随着环境的变化而变化,如果人体接受不了环境的变化,其机体功能和结构就会发生相应的变化,以适应变化后的环境。

通常情况下,影响人类社会及个体发展的环境因素主要包括以下两个部分。

(1)自然环境

人的生存与发展离不开一定的自然环境,人与自然环境之间有着极为密切的关系。人们在自然界中生存与生活,除了向大自然索取一定的物质资源外,还受到大自然发展的影响。其中,气候和季节是影响人类生活的最为重要的两个因素。如常年在寒带地区生活,这一地区的人们生长发育速度要相对缓慢一些,但是寿命要比热带地区的人长;在春季,一般情况下青少年儿童的身高增长很快,秋季则是体重增长较快,这有一定的规律可循。总之,人体生长素在一定程度上受到气候和季节的影响。只有人与环境相协调,才能获得健康的发展。人的机体要与外界环境各要素保持一个动态平衡的状态,否则人体健康就会受到一定的威胁,不利于长期的健康发展。

对于体育教育专业学生而言,他们生活和训练的场所主要是训练基地或专业的运动学校或俱乐部等,这些都是其学习、生活和训练的主要场所,也是其接触的自然环境。一个良好的训练和生活环境能促进学生的身心健康发展,有利于提高他们学习与训练的积极性,促进竞技水平

的提高。反之,不良的自然环境则会使学生的身心健康受到不利的影响,如果体育教育专业学生生活的环境相对较差,噪声较大,污染严重,这就容易引发各种疾病,从而导致机体系统功能紊乱,而且还会严重影响学习和训练的效率。由此可见,自然环境因素对人体的影响是非常大的,构建一个良好舒适的环境对于体育教育专业学生的身心健康发展具有重要的意义。

(2)社会环境

人都处于社会之中,人在发展的过程中与社会发生着密切的联系。社会意识与社会组织是整个人类社会发展的要素。社会意识的范围非常广泛,一个地区的风俗习惯,人们的生活习俗,以及各种政策文件等都属于社会意识的内容;社会组织结构主要包括家庭、工作单位、医疗机构等多方面的内容。在社会意识与社会组织的影响下,人们的身体得到健康的发展。

家庭是社会环境的重要构成,一个良好的家庭环境会对体育教育专业学生的发展产生至关重要的影响。通常情况下,家庭环境要素主要包括家庭结构、经济基础、父母文化水平等几个方面,这些方面都会对体育教育专业学生产生至关重要的影响。大多数家庭重视子女智力的发展水平而忽视其成长过程中心理素质和人格的发展。父母受教育程度的高低是影响他们教养方式的重要因素之一。[①] 俗话说,父母是子女的启蒙教师,父母在日常生活中的言行举止都会在一定程度上影响子女的发展。通常情况下,在家教比较民主的家庭里,体育教育专业学生一般都拥有好动、活泼开朗的性格;而家教较差的家庭,体育教育专业学生通常会显得性格孤僻、不善交流,由此可见营造一个良好的家庭环境的重要性。

除了家庭环境外,学校也会对体育教育专业学生的健康成长产生至关重要的影响。体育教育专业学生在学校中接受各种各样的教育,其认识水平一天天不断完善,而文化发展程度又会在一定程度上对学生产生决定性作用。正处于青春期的体育教育专业学生如果能科学合理地安排自己的生活和学习,就能促进自身的健康发展。

综上所述,社会环境会极大地影响体育教育专业学生的身心健康发

[①] 张凡涛,崔节荣,宋金美.影响体育教育专业大学生身心健康的社会因素[J].河南大学学报(社会科学版),2007(05):131-136.

第六章　体育教育专业学生身体、心理与智能素养的培育

展,因此重视社会环境的创设与改造是非常重要的。要创造良好的卫生环境和卫生习惯,严格按照既定的作息制度从事一切活动,这样才有利于体育教育专业学生的身心健康发展。

2. 心理因素

心理因素也会对体育教育专业学生的健康产生重要的影响。在平时的生活学习与训练中,体育教育专业学生通常会表现出各种积极或消极的情绪,其中消极情绪会给人体的各系统功能带来不利的影响。在积极的情绪下,体育教育专业学生的身心健康才能得到有效的保证。身心健康有利于体育教育专业学生树立正确的人生价值观、形成健全的人格,也有利于学生的智力发展、有利于提高社会适应能力、有利于机体的健康发展。总之,身心健康可以使体育教育专业学生各方面得到全面发展。

在当今科学技术快速发展的背景下,出现了诸多社会文明病,如高血压、心血管病,以及与心理因素有关的心理疾病等,这些都严重危害到人们的身心健康。这些社会文明病都与人的心理有着极为密切的关系。因此,作为一名体育教育专业的学生,一定要根据自身的专业特征与所处环境,注意自身的心理健康,发现出现心理问题时一定要及时地进行治疗。如果发生心理疾病,不能仅靠药物治疗,而是要从根源上进行解决,而身心疾病发病的重要原因就是外界刺激条件和情绪因素,因此可以采用心理手段来解决。

3. 营养因素

我国自古有健康饮食融合体育锻炼的思想,"食医同源""食医合一"均是重要体现。① 体育教育专业学生在平时的学习与训练中一定要注意营养的摄入。尤其是对于青春期的学生而言,其身体发育需要大量的营养作保障,如果缺乏营养或者营养不良就容易导致出现各种发育问题。因此,体育教育专业学生在平时的生活和训练中要十分注意营养的摄入与补充,如果补充的营养不够,其身体系统功能就会受到一定的影响,进而危害身心健康。

---

① 梁天祥,王金兰.体育教育中引入健康饮食教育的思考[J].食品研究与开发,2020,41(21):232.

总之，体育教育专业学生要在平时的膳食中注意营养的补充，合理搭配各种食物，同时还要养成一个良好的生活习惯，确保日常生活和运动训练中合理的营养补充。

4. 疾病因素

作为一名体育教育专业的学生，还要注意疾病的预防与控制。随着现代社会的不断发展，出现了各种慢性疾病，这会对学生的身体健康产生不良影响，不利于正常的生活、学习和训练。若学生因疾病则无法正常生活，更不用说是进行体能训练了，因此，体育教育专业学生需要针对各种疾病，采取预防与治疗相结合的措施和手段，避免各种慢性疾病，保证身心健康发展。

5. 生活方式因素

相关调查研究与事实表明，生活方式也是影响人的身体素质发展的重要因素之一。据调查统计，脑血管病、心脏病、恶性肿瘤这三大疾病是造成人们死亡的重要原因，患有这些疾病的人群大多与不良的生活方式有着密切的关系。大量的实践早已充分表明，不良的生活方式会引发各种疾病，在现代社会经常出现的"文明病"就是由于不良的生活习惯或方式而引起的。如各种交通工具的使用，导致人们的运动能力不断衰退；社会竞争压力的加剧引发各种心理疾病。需要注意的是，这些疾病并不是一般药物或医疗技术所能控制的，要从人们的日常行为因素上去探求解决的对策。

生活方式是影响人类身心健康的重要因素，健康的生活方式是保证大学生心理健康的前提，同时也是预防疾病的重要手段。[①] 因此，作为体育教育专业的学生，在平时的生活与训练中，我们要鼓励其形成健康的生活方式，这样才能有效预防各种身心疾病。除此之外，学校还要与体育教师、卫生部门等密切配合，采取必要的手段和措施，为体育教育专业学生的身心发展创造一个良好的环境。

---

① 蒋国维,靳英辉,白雪,梁慧颖,解莹. 大学生生活方式现状及其影响因素的研究进展[J]. 中国健康教育,2015,31(04):396-401.

第六章 体育教育专业学生身体、心理与智能素养的培育

6. 体育锻炼因素

体育锻炼是影响体育教育专业学生身体素质发展的重要因素之一。大量的事实表明，经常参加体育锻炼可以使人体各系统器官的功能得到增强，使大脑皮层及神经系统的协调指挥能力得到提高，使机体的新陈代谢和体格的正常发育得到全面促进，而且还能促进人的生理、心理等健康发展。需要注意的是，体育锻炼必须要科学和合理，如果体育锻炼不合理，反而会导致不良的后果。尽管体育教育专业学生经常有体育教师引导参加体育学习、锻炼，但也要格外注意锻炼的合理性。

相关研究表明，经常参加体育运动锻炼的人，身体素质要明显强于不参加体育锻炼或很少参加体育锻炼的人。经常参加体育锻炼的人，身体的协调性和灵活性更强，反应能力也更加迅速，同时还具有较高的想象力和发散思维能力，注意力高度集中，能够快速融入周围的环境之中，这对体育教育专业学生自身的职业发展与长远发展均具有重要的意义。

平时，体育教育专业学生的发展会受到周围环境各种因素的刺激，这种刺激既有良好的刺激也有不良的刺激。在良好的刺激之下，体育教育专业学生能有效提高大脑的兴奋度，迅速地适应周围环境。除此之外，经常参加体育运动训练，体育教育专业学生的身体各项系统机能都能获得好的发展，如血液循环得到明显的改善，心脏收缩力进一步提高，肌肉日益发达，呼吸功能不断增强等。因此，体育锻炼是影响体育教育专业学生身体发展的重要因素之一，一定要引起重视，养成科学体育学习与锻炼的好习惯。

二、体育教育专业学生各项身体素质的基本练习与培育

（一）速度素质练习

1. 起跑与加速跑

双脚前后站立，距离一脚到一脚半，屈膝降重心，身体前倾，前腿异侧臂屈肘在前；听到"跑"的信号后，两脚用力蹬地，迅速向前冲出，重心

前移快速起动,摆动腿的膝关节迅速有力地向前上方摆出,支撑腿在摆动腿积极前摆的配合下,快速有力地伸展髋、膝、踝三个关节,蹬离地面,使支撑腿与摆动腿协调配合,头部正直,上体稍向前倾,两臂前后摆动要轻快有力。练习时前几步不宜过大,以免造成重心起伏而影响蹬地的效果。另外,加速跑的前几步双脚着地并不完全在一条直线的两侧,而是相对较宽,以增加身体的稳定性,进而增强蹬地的效果。练习3～4次,每次跑30米,次间间歇2分钟。

2. 后蹬跑

蹬地腿用力蹬伸,积极伸展髋、膝、踝三个关节,摆动腿屈膝前顶送髋,大小腿折叠,小腿放松并自然下垂,脚掌着地瞬间用力扒地,手臂积极摆动,躯干始终保持稍前倾。提膝时大小腿角度也应控制在90°左右,摆动腿同侧髋积极前送。练习3～4次,每次跑30米,次间间歇2分钟。

3. 高抬腿跑

大腿积极向前上摆到水平或水平以上,踝关节放松,落地时大腿积极下压,上体正直或前倾,快速摆臂。练习时身体保持正直或稍前倾,肩带放松,摆臂时手的位置不要高于下颚。练习3～4组,每侧腿每组做20次,组间间歇1分钟。

4. 变速跑

加速时,上体前倾,前脚掌快速蹬地,同时迅速摆臂,加快频率,两臂积极摆动,频率要快。减速时,上体直起,步幅加大,用前脚掌着地,缓冲减速,减速要循序渐进。练习时强调动作幅度,充分利用身体重心调节起跑和急停的时机与角度。练习3～4次,每次跑40米,次间间歇2分钟。

(二)力量素质练习

1. 俯卧撑

俯卧撑主要是发展肱三头肌、胸大肌、三角肌等肌群的力量素质。训练方法为两手间距稍宽于肩,直臂双手俯卧撑地,两腿伸直,两脚并拢,脚趾撑地。两臂力量提高后,可使两脚位于高台上或在背部负重进行练习。

练习要求:首先,身体伸展随两臂屈伸运动,不应有任何多余动作;其次,训练过程中应尽量加大两臂的屈伸幅度。

2. 仰卧撑

仰卧撑训练主要用于发展肱三头肌、三角肌、背阔肌等的力量素质。训练方法为仰卧,两臂伸直,撑在约50厘米高的台上,屈臂,背部贴近高台,然后快速推起两臂伸直,连续做10～15次。

练习要求:在经过一段时间的训练后,可将双脚抬高或负重以加大训练难度。

3. 仰卧起坐

仰卧起坐主要是发展腹直肌、髂腰肌的力量素质。具体训练方法为仰卧在凳上或斜板上,两足固定,两手抱头,然后屈上体坐起,再还原,一次做10～15个,也可两手于颈后持杠铃片或其他重物负重训练。

练习要求:收缩腹部,胸部尽量紧贴膝盖。

4. 半仰卧起坐

半仰卧起坐主要是发展腹直肌上部力量。具体训练方法为平躺地上或练习凳上,两手持杠铃片置于头后,两足固定。上体向前上方卷起,同时两膝逐渐弯曲。用力吸气,放松呼气,收缩时停两秒,也可将负重物放在胸前上部进行训练。

练习要求:训练过程中注意背下部和髋部不能因上体抬起而离开地面或练习凳。

5. 头手倒立

头手倒立训练法主要是发展颈部肌肉力量。要求大学生在墙壁前,缓慢屈臂成头手倒立,两手主要起维持平衡的作用,两脚轻轻靠放在墙壁上,以头支撑体重,坚持尽可能长的时间。

训练要求:练习的初期阶段应有同伴保护。为了增加练习效果,双脚可离开墙壁。

(三)灵敏素质练习

发展灵敏素质的方法有很多,其中一些游戏性练习方法能有效激发学生参与的热情,从而提高练习的效果。下面就重点介绍几种常见的提高人体灵敏素质的游戏方法。

1. 跳山羊接力

把学生均分成甲乙两组,分别站在距山羊 5 米的起跑线上;听到"开始"信号后,每组第一人助跑分腿跳过山羊,落地后,转体 180°,再从山羊底下钻出跑回击第二人的手,第二人与第一人动作相同,并依此类推进行。

练习要求:必须以单跳双落的动作起跳、落地,身体钻越山羊时不能碰器械。

2. 形影不离

2 人一组,标记为甲乙,并肩站立。甲方站在右侧可以自由变换位置和方向,站在左侧的乙方必须紧随其后,跟进仍站到甲方右侧位置。

练习要求:甲方要求随机应变,乙方必须迅速准确地移动。

3. 抓"替身"

成对前后站立围成圈,指定一人抓,另一人逃,逃者通过站到一队人的前面来遮挡自己逃脱被抓,遮挡人必须立即逃开。逃者要另选遮挡人,当抓人者拍打着被抓者时,两人交换继续抓"替身"。

练习要求:要求反应迅速、躲闪灵敏。

4. 双脚离地

学生分散在能够悬垂让脚离地的场所任意活动,指定其中几个为抓人者,听到教练的哨音后,谁的双脚离地就不抓他,抓人者勿缠住一人不放。

练习要求:要求快速倒立、悬垂、举腿等。

5. 听号接球

学生围圈报数后顺时针或逆时针跑动,教练持球站在圈中心,将球向空中抛起喊号,被喊号者应声前去接球。

练习要求:要求根据时间和空间采取应急行动。

6. 围圈打猴

把学生均分为两组,指定一组当"猴"在圈中活动,另一组作为"猎人",手持2~3个皮球围在圈外,掷球打圈中的"猴"(只准打腿部),被击中的"猴子"与掷球的"猎人"互换。

练习要求:要求眼观六路,耳听八方,掷球准确,躲闪机灵。

7. 传球触人

队员分散站在篮球场内。两个引导人利用传球不断移动,追逐场上队员并以球触及场内闪躲逃跑的队员。凡被球触及者参加传球,直到场上队员全部被触及为止。

练习要求:要求传球者不得运球或走步违例,闪逃者不准踩线或跑出界外。

8. 追逐拍、救人

队员分散站在场内,指定4名引导人为追逐者,其他队员进行闪躲逃跑。当有人被拍到时,要"冻结"到原地。两手侧平举。此时,同伴者可去拍肩救他,使之复活逃脱。

练习要求:要求判断准确,闪躲敏捷,救人机智。

9. "活动篮圈"

把学生均分成两组,每组设活动篮圈一个(两人双手伸直,互相握手)。教练抛球,两组跳球开始比赛,设法将球投入对方的活动篮圈中去,比哪组投中次数多。

练习要求:要求按篮球规则进行比赛,活动篮圈可以跑动,但不能缩小,防守队员可以在篮圈附近防守。

10. "火中取栗"

学生均分成两组,一个小组的人手挽手面向外围成一个圈子,以保护圈子中的几只球,另一个小组的人则设法钻进去把球取出来。

练习要求:要求动作灵巧,合理对抗。

11. 蛇头吃蛇尾

学生排成单行,用手抓住前面人的腰部;听到"开始"信号后,排头也就是蛇头,要努力地去捉排尾的人,而后半部分人则要努力地帮助排尾的人,不让蛇头捉到。

练习要求:队伍不能被拉断或拉散;排头触到排尾时,即刻更换排头和排尾,重新开始游戏。

(四)耐力素质练习

1. 越野跑

一般跑的距离在 4 000 米以上,最多可达 10 000~20 000 米。跑的速度可以适当变化,心率控制在 150~170 次/分左右。如以时间计的话,运动时间在 1.5~2 小时左右。尽可能在空气清新、相对松软、有弹性的地面进行练习。

2. 间歇跑

训练负荷量较小,训练中每一次练习的持续时间不长。负荷强度较大,心率达到 170~180 次/分。在身体尚未完全恢复的情况下进行下一次练习,心率在 120~140 次/分之间。要尽可能延长整个训练的持续时间,至少半小时以上。练习之间采用积极休息方式,如放松走和慢跑。

3. 3 分钟以上跳绳或跳绳跑

在跑道上做两臂正摇原地跳绳 3 分钟或跳绳跑 2 分钟。4~6 次,间歇 5 分钟。强度为 45%~60%。要求每次结束时,心率在 140~150 次/分,恢复至 120 次/分以下开始下一次练习。在训练时要控制速度,保持连贯性。

4. 反复跑

一般跑的距离为 60 米、80 米、100 米、120 米、150 米等。一般每组 3~5 次,重复 4~6 组,组间歇 3~5 分钟。强度一般的心率控制,如短于专项的距离,练习时心率应达 180 次/分钟,间歇恢复至 120 次/分钟时,就可以进行下次练习。如发展乳酸耐力,距离要长,强度要小。训练的重复次数要根据跑动距离和学生的运动水平而定。

5. 计时跑

可做短于专项距离的重复计时跑或长于专项距离的计时跑。重复次数4～8次,间歇3～5分钟。强度为70%～90%,根据运动员水平及跑距而定,距离短,强度要适当加大。训练的重复次数根据距离而定。

6. 重复爬坡跑

在15°的斜坡道或15～20°的山坡上进行上坡跑,重复5次或更多,跑距250米或更远,间歇3～5分钟,强度为60%～70%。也可根据训练目的决定强度,可以用心率控制运动强度,也可穿沙背心进行。

第三节　体育教育专业学生心理素养的培育

作为一名体育教育专业的学生,除了要具备良好的身体素质和专业能力外,还要加强心理素质的培养。

一、体育教育专业学生心理素质训练的基本原则

(一)差异性原则

由于每一名体育教育专业学生都是不同的,都有自己的个性和特点,因此心理素质的培育也要遵循他们的这些个性特点和需求,严格遵循差异性的原则对其进行培养,这样才能有效提升他们的心理健康水平。具体而言,就是在平时的教学活动中,要以学生心理发展特点和规律为依据制定心理健康教育方案,实施有差别化的教育。

(二)主体性原则

主体性原则就是在构建心理健康教育体系时,作为心理健康教育主

体的教育者、管理者,要将受教育者视为实现教育目标的主体,充分尊重其主体地位,从而实现心理健康教育工作的实效性。① 主体性原则也就是以人为本原则,这一原则要求体育教师在教学过程中要善于激发学生学习的积极性,提高学生学习的兴趣,加强师生彼此间的沟通与交流,满足学生的各种心理需求,培养和提高学生的心理健康意识,这样才有利于实现心理健康教育的目标。

(三)系统性原则

体育教育专业学生的心理健康教育不是可有可无的,也不是一件简单的事情,它是一项大的系统工程,在学校教育中扮演着十分重要的角色。要想实现体育教育专业学生心理健康教育的目标,教师和学生要密切配合,更新教育观念,优化心理健康教育的环境,建立一个健全合理的育人体制。总之,在心理健康教育的过程中要严格遵循系统性的基本原则,促进学生心理健康水平的提高。

(四)目标性原则

心理健康教育是学校教育的一项重要内容,加强体育教育专业学生的心理健康教育尤为必要。只有具备健全心理的学生才能获得健康全面的发展。一般来说,体育教育专业学生的心理健康教育主要包括人生观与价值观教育、人格培养、意志力培养等多方面的内容。在具体的教学过程中,要以上述内容为基本目标。

二、体育教育专业学生心理素质训练培育的内容

健全的心理素质是个体心理健康的内源性条件,心理素质对心理健康水平具有重要的直接效应和调节效应,健全心理素质的形成是个体维护心理健康和解决心理问题的关键。② 由于体育教育专业学生经常参

---

① 胡凯. 试论构建我国大学生心理健康教育体系的指导思想和基本原则[J]. 思想理论教育导刊,2008(04):82-85.
② 张大均. 大学心理健康教育若干理论的探讨[J]. 西南大学学报(人文社会科学版),2006(03):130-136.

加训练和比赛,为促进其心理素质的提升,可以将其分为一般心理素质的训练和比赛心理素质的训练两个部分。通过这两个部分的训练,提升学生的心理素质水平。

(一)一般心理素质的培养

一般心理素质可以说要贯穿教学、训练和比赛的始终,这方面的训练内容主要包括:心理品质训练、心理素质训练和竞赛心理训练等几个方面,进行以上训练的目的在于提高学生的运动心理水平。

对于体育教育专业学生而言,一般心理素质的培养与训练应包括以下内容。

(1)对训练与比赛态度、训练动机、性格和气质等各方面进行训练,这是提高学生运动水平的重要心理保证。

(2)在教学、训练过程中不断改善学生的知觉,培养学生良好的运动感觉。

(3)在教学、训练和比赛中培养和提高学生的记忆、想象和思维能力。

(4)在教学、训练和比赛中提高学生的注意能力,并促进其心理定向能力的提升。

(5)在教学、训练和比赛中培养和提高学生的意志品质,激发学生主动参与训练和比赛的积极性。

(二)比赛中心理素质的培养

心理素质对于学生参加体育训练和比赛非常重要,因此通过比赛来培养和提高学生的心理素质是一种极为有效的途径。一般情况下,学生比赛中心理素质的培养与训练主要有以下内容。

(1)适应比赛水平的动机训练。
(2)适应比赛时各种人际关系的心理适应训练。
(3)适应比赛环境条件的心理准备训练。
(3)比赛过程中的战术思维模式训练。
(5)应对比赛突发事件的心理应激训练。
(7)适应比赛的心理放松和恢复训练。

以上心理素质训练内容都能很好地培养和提高学生的心理素质水平,从而促进学生综合素质的发展和提高。

三、体育教育专业学生心理素质训练的方法

在平时的学习与训练中,培养和提高学生的心理素质是非常重要的。加强体育教育专业学生的心理素质训练,可以利用以下手段与方法。

(一)集中注意力训练

学生在比赛中注意力必须要高度集中,这样才能更好地应对比赛场上的一切。因此,加强学生的集中注意力训练具有非常重要的意义。

学生集中注意力的训练可以采用以下几种手段。

(1)集中注意形象训练方法,平时的体育教学、训练和比赛中在脑中回忆动作形象,帮助自身注意力的提高。

(2)注意自身动作训练方法,在体育教学、训练和比赛中运用肌肉动作来提高自己的注意力。

(3)内向的集中注意训练方法,学生可以利用某种生理因素为注意对象来提高自己的注意力。

(二)自我暗示训练

自我暗示训练也是促进学生心理水平提高的重要手段。自我暗示训练主要是利用言语等刺激物对学生的心理施加影响,从而控制其心理的一个手段。通过自我暗示,学生能很好地提高技术动作的稳定性和成功率,这就是心理素质培养的重要性。

积极自信的心理暗示和念动的语言提示,往往能够让人产生积极的情绪和行为。[①] 作为一名体育教育专业的学生,在平时的体育教学、训练和比赛中,当出现不良心理情绪时,可采用自我暗示的方法使自己保持淡定的心理状态,如通过"我要冷静和沉着""我感觉良好"等默念的方式暗示自己,从而稳定自己的情绪,保证正常比赛水平的发挥。

---

① 马淑泰.心理素质训练对学生体育考试的重要性[J].山西财经大学学报,2012,34(S3):242.

(三)意志训练

意志训练也是提升学生心理品质的重要手段,通过意志训练,学生能克服种种困难,树立一个良好的心理状态,从而朝着既定的目标努力。意志是人们自觉地确定目的并支配其行动以实现预定目的的心理过程。意志是通过自觉行动来表现的,与克服行动中的困难相联系。[①] 各种体育比赛中充满着激烈的竞争,比赛中会出现各种意外情况,要想取得理想比赛成绩,学生就必须要具备良好的意志力,这样才能战胜困难,获得胜利。

(四)模拟训练

模拟训练指的是根据比赛环境条件及对手特点和实际而做出的一种训练安排。模拟训练法既是一种训练方法,同时又是运动训练实践本身,对提高运动员的比赛适应能力具有非常重要的作用。[②] 模拟训练可以说属于一种适应性训练,能在短时间内帮助学生迅速地适应比赛环境,进入比赛状态,提升比赛水平。除此之外,通过模拟训练,学生还能在训练中宣泄自己的不良情绪,完善心理品质,提高心理水平。

一般来说,常用的模拟训练方法有很多,其中,提高身体负荷水平和超量模拟训练;模拟对手心理负荷的训练;克服各种障碍的模拟训练等最为常用。

四、促进体育教育专业学生心理素质发展的运动处方

运动处方是以促进个体身心健康为目的,结合个体的医学检查资料,并根据其个体特征,以处方形式制定的一种科学的、定量化的周期性锻炼方案。一个科学合理的运动处方对于促进学生心理素质的发展具有重要的意义。

[①] 彼得罗夫斯基.普通心理学[M].北京:人民教育出版社,1986:1419.
[②] 江广和.论模拟训练形式的转变及其对运动训练实践的影响[J].南京体育学院学报(社会科学版),2011,25(01):113-115,119.

(一)运动处方与心理效应的关系

1. 锻炼类型与心理效应

具体来说,锻炼类型就是指锻炼活动的种类,其是确定运动处方性质的一项关键内容,任何人都应当参照锻炼目的合理选择最适宜的锻炼类型。由于体育教育专业学生在基础健康状况、人格特征等方面存在一定的差异,因而不同的锻炼会产生不同的心理效应。截至当前,运动心理学专家对锻炼类型与心理效应的研究主要包括以下几个方面。

一般来说,参照锻炼过程中肌肉收缩时的代谢特征能将锻炼划分成有氧锻炼、无氧锻炼和混合锻炼。有氧锻炼的特点是强度低,有节奏,持续时间较长;无氧锻炼则是负荷强度高、瞬间性强的运动,很难持续长时间。混合型锻炼是指在锻炼过程中同时包含有氧供能和无氧供能,如足球,在做带球突破、铲球、传球等动作时属无氧供能,而无球队员在慢速跑位、退防时属于有氧供能。

有很多研究结果表明,人的有氧锻炼与心境改变、应激减少有关,可以有效降低紧张、焦虑、抑郁、愤怒和慌乱等负面情绪,增强精力感、自我概念、应激忍受力和跑步者高潮。常见的有氧运动有慢跑、健身跑、自行车运动、登楼梯和游泳等,这些运动都属于有氧运动,运动过程中,学生不需要持续的运动坚持和始终保持高度集中的注意力,有很多运动可以在学生的习惯性动作模式下完成,而无需专门性的特别注意。总之,通过参与运动锻炼能有效改善人的整体情绪状态,有氧锻炼是一种很好的选择。

2. 锻炼强度与心理效应

锻炼强度是运动处方的核心性内容,学生要想提高运动锻炼的科学性和有效性,确定合理的锻炼强度是非常重要的。锻炼强度会对人的锻炼心理效应产生十分明显的影响。

研究发现,大强度的体育锻炼可能会使青少年应激水平出现下降的情况。也有一些人认为,个体参与运动应该在一定的范围之内,如果体育运动锻炼强度超过集体承受能力则很难达到预期效果,并且会给身心带来较大负担。相关研究表明,中等强度的持续性运动对于改善精神症

第六章 体育教育专业学生身体、心理与智能素养的培育

状比间歇性运动更加有效,并且心理失调的人不喜欢剧烈运动。因此,个体的运动强度应以刚刚释放不愉快的心情为度,不要过度锻炼以免引起更多不适感。总体上来看,中等强度的体育锻炼会取得相对较好的心理效应。

3. 锻炼情境与心理效应

锻炼能促进身体健康,提高体质水平。运动锻炼的"健心"功能同样在朝着多元化的方向发展。目前,运动心理学相关学者所亟需解决的研究问题是如何扩大体育锻炼的心理效应。

对于体育教育专业学生而言,其心理效应相关影响因素有很多,主要有锻炼类型、锻炼强度、锻炼时间、锻炼频率及各因素组合。上述不同因素的变化都会引起学生运动心理效应的变化。这些因素共同构成了一种运动情景,可对学生的心理效应产生重要的影响。

(二)制定运动处方的基本原则

制定一个科学合理的运动处方对于体育教育专业学生心理素质水平的提升也具有重要的帮助,制定运动处方时需要遵循以下几个原则。

1. 安全性原则

心理运动处方的制定首先要能保证学生运动中的安全。运动处方的制定少不了对学生身体情况的全面检测,只有如此才能降低运动损伤发生的概率。体育教育专业学生在体育教学、运动训练和比赛中也要提升自己的心理素质,要合理地选择运动负荷,保证训练的合理性和安全性。

2. 针对性原则

对于体育教育专业学生而言,他们在各方面都呈现出明显的差异,因此在制定运动处方时要遵循因人而异的基本原则,这样制定出的运动处方才有针对性。依据这一原则制定的运动处方能保证青少年参加体育锻炼的科学性和有效性。反之,如果制定的运动处方欠缺针对性,一概而论,如老年人和年轻人共用同一种运动处方,双方都不会取得理想的锻炼效果。因此,制定心理运动处方时一定要本着区别对待的原则进

行,这样制定出的运动处方才有利于学生的心理素质训练。

3. 渐进性原则

学生心理素质的发展并不是一蹴而就的,需要通过一定时期的努力才能取得理想的效果,因此在制定心理运动处方时要本着渐进性的原则进行。学生心理素质的训练是渐进性的,不能急于求成,急于求成反而不会取得理想的效果。渐进性原则要求制定的心理运动处方要能根据学生的具体实际确定合理的指标,并有针对性地安排渐近的幅度和阶段时间,从而保证心理运动处方的有效性。

4. 全面性原则

体育教育专业学生心理素质训练的内容有很多,其中,注意力训练、意志品质训练、应激训练等都是重要的内容,学生在进行心理素质训练时,要按照既定的心理运动处方并本着全面性的原则进行,通过合理的运动处方提升自身的各项心理素质。

5. 可操作性原则

一般来说,制定的心理运动处方还要严格遵循可操作性的基本原则,要求针对体育教育专业学生的具体实际情况确定合理的心理训练手段与方法,这些手段与方法要具有一定的可操作性,要能保证学生获得理想的心理训练效果。在制定运动处方并选择运动项目时,要根据实施者的环境条件、兴趣爱好来制定,如果制定的项目锻炼者不感兴趣,或居住环境不能实施,就达不到预期的效果。[①]

第四节　体育教育专业学生智能素养的培育

智能也是体育教育专业学生应该具备的一项重要素养,只有做到体能、心理与智能的共同发展,学生的综合素养水平才能得到有效的提升。因此,在平时的学习与训练中,还要重视学生智能素养的培育与发展。

[①] 彭书强,奚树良,黄四元. 如何制定运动处方[J]. 时珍国医国药,2006(06):1120.

第六章　体育教育专业学生身体、心理与智能素养的培育

一、体育教育专业学生的智能素养

(一)智力

智力又叫"智能",一般是指人们对客观事物的认识,并运用知识解决实际生活或工作当中所遇到问题的一种能力。[①] 人的智力主要是受遗传因素的影响,但与环境要素之间也有着一定的关系,在良好的环境下,人的智力往往能得到很好的发展,反之则不然。通常情况下,人的智力主要包括观察力、记忆力、想象力、思维能力、注意力等几个方面。受先天和后天因素的影响,每个人的智力都是不同的,通过后天的教育与培养,人的智力能够得到很好的发展。

智力在人的发展中扮演着十分重要的角色。通常情况下,人的智力是通过各种行为表现出来的,体育教育专业学生在平时的教学与训练中,要注重智力素养的培养和提高。

(二)智力与运动素质

对于体育教育专业学生的运动水平而言,其运动水平的高低在很大程度上受到智力因素的影响,一般情况下,智力水平较高的学生运动水平相对较高,而智力相对低下的学生,运动水平也难以得到很好的提升,由此可见二者之间的密切联系。

相关研究表明,只有那些天资聪颖、智力素质良好的人才有可能取得优异的运动成绩,作为一名综合素质较高的学生,还要具备出色的操作思维能力,只有如此才能在发生紧急事故时迅速地做出合理的决定。另外,良好的智力水平还能有效培养学生正确的直觉感知能力,促进学生思维能力的极大提升。

---

① 席艳辉,范海英,文桂龙. 论智力因素与体育教学的正相关关系[J]. 上海体育学院学报,2002(S1):67-68.

二、体育教育专业学生智能素养训练的方法

作为体育教育专业的学生,必须要具备出色的体能、心理与智能素养。只有如此,学生在参加体育锻炼的过程中才能熟练地运用自己的技术与技能,提高运动水平。因此,加强智能素养的训练也是十分必要的。

(一)一般智能训练

一般智能主要指的是观察力、注意力、思维想象力等几项内容,作为一名合格的体育教育专业学生,必须要具备这几项智能素养。在平时的教学与训练中,要加强以上智能素养的训练。

1. 观察力训练

观察力是一种重要的智能素养,在各项运动中,运动者都需要运用出色的观察力去观察比赛场上的具体情况,从而做出合理的决策。比赛场上双方之间的对抗非常激烈,只有具备良好的观察力,才能洞悉场上发生的一切,并采取合理的对策应对一切突发情况。

要想培养体育教育专业学生的观察力,就要在平时的训练和比赛中给学生布置各种观察任务、培养学生良好的观察习惯,同时学生要将观察到的具体情况做好必要的记录,写成观察报告。这一练习可以反复多次地进行,以培养学生良好的观察能力。

2. 记忆力训练

记忆也是一种重要的智力因素,学生在学习与训练的过程中,技术动作的学习与提高就需要运用到记忆,只有具备良好的记忆能力,才能更好地参加运动训练和比赛。一般来说,人的记忆力主要分为形象记忆、情绪记忆、逻辑记忆和运动记忆等几种,对于体育教育专业学生而言,运动记忆最为重要。因此,一定要加强这方面的训练。

一般情况下,可以采用以下手段来增强学生的记忆力,提高学生的记忆水平。

第六章 体育教育专业学生身体、心理与智能素养的培育

(1)设置科学的训练场景,布置给学生多种记忆任务,让学生进行练习。

(2)指导学生准确地复述与回忆记忆的材料。

(3)采用感觉记忆—短时记忆—长期记忆的练习方式,不断提高学生的记忆能力。

(4)积累练习的经验,创新记忆的方法,持之以恒地进行练习。

3. 思维、想象力训练

思维与想象力也是体育教育专业学生所必须具备的一项重要智能素养。学生要在学习与训练中学会掌握思维规律,熟练运用思维,促进自身思维能力的提升。

一般情况下,人的思维主要包括逻辑思维、形象思维以及灵感思维。学生在平时的学习与训练中,要注意运用观察与分析来培养和提高自己这方面的能力。

在平时的学习与训练中,要想有效地提高学生的思维与想象力,可以采用以下几种练习方式。

(1)两人一组做分组练习,两人做各种动作的反应练习,学习与掌握辨别真伪的能力。

(2)在学习与训练的过程中,学生可以在头脑中设计各种动作,不断加强自己的想象力训练。

(3)在平时要注意学生理论知识等方面的教育与培养,不断丰富学生的理论知识水平。

(4)运用各种手段启发青少年的灵感,培养青少年的创造性思维。

在体育教育专业学生的智能训练中,思维能力训练非常重要。因为体育教学、运动训练或比赛中的对抗常常非常激烈,如果思维较慢,就容易导致难以适应训练和比赛的过程,不利于自身运动水平的提高,由此可见加强学生的思维能力训练是非常重要的。

(二)运动智能训练

随着现代运动训练和比赛水平的提高,对运动员智能水平的要求也越来越高,具有较高运动智能的竞技选手,对于掌握专项竞技特点和规

律、把握技战术的精髓和实质、提高运动成绩等方面具有明显的重要作用。① 对于体育教育专业学生的智能训练而言,进行智能训练的主要目的在于提高学生的运动智能水平,在运动训练和比赛中通过运动智能的运用,取得良好的训练和比赛效果。为促进学生运动智能水平的提升,必须要在平时的学习与训练中做好充足的知识储备,这样才有利于学生综合素养的发展和提高。通过参加各种类型的训练和比赛,学生在提高运动技能的同时,还能有效培养和提高自己的运动智能水平。具备了良好的运动智能水平,反过来也能更好地参加训练和比赛。

为进一步促进学生运动智能的开发,应组织学生积极展开一系列的思维活动,通过这些活动的进行,学生的"智能化"能得到进一步的发展和提升。

1. 提高学生的专业理论知识水平

体育教育专业学生参加运动智能训练,离不开专业理论知识的学习和提高,因此要将这两方面的训练作为日常训练的重要内容。

(1)学习文化理论知识的常用方法

学习文化理论知识,可以有很多种方式,如阅读自学、小组讨论、完成作业、专题研究等,也可以根据自己的实际情况合理选择。不同文化层次的学生所采取的学习方式也不同,重点是要找到适合自己的学习方法,这样才能获得事半功倍的学习效果。

(2)结合训练实践学习体育专业理论知识

学生运动智能水平的提升,除了在课堂上学习理论知识外,还要结合运动实践检验自身的理论知识水平。体育教育专业学生要按照既定的训练计划按部就班地进行训练,提高自己的智能水平。在平时的训练和比赛中,学生还要做好训练的积累和总结,积累大量的训练和比赛经验,促进自身运动智能水平的提升。

(3)广泛学习相关学科的科学知识

体育教育专业学生要想进一步提高自己的运动智能水平,学习与掌握丰富的基础学科知识是非常重要的。这些学科知识主要涉及生理学、心理学、教育学、运动训练学等方面的知识。这些学科知识对于体育教

---

① 罗彦平,梁建平,周维臻,宋义,肖儒勇.运动智能结构的测量及相关分析[J].天津体育学院学报,2011,26(05):444-448.

第六章 体育教育专业学生身体、心理与智能素养的培育

育专业学生运动智能水平的提升具有重要的促进作用。

2. 提高学生运用知识的水平

(1)提高应用理论知识的自觉性

仅仅具备一定的专业理论知识水平还是不够的,体育教育专业学生还需要在实践中学会合理地运用这些理论知识,以理论指导运动实践,如此才能发展和提高自己的智能,促进运动技能水平的提升。学生要学会根据体育教学、运动训练和比赛的需要,掌握扎实丰富的理论知识,提高自己运用理论知识的水平,这对于其运动智能水平的提升具有重要的意义。

(2)认真进行专题总结

要想很好地提升学生运用知识的水平,还需要进行必要的专题总结,通过专题总结,学生不仅能丰富自己的理论知识结构,还能加深对理论知识的认识程度,把自己对体育教学、运动训练和比赛的认知提升到更高的高度。

第七章　体育教育专业学生运动技能素养的培育

运动技能作为一名体育教师专业技能中的核心组成部分,是体育教师之所以能够成为教师的前提条件。体育教育专业学生是中小学体育教师的重要来源,而作为体育教师则必须拥有良好的运动技能,体育教师运动技能水平的高低直接决定其专业技能水平的高低。根据相关政策文件可知:体育教育专业的学生必须掌握现代教育教学理论与方法,具备一定的运动技能,具备较强的教学能力,能够胜任学校体育的教学工作。新时代背景下,随着体育课程的深入改革和体育教学的不断发展,为满足用人单位对高技能体育教师的需求,高校必须重视对体育教育专业学生运动技能的培育,以提高其专业技能,为其将来顺利就业奠定良好的专业基础。本章着重从竞技能力结构分析、重点运动项目技能培育以及运动技能素养提高路径三个方面来研究体育教育专业学生运动技能素养的培育。

第一节　体育教育专业学生竞技能力的结构分析

一、竞技能力的概念

通过运动训练,可以使运动员的体能、技战术能力以及心智能水平得到全面提升,进而提高其运动成绩。运动员在比赛中的成绩不仅受自身表现的影响,而且受对手表现的影响,此外比赛成绩评定同样会产生

第七章 体育教育专业学生运动技能素养的培育

影响。在前两个影响因素中,赛场表现主要包括竞技能力和比赛发挥两个方面(图 7-1)。运动员的竞技能力对其运动成绩的影响非常大,在运动训练中要特别重视竞技能力的全面训练与提升。

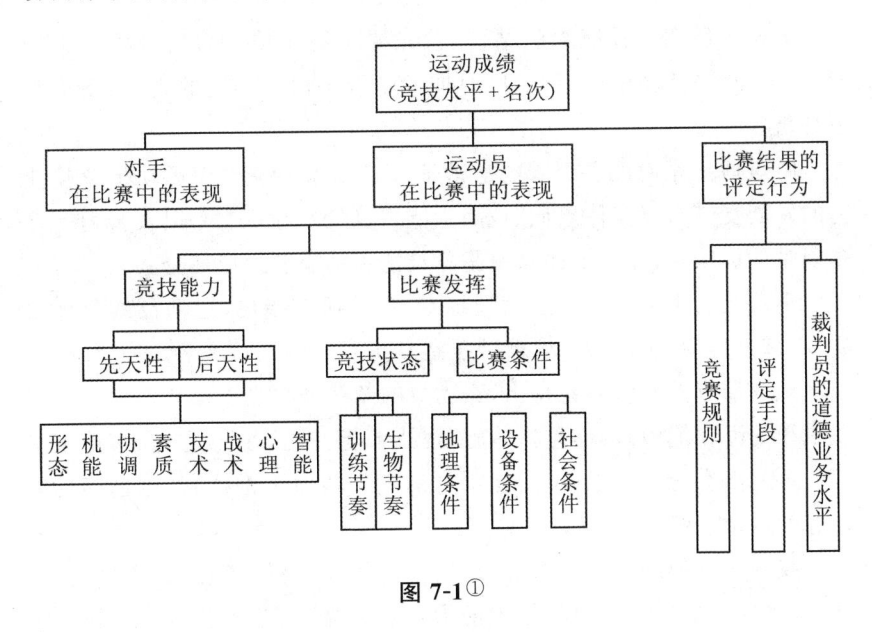

图 7-1①

一般来说,竞技能力指的是由运动员的体能、技战术能力、运动心理能力和运动智能构成的参赛能力。运动员的竞技能力主要从其参与竞技运动的过程中体现出来,所制定的训练计划是为参加比赛服务的,根据参赛需要确定训练任务,在训练中培养与提升运动员的竞技能力,使其在比赛中将各项专业能力充分展现出来,甚至超水平发挥,最终取得理想的成绩。

体育教育专业学生作为未来的体育教师或体育教练员,同样需要具备一定水平的竞技能力,包括良好的身体素质、心智能力以及熟练的技战术能力。毛振明教授曾讲到:"体育教育最重要的是传授和学习有用的运动技能,这是体育教学的主要部分,如果没有了运动技能的传授,那么体育课就会变成无本之木、无源之水,就没有了体育课的本质。"②在竞技能力要求上,学生要具备较强的专项技能,能够将专业知识与技能融会贯通。

---

① 杨桦,李宗浩,池建. 运动训练学导论[M]. 北京:北京体育大学出版社,2007.
② 张曦. 高校体育教育专业学生运动技能培养研究[D]. 开封:河南大学,2017:3.

二、竞技能力的构成

分析与研究竞技能力的结构,首先要了解竞技能力由哪些要素构成。关于竞技能力的构成,不同时期的学者提出了不同的观点,下面简要分析。

哈雷博士是前民主德国的运动训练学专家,他指出,运动员竞技能力的发展受其自身身体素质、技战术能力、经验、知识水平以及智力等众多因素的影响,这些影响因素也是竞技能力的重要组成部分。

葛欧瑟博士是德国的运动训练专家,他研究指出,运动员的身体素质、心理素质、技术能力综合反映了运动员真实的运动水平。

俄罗斯有关专家研究指出,运动员的竞技能力是支撑其取得一定运动成绩的潜在能力,具体包括体力、技战术能力、智力、意志力、道德水平等。这些潜在能力越强,说明运动员的竞技能力水平越高,也越容易取得好的运动成绩。

我国运动训练学专家指出,运动员的体能(身体形态、身体机能、运动素质)、专项技能(专项技战术能力)、意志品质、道德品质以及智力水平等是决定运动员训练水平的重要因素。

田麦久教授对竞技能力的构成作了系统研究,指出运动员的竞技能力由体能、技能和心理能力构成,由此构建了竞技能力的组成框架,如图7-2所示。图中也说明了竞技能力各个构成因素在竞技运动中的表现形式以及影响各要素发挥的基础条件。

在田麦久教授关于竞技能力构成因素研究成果的基础上,有关学者进行了补充,指出竞技能力的构成因素除了体能、技能和心理能力外,还包括运动智力,由此形成了如图7-3所示的竞技能力构成体系。

竞技能力构成要素为体育教育专业学生运动技能的培养提供了内容参考,对体育教育专业学生的运动技能进行培养,不能只培养其技战术能力,还要与体能、心智能等其他要素的培养结合起来。因为运动技能与体能、心智能有密切的联系,它们构成了完整的竞技能力,缺一不可。良好的体能是技能培养与发挥的基础条件,心理素质是稳定发挥技能的重要保障,智能是实战中对运动形势进行准确分析、判断及最终采取决策的重要依赖。竞技能力中的体能、技能、心理能力、智力相互作

第七章 体育教育专业学生运动技能素养的培育

用,相辅相成,密不可分。

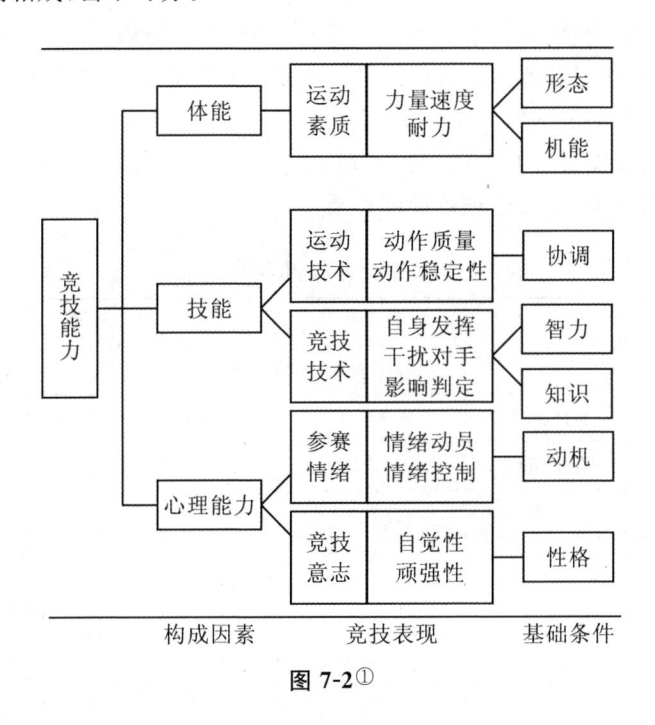

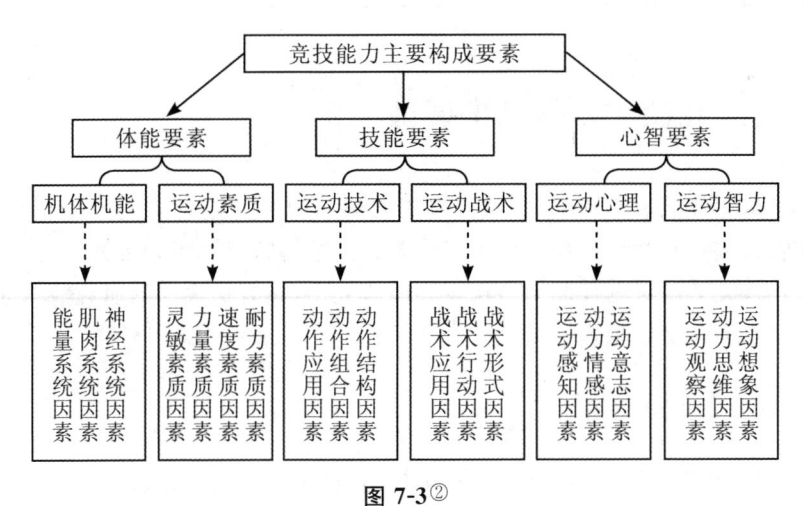

图 7-2[①]

图 7-3[②]

---

① 田麦久. 运动训练学[M]. 北京:高等教育出版社,2006.
② 肖涛,孔祥宁,王晨宇. 运动训练学[M]. 重庆:重庆大学出版社,2016.

竞技能力的发展既受先天遗传因素的影响，也受后天生活环境与运动训练的影响，而后天的训练是决定性影响因素，通过长期科学而系统的专业训练，竞技能力能够得到显著提高。竞技能力组成要素中受先天性与后天性影响的情况见表7-1。对于主要受先天性影响的因素，在选材环节要重点考虑先天遗传因素；对于主要受后天性影响的因素，要加强后天的干预，主要是进行训练干预。

表7-1　竞技能力各因素发展途径[①]

因素		先天性	后天性	
		遗传效应	生活效应	训练效应
体能因素	身体形态	显著效应	有效应	有效应
	身体机能	有效应	有效应	显著效应
	运动素质	有效应	有效应	显著效应
技能因素	技术		有效应	显著效应
	战术		有效应	显著效应
心智因素	心理	有效应	显著效应	显著效应
	智能	有效应	显著效应	显著效应

三、竞技能力的结构模型

在竞技能力训练中，要对竞技能力的结构模型进行研究，全面认识体能、技能、心智等竞技能力各组成要素的结构特点及组合方式。

有关学者对竞技能力结构模型的研究中，具有代表性的研究成果主要是水桶模型和积木模型。

(一)水桶模型

"水桶模型"由日本学者根本勇提出，他用该模型对竞技能力的结构特征作了形象的描述。在这一理论中，运动员的竞技水平用盛水木桶中的水平面高度表示，而竞技能力的各个组成要素如体能、技能、心智分别

---

① 孙登科．运动训练学[M]．北京：北京体育大学出版社，2006．

用围成木桶的木片表示,木片的长度或高度不同,代表各项子能力的发展水平不同。在水桶模型中,围成水桶的若干木片中,最短木片代表的是发展最弱的子能力,而它直接决定了水桶的盛水量。最长的木片代表的是发展最好的子能力,也就是运动员最具有优势的能力,但它不能决定木桶的盛水量。这一理论告诉我们,要清楚地了解运动员竞技能力系统中哪项子能力发展最差,要重点提升这项弱势能力,只有弱势能力提高了,才能提高木片的长度,增加木桶盛水量,这样水面高度也会提升,也就是提高了竞技能力。我们通过该模型要重视竞技能力中各项子能力的平衡发展,重视弥补不足。

(二)积木模型

积木模型由我国刘大庆教授提出,该模型与上一个模型是相对应的,是反映竞技能力非均衡结构及补偿效应的重要研究成果。积木模型中,由3块绿色积木、3块红色积木以及3块黄色积木堆成一个积木堆,竞技能力水平就是由这个积木堆的体积代表的,组成竞技能力的因素如体能、技能和心智能分别用三种颜色的积木块代表。如果从完整的积木堆中去掉两块同一颜色的小积木,再用其他两种颜色的小积木(各1块)去"补偿",这样积木堆的体积没有发生变化,说明竞技能力水平也像从前一样。该模型提醒我们,在竞技能力的培养中,要强调发挥特长,将优势能力的价值发挥到极致。

日本学者根本勇与我国的刘大庆教授立足不同视角对竞技能力的结构特点进行分析,提出了两种不同的模型理论,这两个模型对竞技能力中各要素的关系作了不同的说明。在个性化运动训练、不同训练阶段或不同子能力的训练过程中,都可以借助这两个模型来为训练操作提供理论基础,这两个模型是互为补充的关系,也被称作"双子模型"。"双子模型"在竞技能力的发展与提升中具有重要的引导价值与意义。

四、竞技能力结构分析

竞技能力中各项子能力之间是密切联系、相互作用的,它们的关系能够从竞技能力结构中体现出来。竞技能力的结构与功能之间是辩证统一的,二者相互影响、相互制约、不可分割。模型研究法是研究竞技力功能与结构关系的主要方法。在竞技能力结构分析中，模型法也是主要研究方法，通过该方法能够对竞技能力的结构特征进行分析，并能为模拟功能和复制结构提供科学依据。

从 20 世纪 60 年代开始就有了关于运动员模型的研究。在很多学科的研究中广泛应用控制论，成绩显著。这是竞技能力模型研究在当时发展迅速的重要背景。当时分段成绩模型可以说是最具代表性的研究成果。该模型由 B.B. 彼德罗夫斯提出，第 20 届奥运会的百米冠军获得者 B. 鲍尔佐夫在该模型中获益颇多。

20 世纪 80 年代中后期，日本根本勇先生对速滑运动员运动成绩的影响因素进行总结时指出，运动员的运动成绩由很多因素决定，但只要有一个因素处于弱势，就代表有一种子能力发展落后，这样就对竞技能力的整体提升造成了限制。他为了更清晰地对竞技能力结构要素的关系进行描述，提出了"水桶模型"，强调要提升运动员的整体竞技实力，就要重点加强对弱势子能力的培养，以促进各项子能力的均衡发展。这一时期，我国运动训练专家同样研究指出，运动员的整体竞技能力水平受到弱势子能力的严重制约，要将改变弱势子能力的发展水平作为提升整体竞技能力的突破口。

俄罗斯运动训练学家 B.H. 普拉托诺夫系统研究了运动员竞技能力结构模型的特征，他指出，关于竞技能力结构的统计模型研究成果既有贡献，也有不足，对比分析优秀运动员的竞技能力指标与相关数据后可知，当运动员的竞技能力超过相应指标标准时，个别数据往往存在不理想的现象。要改善这一现象，提高运动员的整体竞技能力，就要努力消除竞技能力中各项子能力的非均衡状态，使发展程度弱的素质达到指标范围。但需要注意的是，有的素质发展在很大程度上受遗传因素影响，对于这类素质，即使加强训练，重点训练，可能效果也不理想，而如果强制性改变这种现象，可能会造成一定的伤害，最终影响整体竞技能力的发展，甚至弱化优秀运动员的个性特征和优势能力。

上述关于竞技能力结构的分析与研究基本上都是针对专业运动员而言的，但这些研究理论与成果在体育教育专业学生竞技能力的分析中同样具有一定的适用性，具有普遍的借鉴意义。因为体育教育专业学生的竞技能力同样由体能、技能、心智能组成，要整体提高体育教育专业学生的竞技能力，同样涉及竞技能力结构的均衡或非均衡问题。

第二节　体育教育专业学生重点运动项目技能的培育

对于体育教育专业学生重点运动项目技能培养,体育教育类课程与术科课程(实践类课程、技术类课程)是核心内容,在体育教育专业课程发挥育人功能过程中具有不可或缺的作用。从"术科"的内容来看,运动技能提高是其主要内容,虽然运动项目对竞技体育、群众体育和学校体育的意义有所不同,但就运动项目本身来说,运动技术、运动技能是其核心的概念。可见,体育教育专业学生应将运动项目技能指向术科类课程内容的拓展即运动项目的拓展提高,通过运动项目技术技能的教学来实现对学生身心全面发展、社会发展的适应性和提高体育教育的质量,最终达成培养学生终身体育的意识和能力,掌握终身参与体育锻炼的方法和手段等。体育教育专业学生除了要主修通识教育课程、学科基础课程、综合实践课程以外,还要学习和本专业相关的专业课程。[①] 由于体操是运动之父,其基础作用与技能培育本书不再赘述,以下就体育教育专业学生体操项目技能习得之外的重点运动项目重点技能训练与培育过程进行选取性阐述。

一、田径运动技能培育

(一)短跑技能培育

1. 起跑和起跑后的加速跑技术训练

不听信号的各种姿势起跑 20 米×(8～12);听信号的各种形式(单个或集体等)起跑 20 米×(8～12 次);听口令做"各就位"和"预备"动作,听到"预备"口令后,做间隔时间不同的听信号起跑(20～30 米)×

[①] 耿文帅.上海体育学院体育教育专业学生综合能力的现状研究[D].上海:上海体育学院,2020:14.

(8~10次);起跑后最大速度跑、快慢速度变化跑、快速跑接惯性跑等;增加起跑难度练习,如上坡起跑、等动拉力器牵住身体后起跑、负重起跑等;多人一组的起跑练习,同伴用腿或手顶住肩做起跑动作,同伴用橡皮带在后方拉住腰做起跑动作等。

2. 途中跑技术训练

60~80米加速跑;各种距离的快跑练习;各种跨跑低栏练习;强化某一跑的动作练习,如负重摆臂、负重抬腿、扶垒后蹬、推人前跑等;跑的专门练习及专门练习过渡到跑的练习;变换速度的波浪跑、惯性跑、往返跑、放大步跑等,体会跑中的放松技术。

3. 弯道跑技术训练

沿第一弯道以75%强度做50~80米加速跑;沿第6~8道弯道以最高速度80%~90%的强度做50~80米加速跑;以各种速度在弯道上进行30~50米起跑练习;以各种速度做由直道进弯道的加速跑80~100米;以各种速度做由弯道进直道的加速跑80~100米。

(二)中长跑技能培育

1. 起跑训练

(1)练习者以组为单位,在起跑线后做站立式起跑"各就位"口令后的起跑预备姿势若干次,体会站立式起跑时两脚位置和身体各部姿势,准确掌握起跑前的姿势。

(2)练习者以组为单位,在起跑线后的集合线站好,然后在"各就位"和"跑"的口令下,按站立式起跑和起跑后加速跑的方法、要领做站立式起跑30~80米。

2. 起跑后的加速跑训练

(1)学习起跑后加速跑技术和方法,结合实践练习,比如10人左右一组,以口令、哨声进行集体起跑和加速跑练习。

(2)中等速度重复跑200米、300米或400米。由站立式起跑出发进行中等速度的重复跑,要求起跑动作正确,跑时动作轻松、自然,跑速

第七章　体育教育专业学生运动技能素养的培育

均匀,呼吸和步伐配合协调,并注意培养练习者的速度感觉。跑的总距离:男生1 200~1 500米,女生600~800米。

3. 途中跑训练

(1)反复跑:可以改进技术动作,培养跑的节奏感。建立腿部动作和呼吸配合节奏感,提高内脏器官功能能力。训练方法:男子采用300~600米、女子采用200~400米的小强度和采用100~300米较大强度的反复跑。根据个人的专项和成绩,确定一定的速度和距离并反复多次地进行练习。

(2)变速跑:可以提高耐力,发展内脏器官的动能。训练方法:一般采用100米快—100米慢—100米快—100米慢的节奏进行。通过快与慢相交替的跑步练习,能有效地提高跑的加速能力。注意跑动中节奏的控制,保持身体的平衡,有效发展身体的协调能力;可长期进行,发展耐力素质。

(3)800米(女)和1 500米(男)全程跑:可以综合发展中长跑项目各阶段技术能力。训练方法:前200~400米跑速一般可快于平均跑速,中间跑段基本保持平均跑速,最后冲刺应全力跑向终点。训练中要根据个人体力(包括平时体力和跑前自我感觉)合理调节跑速、分配体力。

(4)越野跑训练:采用2 000~3 000米(男);1 500~2 000米(女)。跑动中注意控制节奏,保持身体的平衡,有效发展身体的协调能力;根据不同地形的变化,适当调整跑步速度,可长期进行。

(三)跳高技能培育

1. 助跑技术训练

(1)弧线助跑训练。主要采用弯道跑练习,由直道进入弯道跑练习以及各种半径的圆圈和弧线跑等。

(2)快速助跑节奏训练。可采用中程助跑跳远、助跑摸高等方法来训练助跑节奏。

2. 助跑技术和起跳技术结合训练

(1)助跑与起跳节奏的一致性训练。采用助跑触高、助跑起跳过栏架、助跑跳上高架以及中、全程助跑跳皮筋等练习方法来训练助跑与起跳节奏的一致性。

(2)起跳时蹬摆配合的协调性训练。利用各种起跳练习提高蹬摆配合的协调性，训练中要将摆腿和摆臂的作用充分发挥出来，有时要专门做大量的摆臂、摆腿等专门练习。

(3)控制腾起方向的训练。助跑手、头触高，助跑起跳抓高杠，助跑跳上高架等都可以作为控制腾起方向的训练方法。

3. 起跳技术训练

(1)准备姿势训练

身体侧对并以右臂拉住肋木，保持内倾、后倒姿势；双脚踩住小弧线，左脚脚跟着地，重心放在右脚上；左脚脚尖斜对肋木即指向小弧线的切线方向。右脚前脚掌大脚趾侧着地，右膝半屈并稳定控制重心。左臂微屈于体后。目视切线前上方，保持身体内倾姿势。

(2)蹬摆动作训练

重心前移，起跳脚沿外侧逐渐过渡到前脚掌着地，身体应有一定的内倾姿势，摆动腿屈膝沿弧线加速上摆，起跳腿用力爆发并充分蹬伸，使起跳腿的踝、膝、左髋、上体与左肩几乎形成一条垂直于地面的垂线。积极摆臂，整个身体垂直上升完成起跳。

4. 起跳过杆技术训练

(1)过杆训练

背对海绵包，起跳越过横杆以对空中挺髋、展体、过杆等肌肉感觉进行体会。可在中程助跑后跳上万能架，反复练习。

(2)助跑过杆训练

以全程助跑过杆练习为主，结合短程与全程过杆练习两种方法进行训练，同时采用助跑摸高、助跑跳上高架等方法进行适当的练习，不断完善跳高技术。

5. 跳高技术综合训练

(1)原地起跳动作练习。

(2)短助跑起跳摸高动作练习。

(3)4步弧线助跑起跳动作练习。

(4)直线跑切入弧线跑练习。先直线加速5~7步后转入弧线跑。

(5)行进间三、五步起跳动作练习。

(6)弯道弧线跑练习。

(7)全程助跑起跳坐高垫练习和全程助跑起跳练习。

(四)跳远技能培育

1. 助跑技术训练

采用全程助跑、加速跑、间隔跑、变节奏跑、下坡跑接平地跑等方法训练运动员的跑速和节奏,同时结合判断距离的训练指导运动员准确踏上板。

(1)全程助跑训练

反复多次进行大量的练习,使运动员能够逐渐对助跑的节奏、步长、步频的变化以及身体前倾角度和速度的变化等进行体会,并加以掌握。

(2)加速跑训练

加速跑训练一般有以下两种练习形式。

①练习助跑节奏的加速跑:60～80米,逐渐加速,到最后20米,步长和步频都要加到最大限度。

②练习步长稳定性的加速跑:60～80米,从站立式开始逐渐加速,争取每一次跑过终点时都以同一只脚落在前后误差不超过10厘米的地方。

(3)间隔跑训练

根据运动员的步长情况,在跑道上用适当的材料(如海绵块、橡皮膏等)放20～25个标记(标记间隔40～55米),标记间的距离逐渐加大,然后保持,最后6～8个要逐渐略微缩短。

(4)变节奏跑训练

进行80～100米跑,跑中逐渐加快节奏,当节奏达到最快时,放松跑10～20米,然后再将节奏加到最快。

2. 起跳技术训练

(1)起跳模仿训练。模仿起跳腿的踏板动作以及摆动腿的摆动、双臂摆动、髋关节快速前移等动作,以形成正确技术概念并体会动作感觉。

(2)一、三、五步助跑连续起跳训练,连续进行5～8次。

(3)短程助跑起跳腿落高台训练。助跑 4～6 步,起跳后落在高台上。

(4)负重起跳训练。采用 4～10 步助跑进行起跳,训练中安排较轻的负荷重量。

(5)短、中、全程助跑结合起跳训练。

3. 助跑与起跳技术结合训练

(1)原地模仿起跳训练。

(2)连续三步助跑起跳训练。培养运动员助跑与起跳综合运用的技术能力。

(3)定向跳远训练。提高跳跃能力和起跳速度,改进着地前伸小腿的技术。

4. 腾空技术训练

腾空技术空中动作的关键有两点:一是动作时机要准确,二是全身要协调配合。在训练中,教练员应分步骤、分阶段安排不同腾空技术训练,使运动员形成正确的技术概念,准确掌握动作技术要领。

二、足球运动技能培育

(一)踢球技能训练

1. 脚内侧踢球

(1)采用直线助跑的助跑方式,注意加大助跑最后一步的步幅。

(2)支撑脚的位置为球的侧后方,距离足球 12～15 厘米。

(3)支撑脚落地的同时做前摆动作,由大腿运动的力量带动小腿;踢球腿稍微向外伸展,膝盖微微弯曲,使两脚之间成垂直的状态。

(4)当膝关节前摆到达足球上方的位置时,小腿前摆的速度加快,然后用脚的内侧部位击球,同时向前送髋,身体也随着髋部的移动而向前移动。

第七章　体育教育专业学生运动技能素养的培育

2. 脚背正面踢球

(1)采用直线助跑方式,加大助跑最后一步的步幅。

(2)支撑脚采用滚动式落地方式,落地的位置为足球的侧面,距离足球10~12厘米的位置,脚尖的方向和击球的方向保持一致,腿部微微弯曲。

(3)踢球腿做后摆的动作,小腿向后弯曲,以膝关节为轴大小腿折叠。

(4)以髋关节为轴,踢球腿利用大腿的力量带动小腿,做前摆动作。

(5)当踢球腿的膝关节摆动到足球的正上方时,小腿以膝关节为轴向前伸展,快速做前摆动作,脚背迅速对准足球的后中位置,用力击球,同时身体前倾移动。

(二)运球过人技能训练

1. 运球跑动接脚内侧扣球转身

(1)六名队员为一个小组,每人持一球,六人围成一个圆圈站立,两人的间隔为5~6米。

(2)练习时,六名队员同时向圆心直线运球,当接近圆心时以右或左脚前脚掌为轴转体180°,膝关节微屈支撑身体,同时用左或右脚脚内侧部位扣击球的后中部,转身运球回到练习起点。

2. 脚背外侧拨球过人

(1)六名队员为一个小组,其中四人为持球队员,成直线站立,另外两名队员为防守队员,与持球队员成斜线站立。

(2)练习时,第一名持球队员向前运球,防守队员从左侧方逼近持球队员,并从持球队员脚下抢球。

(3)在防守队员逼近时,持球队员用右脚从球的右外侧向左外侧斜前方绕过虚晃,并用右脚脚背外侧向右侧拨球过人。

3. 假踢外拨运球过人

(1)三名队员为一组,其中一人为防守队员,另外两人为持球队员。共需三个小组,小组之间成三角形站立,防守队员和持球队员相对站立。

(2)持球队员直线运球前进,防守队员逼近持球队员并试图抢球。持球队员向两侧做假踢动作,趁防守队员跟着假踢动作移动时,持球队员快速从防守队员移动的相反方向拨球过人。

(3)持球队员完成拨球过人动作之后快速运球到其他队伍后面准备下一次练习。队伍之间、各个小组队员之间轮流交换位置,重复练习。

(三)头顶球技能训练

1. 原地前额正面头顶球技术

(1)队员手中持球,在离墙大概3米的地方面对墙站立,双脚一前一后分开。

(2)开始进行练习时,队员将球向头部上方抛起1.5~2米的高度,然后双臂向两侧伸开与地面平行,双腿以膝盖为轴向下弯屈,身体成微微下蹲状。

(3)视线始终集中在足球上,当足球向下落到和前额平行的位置时,站在后面的脚用力蹬地,身体收腹同时做前摆动作。用前额正面击球,击球的部位为足球的后中部位。

2. 前额侧面头顶球

(1)击球的部位为前额侧面,因此抛球队员在抛球的时候注意使球在空中形成一定弧线,与接球队员保持一定的角度。

(2)位于来球方向一侧的腿蹬地起跳,支撑腿的前脚掌向着来球的方向旋转并带动身体向同方向旋转,颈部发力向出球方向转头,用前额侧面击球,击球的位置为足球的后中部位。

3. 鱼跃头顶球

(1)四个人为一个小组,一人负责抛球,另外三人练习顶球。轮换位置,反复练习。

(2)顶球队员将视线集中在来球上,对来球的路线和落点进行分析判断,确定顶球的理想位置,跑动到理想位置。

(3)单脚蹬地起跳,同时双臂向前摆动,身体跃起,利用身体的水平冲力将球击出。

(4)击球后,两臂屈肘伸手撑地,随后胸、腹和大腿依次缓冲着地。

三、篮球运动技能培育

(一)传接球技能训练

(1)原地徒手双手持球动作的模仿练习。体会不持球时,能否正确地做出双手持球的徒手模仿动作。

(2)成双手持球的徒手模仿动作,做向来球方向伸臂—主动回收手臂的徒手模仿接球动作。

(3)原地双手持球基本姿势的练习。每人一球,双手持球于胸前,体会双手持球的正确动作方法。

(4)每人一球,成基本站立姿势。双手持球于胸前,做传球发力时的抖腕动作,但球不离开手。

(5)两人一组一球,距离4米逐渐扩大到8米,然后再从8米逐渐缩小到4米,用双手胸前传、接球。

(6)两人一组一球,相距5米左右,用双手胸前传、接球,在1分钟内看哪组传球次数多(记两人总次数)。

(7)两人一组一球,两人四只手共持一球,一人做传球动作,一人做接球动作,两人的手都不离开球,像拉锯一样一传一接连续做。

(8)两人一组一球,一人原地传球,另一人向左、右、前、后移动做接球练习。两人相距4~6米,传接球一定次数后,相互交换。

(二)投篮技能训练

(1)原地进行徒手模仿投篮技术动作练习,体会动作方法。
(2)原地徒手进行多种角度的投篮练习,体会瞄准方法。
(3)原地进行跳投模仿练习。
(4)原地徒手进行正面的定点投篮练习,投篮的手法要正确。
(5)两人为一组,相距4~5米进行对投练习。

(三)持球突破技能训练

(1)模仿练习。熟练两种不同的脚步运作与方法和跨步、转体、探肩动作。

(2)徒手做突破练习。两人一组,一人站在突破者前面,突破者做持球突破动作。两人一组互相交换练习。

(3)原地持球突破练习。队员分布在半场内,以篮圈为目标,模仿突破的脚步动作。

(4)一对一持球突破结合跳投或行进间投篮练习。进攻者进攻失球后,两人攻守交换。

(5)持球突破行进间投篮练习。持球队员在罚球线处站位,突破后运球做行进间高手或低手投篮,然后自己抢篮板球排至队尾,依次练习。

(6)突破防守行进间投篮练习。为固定防守人,其他队员依次做突破投篮,抢篮板球至队尾。

(四)抢断球技术学练

(1)2人为一组,相距1.5米,相对站立。一人双手持球于腹前,另一人按抢球的动作要求,突然止步将球抢夺回来。持球者由正常握球开始,不断加大握球的力量,使抢球队员体会和掌握拉抢和转抢的动作方法。在每人抢若干次后,攻守交换继续进行练习。

(2)原地抢球练习。2人为一组。持球队员在原地做投切结合的脚步动作,防守队员学习并体会抢球动作的要领。练习一段时间之后,互换攻守。在抢球过程中,应该保持正确的防守位置,控制自己身体的平衡;抢球的动作应该果断,主要以小臂、手掌、手指短促动作突然抢球。

(3)抢空中球练习。3人为一组,一人持球与其他2人面对面站立,相距3~4米,持球队员将球抛向空中,另外2名队员迅速起动、选位、起跳、抢球。

(4)抢地滚球练习。队员在端线两侧面对面站成两列横队。教练在端线中点向场内抛球,左右对应的2个队员快速冲向球,抢到球的队员向对面篮筐进攻,没有抢到球的队员进行防守,轮流进行练习。同时,为了提高大学生的反应能力,可以将两边的队员进行编号,在教练叫喊到某号时,两边同号的队员应该马上起动抢球,抢到球者进攻,没有抢到的进行防守。

四、排球运动技能培育

(一)发球技能训练

(1)根据要求按照抛球、挥臂、击球的顺序和节奏进行徒手模仿发球练习。

(2)做不离手的抛球练习,同时做引臂和摆臂击球练习。

(3)自抛球练习,将球平稳地向上抛出不旋转球,高度固定。

(4)掷准练习:画一目标反复进行掷准练习,提高掷球的命中率。

(5)对墙发球:距墙6米左右发球,并逐渐拉大与墙的距离。

(6)两人一组,分别站在边线两侧对发球,体会击球动作。

(7)两人一组,各距网6米练习发球,逐渐拉大距离。

(8)两人一组,练习击固定球,一人持球于击球点高度,另一人击球。体会击球点位置和挥臂动作。

(二)传球技能训练

(1)徒手模仿练习:模仿传球的准备姿势、身体协调延伸动作和手型。体会传球的完整动作。

(2)对地传球:采用蹲姿,放松肘关节,约15厘米高度对地连续传球。

(3)对墙传球:距墙约50厘米,对准墙上的目标连续传球。

(4)自抛自传:由胸前垂直向上抛球,抛球高度约1米左右,准备自传;当球下落时,手指、手腕保持弹性将球弹起。连续向上自传。

(5)行进间自传球:从场地的端线出发,自传行进到网前,然后从边线外返回到端线。

(6)行进间对传球:两人一组,从端线出发,对传并行进到网前,然后持球从边线外返回。

(7)传击球:两人一组,相互传击球,不限动作和击球次数。

(三)垫球技能训练

(1)对墙连续垫球练习,对墙距离由近而远。

(2)垫固定球:两人一组,一人持球于腹前,另一人用垫球动作击球,体会击球动作。

(3)对垫练习:两人一组对垫练习,距离由近而远。

(4)垫抛球:两人一组,一人抛球,一人垫球。

(5)对垫比赛:4~6人一组对垫,可隔网也可不隔网,可跑动也可不跑动。

(6)发垫练习:两人一组,相距4~6米,一人发球一人垫球。

(7)垫传练习:两人一组,一人垫球一人传球。两人交替进行。

(8)移动垫球:两人一组,在前、后、左、右移动中垫回同伴的抛球。

(四)扣球技能训练

(1)徒手模仿扣球时的挥臂,体会鞭打动作。

(2)手持哑铃做挥臂动作练习。

(3)原地快速挥臂,打一定高度的树叶或目标物。

(4)原地进行一步起跳摆臂和二步起跳摆臂练习。

(5)原地起跑,由站立开始,屈膝下蹲同时两臂由前向后摆动。

(6)扣固定球:两人一组,一人双手头上持球,另一人扣固定球。

(7)扣反弹球:两人一组,对地扣反弹球。

(8)助跑扣球:两人一组,一人抛球,另一人助跑扣球。

(五)拦网技能训练

(1)徒手做原地起跳拦网。

(2)原地或对墙做伸臂动作。要求手型正确,手指自然张开。

(3)拦网、后撤到进攻线,再上步拦网。

(4)两人一组,原地起跳配合拦网。

(5)两人一组,移动后起跳配合拦网。

(6)两人一组,一人在高台扣固定路线球,另一人移动起跳拦网。

(7)两人一组,一人主动,一人被动在网前移动起跳徒手拦网。

(8)两人一组,在网边移动,在2、3、4号位起跳拦网,两人在网上拍手。

第三节 体育教育专业学生运动技能素养提高的路径

一、调整体育教育专业的课程设置

(一)注重对必修课的规范化调整,并合理设置选修课

传授与学习有用的运动技能是体育教学的第一要务,是体育教育专业学生学业特色的集中体现,是体育教学的主要部分;它是实现体育教学的各种功能、完成各种目标的载体。① 体育教育专业学生对运动技能的牢固掌握很重要,高校有必要针对体育教育专业学生开设运动技能的相关理论课,使学生扎实掌握运动技能的理论知识,达到知其然并知其所以然的教学效果,提高学生的运动技能理论素养。

体育教育专业培养的是未来的体育教师,而体育运动项目繁多,高校课时数又有限,学生不可能精细地学习每一项运动项目。目前,高校体育教育专业学生普遍存在的问题是需要学习的运动技术有很多,但是真正掌握的运动技能却很少。虽然选修课的增加扩大了学生自由选择的范围,但是因为学校缺乏正确引导,所以效果时常不够理想。对此,高校体育教育专业课程设置应加以规范调整,减少相关课程之间的重叠现象,为新课程的开设提供空间。

一般来说,适合作为高校体育教育专业运动技能类必修课的项目有田径、体操、足球、篮球、排球、武术、游泳、乒乓球等。在规范必修课之后,各个学校可以根据本校办学特色、地域特色等适当增加少数校本课程,使体育教育专业的学生不仅能掌握专项技能,还能扩充知识面,完善知识结构,从而更好地适应社会对专业体育人才的需求。有些运动项目很难在中小学开设,对于这类项目,体育教育专业学生只要掌握基本原

---

① 李强,毛振明,王烨.论体育教育专业学生运动技能学习的理性回归[J].沈阳体育学院学报,2010,29(05):108-110.

理和技能即可,不必花太多时间去研究。高校也应适当增加必修课的课时,使学生通过系统的学习,真正掌握重点项目的技战术以及教学技能,最终能够达到体育教师专业技能的要求。[①]

(二)超越"运动技能"本位,凸显"专业技能"基点

现行的"技能本位"体育教师专业发展模式彰显出我们体育教师教育认识的滞后,单纯的运动技术技能不能成为体育教师专业化的发展基点。[②] 研究表明:体育教育专业学生"'如何教'的知识和能力"应该成为体育教育专业学生的致力点,这种专业知能具有可操作性、默会性、个体性和实践性的特征。[③] 传统的体育教育专业学生专业化取向以"运动技能"为主,这一取向具有较大的局限性,目前已无法适应学校体育发展的需要。

目前,高校体育教育专业课程组织形式比较单一,理论课主要采取讲授的组织形式,技术课则沿袭传统的单项传习式教学,相似技术课之间的交流较少,专门针对学生技术动作的分析也较少。课程组织形式的综合化不仅有利于学生掌握全面的综合知识、进行相似技术动作的比较学习,同时也有助于提升授课教师的课堂组织能力和学生的运动技能水平。

二、明确培养体育教育专业目标的定位

培养目标是开展一切运动技能活动的出发点和归宿点,同时,运动技能培养目标的定位离不开培养目标的指导,高校体育教育专业开设运动技能课程,必须明确开设这些专业课程要培养什么样的人才,也就是要明确培养目标,这样才能明确运动技能课程实施的出发点,清楚实施这类课程的最终归宿与目的。明确的培养目标对运动技能类课程的开展具有重要的引导作用。体育教育专业主要是培养体育教师,所以要了解社会对体育教师专业技能、综合素质的要求,然后根据社会需求来培

[①] 张曦. 高校体育教育专业学生运动技能培养研究[D]. 开封:河南大学,2017:43.
[②] 黄爱峰,王健. 论体育教师专业"运动技能取向"的超越[J]. 天津体育学院学报,2005(05):19-21.
[③] 黄爱峰. 体育教育专业的发展与改革[M]. 武汉:华中师范大学出版社,2008:15.

第七章 体育教育专业学生运动技能素养的培育

养对社会有用的人才,培养能够真正在工作岗位上有所贡献的人才,这类人才实际上也就是现在常说的应用型人才。培养应用型人才要坚持以人为本的教育理念。下面具体分析这一指导思想和应用型人才培养目标。

(一)坚持"以人为本"的教育理念

确定体育教育专业运动技能类课程实施的培养目标,要充分贯彻以人为本的教育理念和人才培养理念。在运动技能类课程的实施中,要时刻体现以体育教育专业学生为主,将教育学生作为主要任务,将学生作为整个教育过程的重要主体。体育教育专业本身具有很强的实践性,基于这一考虑,在确定该专业的学生培养目标时,要重视学生对运动技能的扎实掌握与高度熟练,在整个培养过程中渗透安全、健康、终身体育、全面发展等理念。另外,还要对学生的普遍性需要和个性化需求予以考虑,使学生在运动技能类课程教学中拥有一定的自主选择权,包括对课程内容、课程形式、授课教师的选择,当然这主要体现在选修课中。在必修课教学中也要有一定的灵活度,给予学生相对的自由,培养学生的学习自主性,提高其运动技能水平。

(二)培养应用型人才

应用型人才更加注重学生对所学知识的应用能力,它以能力为中心,以培养技术应用型人才为目标。体育教育专业培养应用型人才,要使学生将所学理论知识和操作性知识应用到实践中,提高其灵活运用知识的能力。体育教育专业培养的应用型人才主要是专业的技术应用型人才。当前,虽然中小学缺乏体育教师,但体育教育专业学生毕业后仍然面临严峻的就业形势,之所以会出现这种尴尬局面,主要与教育政策、学生择业观以及体育教育专业的培养目标有关。体育教育专业要注重对技术应用型人才的培养,使这些人才能够在中小学体育教育中发挥自己的专业优势,为中小学体育教学的发展做出贡献。运用运动科学知识能力的课程是教育课程和技术课程的结合。① 如果在体育教育专业教

---

① 刘世磊.困境与出路:我国高校体育教育本科专业教育发展探析[J].成都体育学院学报,2018,44(02):121-126.

学中忽视了运动技能课程的开设,不注重培养学生的运动技能,一味强调对高级人才科研能力的培养,那么这个专业的学生将来成为体育教师后就很难将运动技能顺利传授给中小学生,很难改善中小学生的体质状况。

高校体育教育专业通过运动技能教学培养的应用型人才既要有扎实的基础、专业的素质,又要有良好的实践能力,能够将运动技能的基本理论、技战术能力运用到体育教学实处,完成对运动技能理论知识的高效率传播。总之,高校体育教育专业运动技能课程的授课目标、人才培养目标离不开该专业总的教学目标引导,培养应用型人才是一个重要的方向,在正确方向的指引下重点对体育教育专业学生的运动技能指导能力和应用能力进行培养。

三、注重培养学生运动技能练习的主动性

提升学生的认知,首先要帮助学生设立一个切实可行、符合自身实际的学习目标。学习目标可以激发出学生学习一项技能的兴趣,在运动技能的练习过程中定会存在各种问题和困难,设立一个切实可行的学习目标是解决问题困难的前提。需要正确认识运动技能学习过程中的停滞和倒退现象,在技能学习过程中由于各类影响因素的存在,我们应给予正确的认识,有针对性地解决问题。运动技能的提高是建立在学生拥有较好身体素质的基础上的,应在有限的课堂教学时间内,加强学生练习身体素质的主动性,对不同身体素质的学生进行适合自己条件的身体素质练习。

体育教育专业的教学应着眼于未来体育教师的工作需要,教给学生最有用和最有意义的运动技术体系,这就是面向学生运动技能深度的,需要"精学"的运动技术,以解决"一专"的需求;面向学生运动技能广度的、需要"简学"的运动技术,以解决"多能"的问题;以及"面向学生身体锻炼的,需要'学练结合'的身体锻炼技术",以解决锻炼方法和手段问题的三类技术。通过体育教育,可以达到传授体育知识、技术,掌握运动技能,传承体育文化,实现个体社会化等目的。[①] 引导学生增强运动技能

---

① 韩志芳. 我国普通高等学校体育教育专业本科培养方案的调整与优化[J]. 北京体育大学学报,2016,39(07):89-94,101.

第七章　体育教育专业学生运动技能素养的培育

自主训练。运动技能培养的一个关键因素就是练习,练习得越多,运动技能才会进步得越快,掌握得越熟练。体育教育专业学生应学会如何培养积极练习的主动性,激发学习兴趣以及注重对学习动机的培养。高度的动机水平能使学生投入更多的精力去学习,运动技能的学习过程是一个以目标为导向的过程,当学生感觉到自己的运动技能有所提高的时候,就能够进一步提高学习动机水平。

第八章 体育教育专业学生教研能力的培育

对于体育教育专业的学生来说,教研能力是必须具备的重要素养之一,是其未来从事教师职业的综合能力之一。体育教育专业学生科研水平越高,科研成果越丰富,渗透到教学实践中去的科研成果越多,培养的人才质量就越高。同时,对于丰富体育教育理论、解决体育运动中的难题等具有重要意义。因此,具备较强的科研能力,是改革和发展教育事业的重要条件,也是提高体育教育专业学生素质的重要方面。① 本章主要从体育教学技能、体育教学组织与管理能力以及体育科研能力三个方面着手,来做好体育教育专业学生各项能力的培育工作,从而使其综合的教研能力得到有效提升。

第一节 体育教育专业学生体育教学技能的培育

一、体育教学技能的概念

关于体育教学技能,某种程度上可以将其理解为体育教学能力,既是体育教育专业学生完成教学任务应具备的最基本能力,也是表现其综合能力的一个重要方面。体育教学技能是体育教师在教学过程中,依据

---

① 鲁宗成,熊正英.体育教育专业导论[M].西安,陕西师范大学出版总社有限公司,2013:31.

第八章　体育教育专业学生教研能力的培育

教学理论,运用专业知识及教学经验,促进学生掌握体育基本知识、基本技术、基本技能的一系列教学行为方式。[①] 体育教学技能是体育教育专业学生最基本的业务能力之一,通过自身所学及掌握的教学理论知识,结合学习及训练等教学行为实现的系统构建,其除了涵盖教学的基础理论知识和通过一定方式的反复练习而形成初步的教学技能之外,在教学理论之上亦有所涉及,以此达到高级教学技能自动化水平的提升,对课堂教学技能进行掌控,可以实现教学成效的增加与优化。

体育教学技能通常可以从体育教学水平以及教学管理、教学计划与决策、教学评估等方面体现出来。体育教学技能要求体育教育专业学生要注重各项能力的培养,注重育人质量的提升。这里所说的各项教学能力主要是指:对课程标准、教学指导纲要、学校体育工作条例等文件的理解和贯彻能力;对教学效果进行客观评价的能力;对教学管理措施和办法进行科学制定的能力;对教学策略进行创造性设计的能力;对教材进行选择、开发、加工的能力;对教学进行严密组织的能力;对学生学习与锻炼的自觉积极性进行调动的能力;对教学信息进行及时反馈并根据信息反馈采取针对性措施的能力等。

二、体育教育专业学生教学技能的内容与分类

教学技能是每一个从事教师职业的人所必须具备的基本职业技能。[②] 对于体育教育专业的学生来说,体育教学技能有着非常丰富的内容,这些内容可以按照不同的依据来进行不同的分类。

(一)体育教学技能的阶段性内容划分

按照这一标准,可以将体育教学技能分为课前、课中(课堂)和课后教学技能三个阶段,这三个阶段教学技能在内容上是密切联系且紧密衔接的。

1. 课前体育教学技能

课前体育教学技能,就是根据教学目标、教学内容、教学器材与教学

[①] 刘建进.新课改理念下体育教学技能的重新分类[J].体育学刊,2014,21(06):104-107.
[②] 马永明.体育教育专业学生教学技能培养的研究[J].中国成人教育,2008(19):153-154.

环境等各方面要素分析并设计教学方案,把所要教授的教学技能,通过提前说课和模拟上课,与课中教学进行衔接,帮助学生更好地进入学习状态。

课前体育教学技能主要包括:明确教学目标、了解学生的身体素质、分析理解并总结教材内容、按照新课程标准要求进行教学内容设计、编写教案等。[①] 课前体育教学技能是整个体育教学技能的开端,整个体育教学的教学效果与教学质量,都会因其好坏而受到直接的影响,这种影响甚至会是决定性的。

2. 课中体育教学技能

课中(课堂)体育教学技能主要是指课堂上随时发生的教学行为,可能会涉及讲解、示范、口令、调动、纠错、指导、帮助、互动、沟通、评价、育人等方面。因此,课堂导入技能、教法综合应用技能、组织和管理技能、纠正错误技能、讲解示范技能,这些都是课中体育教学技能的主要内容。这些内容都符合合理、适时、高效的基本要求,通过听课、观摩课等与课后教学进行衔接。

3. 课后教学技能

课后体育教学技能,主要是指上课小结和课后总结技能,同时,还要对课前、课中所产生的困惑进行教学反思,真实地对课堂教学过程进行综合评定。课后总结是体育教学全过程中非常重要的环节之一,不可或缺,课后总结能够有效提高体育教育专业学生的教学水平并积累教学经验。因此,一定要重视体育教育专业学生体育教学课后总结的开展。另外,还要求每个体育教育专业的学生在教学实践中都要善于反思,寻找存在的问题并找到合适的解决方法。

(二)体育教学技能重要性内容划分

体育教学技能知识包含了"运动技术知识"和"教学实践知识"两方面的内容。体育教育专业学生的专业知识是指制订的科学合理的技术知识规划,实践知识依赖于经验,是一个以综合性多学科的知识解决实

[①] 张云. 临沂市中学体育教师教学技能发展现状的研究[D]. 山东:山东体育学院,2015:10.

第八章 体育教育专业学生教研能力的培育

际问题为中心的,是一种隐性知识。在体育教育教学实践过程中,又可以将体育教学技能分为必需技能、重点技能和出彩技能三种类型。

1. 必需技能

在体育教学过程中,必须具备的技术和能力就是所谓的必需教学技能,主要涉及教学设计、说课、模拟上课、动作示范、讲解要领、口令调动、动作纠正、保护帮助、场地利用、器材布置、师生互动、评价交流、沟通育人、听课反思、评课等方面,可以说,这是体育教学课堂发生或即将发生的行为和语言的综合技能。

其中,教学设计是教学方案的设想和计划,即教案编写技能,在教学过程中必不可少。要求突出教学的重难点,形成认知、技能、体能、情感等教学目标,继而总结出相应的教学手段、教学方法及教学组织形式等。

各种教学方法和手段也是体育教学过程中不可或缺的重要组成部分,对于体育教育专业学生来说,其应该根据学生的实际情况并结合自身的情况来合理地运用,从而达到将学生的学习欲望有效激发出来的目的。

在听课、评课方面,要做到突出精练。具体来说,就是要求每次听课时要做好详细的记录,既要抓住主要问题,解决主要方面,又要注重细节,深入观察;评课时注意从各个角度、不同方位入手,精准施策,提炼重点,学习他人,反思自己。

2. 重点技能

体育教育专业学生需要具备的体育教学重点技能,主要包含以下内容:系统的教学设计、正确的动作示范、精准的要领讲解、简洁的口令指挥、高效的队伍调动、准确有效的技术纠正、适时到位的保护帮助等。其中,动作示范要求标准、准确、稳定,体现出漂亮和优美。要领讲解则要突出精讲。要求语言正确、生动、形象,内容要清晰、精练、尽可能口诀化,语速要适中、富有弹性和节奏感,讲解时边示范边结合口头讲解、挂图讲解、教学模型讲解、教学视频讲解等。这些技能的运用,不仅能保证体育教学活动的顺利开展,而且可以帮助学生更好地掌握运动技能。

3. 出彩技能

出彩技能对于体育教育专业的学生来说,也是需要具备的重要教学技能,其主要包含:正确的动作示范、简洁的口令指挥、准确的技术诊断、实效的错误纠正等。在动作纠正方面,一定要突出时效。

具体来说,就是要求适时进行技术诊断,合理选择纠正错误动作的方法,有效进行纠错。从关键的技术细节着手找出产生错误动作的成因,并快速有效解决问题。

三、体育教育专业学生教学技能培育

(一)体育教学技能培育的特征

1. 体育教学技能培育的阶段性

对于体育教育专业的学生来说,其要具备的体育教学技能具有显著的阶段性特点,即可以分为在学期的教学技能培育和在职期的教学技能培育,每一个阶段的目标、途径和方法都是不同的。比如,第一个阶段教学所用到的方法主要有理论课、技术课、专题课、第二课堂和教育实习等,教学途径主要有:教育教学专业知识、技能教学,教学实习,科研生产劳动等。第二个阶段教学又可以分为初级、中级和高级三个阶段。

2. 体育教学技能培育的整体性

不管是什么样的教学活动,要想将其顺利完成,需要将所有技能都综合起来,这就要求在培育体育教育专业学生教学技能方面注重整体性特点,换言之,就是注重体育教育专业学生的认知系统、动力系统和运动操作系统的和谐性与整体效应。

3. 体育教学技能培育的辩证性

对于体育教育专业的学生来说,运动知识、技能与能力的辩证关系,也是体育教学技能培育过程中需要关注的重点。在现代体育教学中,人们对传授知识、技能的重视程度是非常高的,但是,教学技能的培育也不能忽视。对于优秀的体育教育专业学生来说,坚实的基本知识和技能、善于把其运用于体育教学的实践活动中的素养都是其应该具备的重要条件。

第八章 体育教育专业学生教研能力的培育

4. 体育教学技能培育的理论与实践结合

对于体育专业的学生来说,不仅要具有良好的知识、技能储备,还要有一定的运动实践能力,这就要求其吃透和把握住教材内容的知识、技能的内在联系,并重新编排和组合,突出其系统性和概括性,以便加强动作练习的实践环节。

5. 体育教学技能培育的协调性

在对体育教育专业学生的教学能力进行培育的过程当中,一定要注重协调性特点,具体而言,就是指在教学的过程中协调各方面因素的关系,例如在教学中过分强调专项技术,忽视基本技术理论知识的传授和教学能力的培养,这样会造成学生体育教学能力的发展出现"断层"现象,长此以往,就会对体育教育专业学生的教学能力协调发展造成不利影响。

(二)体育教学技能培育的方法

体育教育专业的学生要想具备良好的体育教学技能,可以借助的方法有很多,除了体育课堂教学模仿、《体育教材教法》课程习得之外,以下这几种就是目前应用较为广泛的。

1. 书籍资料学习法

通过图书馆、网络交流互动平台及专业类杂志等方式,详细、适时了解掌握国内外相关体育教学类的前沿动态,通过这些相关书籍和杂志的应用,能够在体育教学技能培育的过程中得到适时的补充。

2. 专家访谈学习法

首先,要做好访谈提纲,然后就可以走访那些相关专家和学者,以及经验丰富的一线体育教师,认真听取他们的意见和建议,创新制订符合自己的教学路线和方案,为自身体育教学技能的发展和提高制订一个完美的计划。

3. 网络学习法

当前是信息化时代,"互联网+"的应用非常普遍,这也成为体育教育专业学生培育自身体育教学技能的重要方法。具体来说,就是充分利用文章、视频、学术论文等网络上的优质资源,通过 E-mail、QQ、微信等线上教学方式进行互动交流学习,在有效增长知识的同时,也能起到丰富经验的作用,具有简单、方便、快捷等显著特点,通常能取得理想的学习效果。

4. 观摩学习法

这种方法,主要是通过各种形式的优质课、观摩课、说课等竞赛活动,亲临现场观看学习他人的经验,并进行互动交流学习,最后再深刻地进行自我反思,取长补短。同时,还要积极请教专家,使其给予相应的指导,并结合自身的教学特点,从而形成一些新的教学特色与技巧,进而达到有效提高自身教学技能水平的目的。

(三)体育教学技能培育的途径

体育教育专业学生的教学技能完善需要从两方面进行分析,分别是内部因素和外部因素。内部因素主要与学生对于未来职业的认识与热爱、学生个体的性格与兴趣以及学生自身的锻炼与努力程度等有关;外部因素包括学校的管理体制、教学院系所进行的教学改革、班级的规模与气氛以及教师的素质与指导。因此,需要从内部和外部因素的结合中思考和选择最优化的教学技能。

体育教育专业学生要培育自身的体育教学技能,只借助于相应的方法是不够的,还需要采取相应的措施和途径。具体有以下几个方面。

1. 积极参加形式各样的体育教研活动

体育教研活动,是以体育教研为载体的一种实践性体育教学活动。这种实践性的体育教学活动是在平时教学过程中遇到问题的方向指引下,通过大量具体的教学案例来进行剖析和研究,从而达到有效促进体育教育专业学生教学专业能力提高的目的。不同区域、各种形式的体育教研活动,都会对体育教育专业学生自身教学技能的培育与提升起到积极的作用。

2. 逐渐形成自己特有的教学特色

从学校的角度来说,其所开设的体育教学项目是非常多样化的,作

第八章　体育教育专业学生教研能力的培育

为体育教育专业的学生,要想全部掌握这些知识、技术和技能是不可能的,所以应做到有自己突出的专项技能,又要所有的项目都会,而且还要熟练掌握,即做到一专多能。这样一来,就能达到每位学生都有不同的专项,又对所有的运动项目都熟练,达到一个体育教研技术全面平衡的状态。体育教育专业的学生要根据自身个人能力特点,形成自己的特色,这会对日后成为体育教师奠定坚实的基础。

3. 促进学生理论知识和教学能力相结合

实践是检验真理的唯一标准,体育教育专业学生掌握的理论知识就是为实践服务的。[①] 因此,学生不应是读死书和死读书,应该能够灵活地将书本上的知识应用到实际的课堂体育教学中,这就需要体育教师具备较高的理论联系实际能力,这种能力不是一蹴而就的,是需要长期的锻炼才能做到运用自如的。要想做到理论联系实际,首先得对理论知识熟悉,知道理论知识的精髓在哪里,其次是体育教育专业学生要具备高超的实践能力,只有积累大量的实践经验,才能做到理论联系实际,才能将理论知识和教学技能很好地结合在一起。

4. 做好教学反思的撰写工作

对于即将成为体育教师的体育教育专业学生来说,撰写教学反思是他们在专业上不断成长的必经之路,只有坚持撰写教学反思,善于总结经验,补强短板,其自我综合素养水平才能得到有效提升。在日常的体育教学过程中,体育教育专业的学生要坚持每节课课后写教学反思,写教学过程中的重要事件、突发事件、成功的方面、不足的方面、疑惑的方面。另外,还需要注意的是,写教材方面的教学反思最好是由点到面,从单一的问题到整个系统的问题,透过现象看本质,进行分析,解决问题,让反思成为解决教学问题的一个有效策略。

---

① 孙卓平. 河南高校体育教育专业学生教学技能的调查研究[D]. 湖南:吉首大学,2014:10.

第二节 体育教育专业学生体育教学组织与管理能力的培育

体育教学组织与管理能力,是体育教师整体素质中非常重要的一个部分,其包括两个方面的含义:一是在掌握一定深度和广度的体育专业知识和体育教育理论的基础上,通过体育教育实践积累,逐步形成和发展的一种职业能力。即在任何情况下都能把学生有效地组织起来,调动每个学生上课的积极性和参与热情,通过巧妙设计的教育教学活动、集体活动,实现学生的自我管理、自我教育。这种组织管理能力蕴含于体育教学能力和业余训练能力中。二是由于体育教师角色的特殊性,体育教师的组织管理能力还体现在校园文化活动的组织领导能力、组织领导学校群众性体育活动的能力、组织领导体育竞赛的能力和自我管理的能力上。[1] 其直接关系着体育教学目标、教学任务、教学内容、教学方法的实现。[2] 其是体育教学目标实现最为基础的保障,也是传授学生体育知识、体育技能、实现教学目标的基础环节,会对体育教育教学的最终效果产生直接影响,因此,这也是体育教育专业学生需要重点培育的一个重要能力。

一、体育教育专业学生组织与管理能力的范畴

体育教育专业学生组织教学活动的业务能力,包括组织好以课堂教学为中心的课内外、校内外教与学。诸如,制订教学计划;确定适量的教学内容;统一教与学的意志,协调行动;启发受教育者的自觉学习,遵守学习纪律,维持良好的课堂秩序,培养受教育者良好的学习习惯;灵活运用切合实际的教学方法,有效开发学生的智力和非智力因素,充分发挥

---

[1] 王春燕.体育教师能力研究[J].体育文化导刊,2008(12):84-86.
[2] 穆峰.体育教学的组织与管理研究——评《体育教学工作的科学组织与管理》[J].新闻与写作,2018(07):117.

第八章　体育教育专业学生教研能力的培育

学生的学习主体能动作用。体育教学组织与管理能力包含许多方面的内容,属于这一范畴中的相关能力主要有以下这些。

(一)教学组织能力

1. 良好的语言表达能力

表达能力是教师从事教育、教学和科研工作,向学生传授知识、技能的重要工具和必备条件。对于体育教育专业的学生来说,其表达能力有语言表达能力和非语言表达能力之分,二者的共同之处都是用来传授知识和进行思政教育的重要工具。其中,语言表达尤其是口头语言表达,这要求教师不仅要调动学生的多种感官,而且要善于适当、恰当地表达情感,将情感转化为认知活动的动力,促进学生认知水平的提高和非智力因素的培养。[1] 语言表达能力直接关系到教师的主导作用能否正常发挥,也直接影响到体育教育专业学生语言和思维能力的正常发展。

2. 处理教材的能力

处理教材的能力是指能根据受教育者的实际情况调整改编、补充、拓展和整合教材内容。能对教材进行科学合理的调整、充实与处理;突出重点、分散难点、抓住关键。在体育课堂教学中教材处理能力就是要求他们在体育教学过程中,要全面地了解教材,读懂教材的重点和难点,在教学过程中做到游刃有余,详略得当,并能体现课程标准的具体要求,高效率地开展体育与健康教学、提高教学水平和教学质量、指导受教育者掌握体育与健康基础知识、基本技能和科学锻炼身体的方法、培养受教育者的体育学习兴趣、促进受教育者学习方式的转变以及体育与健康教学的有效实施。

3. 组织管理教学工作的能力

组织管理教学工作是教师的基本功,具体来说,体育教育专业的学生要想具有良好的组织管理能力,必须按照科学知识的逻辑体系和学生的生理心理发展顺序,对教材信息进行组织加工,确定教学的总

---

[1] 靳莹,王爱玲. 新世纪教师能力体系探析[J]. 教育理论与实践,2000(04):41-44.

目标和具体目标,制订教学的总体计划和具体执行计划,并以此为依据写出合乎要求的详细教案,即具备教材的组织加工能力。总体来说,体育教育专业学生应具有良好的组织教材、教法的能力和教学管理能力,能够按照大纲要求,结合教育对象基础现状和条件来选配或增减教材内容。

(二)课堂管理组织能力

在体育课堂教学实践中,课堂的管理组织是决定课堂教学质量和教学效果的直接因素,教师要能选择正确的方法去组织,一步一步引导学生,使课堂井然有序,提高学生的兴趣,集中学生的注意力。所以,具有较强的课堂管理组织能力是一名合格的体育教育专业学生应有的重要素质。一般体育教学课的组织管理能力在很多方面都有所体现,比如,教学内容与形式的继承和创新、运动负荷的控制与调节、教学场地与器材的合理布置及运用、教学骨干的主动培养与大胆使用等。

在课堂教学过程中,教学工作的有序进行是有效教学的基础。要想使课堂教学的开展顺利进行,保持良好的教学秩序,就要求体育教师要灵活把控课堂变化,对学生的管理方式做到严格要求与体贴爱护相结合,奖励和惩罚相结合,想方设法集中学生的注意力。

体育教学活动的开展,通常都是以班集体的形式进行的,而优良的班集体,对其成员具有强有力的教育、感化、影响和控制作用,它能把教师的意图和要求变成学生集体的意图和要求,把教师个人的教育力量变成学生集体的教育力量。因此,对于未来成为体育教师的体育教育专业的学生来说,组织管理班集体的能力是必须具备的重要能力。

(三)课外体育活动的组织管理能力

课外体育活动是学生利用课余时间参加体育锻炼的活动,它是学校教育和发展的重要组成部分,是实现体育教学目标、完成体育教学任务的主要途径,与学校的体育教学和各项工作的开展密切相关。课外体育活动可以促进学生的个性发展,培养学生的人际交往能力,提高学生的自我锻炼能力和组织能力。学生的活动不仅有课堂的学习活动,而且有课余生活。对于体育教育专业的学生来说,未来他们不仅要组织管理好体育课,同时也要组织管理好课外体育活动。课余体育锻炼、训练和竞

第八章 体育教育专业学生教研能力的培育

赛等都属于学校课外体育活动的范畴。因此,对于体育教育专业的学生来说,必须具备体育健身的指导能力、运动训练能力、群众性体育竞赛工作的组织能力和裁判工作能力等。这些对于实现教育目的,促进学生的身心发展,把他们培养成为全面发展的社会主义建设人才具有巨大的推动作用。

二、体育教育专业学生组织与管理能力的培育举措

对于体育教育专业的学生来说,其要将教学组织管理能力充分发挥出来,需要参与到具体教学管理行为的实践中。培育体育教育专业学生组织与管理能力,主要在体育课堂教学中得到体现,具体如下。

(一)培育体育教育专业学生掌控体育课堂的组织与管理能力

作为未来体育教师的体育教育专业学生要拥有组织与管理能力,能够维持良好的体育课堂秩序,首先应培育其认知教育对象的意识,只有充分了解每个"教育对象",并洞悉体育课堂的一切,才能充分发挥组织与管理能力,进而掌控体育课堂。

(二)培育体育教育专业学生处理突发情况的组织与调控能力

体育教育专业学生可能在未来的体育教学与训练中遇到各种学校体育场域的突发情况,如何培育其组织与调控能力成为高校体育教育专业培养的一个重要环节。因此,在培育体育教育专业学生的过程中,要预设可能出现的突发情况,进行模仿演练,并提供学生进行实践的机会,在模拟与实践中培育其组织与调控能力。

(三)培育体育教育专业学生分段教学的组织与管理能力

分段教学是体育课堂的重要教学方法,在一堂体育教学课上,体育教育专业学生为了保证教学效果,往往会将教学活动分段进行,常常先对运动技术进行理论性讲解,而后分组进行技术实践并进行讨论。体育教育专业人才培养要在课堂中注意示范性教学,让每个学生理解分段教学,并让其有实践的机会,进而习得分段教学的组织与管理能力。

(四)培育体育教育专业学生关注全体教育对象的组织与管理能力

中小学体育教育是面对全体学生的教育,在体育课堂中需要以人为本,但现实中由于中小学班级人数较多,要关注每个教育个体,需要较高水平的组织与管理能力。这就需要在培育体育教育专业学生的过程中对其进行引导,通过情景预设、实战教学等方式提升体育教育专业学生关注全体教育对象的组织与管理能力。

综上所述,随着现代社会科学技术和教育的发展,对体育教育专业学生的综合能力提出了更高的要求,而其中的组织与管理能力也不例外,体育教学的组织与管理对于实现体育教学目标,满足学生的体育学习需求有着重要的作用,因此体育教育专业学生培育要与现代社会的发展以及学生的发展特点相适应,从而保证应有的体育教学效果。

第三节 体育教育专业学生体育科研能力的培育

一、体育科研能力的概念

随着现代体育运动教学的高度发展,新技术、新理论不断出现,体育教育专业学生只有具备了较强的科研能力,才有可能学习和接受新东西,并将它们运用到体育教学和运动训练之中,促进教学质量和训练水平的提高。体育科研能力是体育教育专业学生业务能力的重要组成部分,要求体育教育专业学生对学科动态以及科研成果有所了解,获取本学科发展动态与现状、本学科及相近学科新科研成果和应用的相关内容,结合学生实际情况,对教学内容进行更新与优化等。

对于体育教育专业的学生来说,其要成为一名合格的体育教师,科研能力是其必须要具备的重要素养,因为这是衡量其理论水平、学术水平和业务能力的一个重要标准。体育教育专业学生科研能力的内在组

第八章 体育教育专业学生教研能力的培育

成因素包括:基本的思想素养;科学的价值观、崇高的理想、责任感、事业心;强烈的科研意识,积极的科研动机,理论研究的兴趣,实事求是的科学态度等。通常一名体育教育专业学生的科研水平越高,那么其充实到体育教学内容中的科研成果越多,在人才培养方面的质量也就越高。

随着现代教育事业和体育的不断发展,对体育教育专业学生的要求也越来越高,不仅要求其要是一个合格的"教书先生",还要求他们做一个不受固有观点和模式的约束、具有强烈时代感、勇于发现、积极探索、敢于开拓新领域,并在创新中生存、在开拓中发展的、擅长科研的体育教育专业学生。在体育教学过程中做好科学研究工作,能有效促进体育教育专业学生业务、理论水平得到提升,还能有效推动其接受新的知识和信息,了解新的动态,能够使体育教育专业学生站在学科发展的前沿,使体育教学的新颖性、丰富性和新时代的气息更加强烈。

科研能力是一种独立的创造性解决问题的综合能力,具体来说,其可以大致分为以下几个方面的内容。

(1)创新能力。即在科研方面的创新能力,具体来说就是对新事物、新领域的探索和发现的能力,是科研能力的核心部分。

(2)发现和解决问题的能力。这是增强科研能力的一个重要步骤和方法,在科研活动进行的过程中,整个环节就在于针对科研的课题发现并解决问题,这是科研能力的基础,也是科研能够顺利进行和得出结论的重要元素之一。

(3)实际的操作能力。科研活动中存在着各种各样的问题,因此,要解决这些问题,就需要在此过程中运用所学的知识进行研究。这个研究包括理论和实际的操作验证两个层面,这个验证的过程就是动手实践的能力。

(4)逻辑思维的能力。这是人们通过运用自己的知识能力推理出新事物的能力,归纳、演绎、比较等这些推理方法是科研工作中经常用到的。

(5)资料收集和处理能力。科学研究是在一定的现实基础上产生的,因此,这就要求体育教育专业学生从事科研工作必须重视对于已有资料的收集和分析的过程,并同时能够进行处理的能力。

(6)语言文字的表达能力。科研成果的展示和产生必须要借助准确的语言文字进行表述,因此,这就要求从事体育科研工作的体育教育专业的学生必须具备良好的语言文字表达能力。

二、体育教育专业学生科研能力培育的必要性

当前的教育政策和评聘制度对体育教师提出了更高的要求,体育教师不仅要掌握体育教学的能力,还应该具备体育科研的能力和体育训练的能力。[①] 体育教育专业学生的科研能力培养是一个时代性很强的课题,从体育院校中毕业的大学生,其在理论知识和运动实践方面往往都有较好的基础,专业技能水平较高。但是,科学研究是他们普遍存在的一个短板,因此就要求针对体育教育专业的学生,重点做好他们科研能力的培育工作,为他们成为合格的复合型教师创造有利条件。具体来说,对体育教育专业学生的科研能力进行积极培育的必要性主要体现在以下几点。

(一)体育教育专业学生科研能力培育是学科发展与建设的需要

随着现代科学技术向体育的全面渗透,加强体育教育专业学生科学文化知识的学习,提高体育教育专业学生的基础知识水平和科技水平,是搞好教学工作、提高其科研能力的根本保证。通常来说,在教育范畴,学科的建设包含的内容非常丰富,比如对学科层次以及发展方向的定位,学科发展的主要师资力量,学科下的人才培养以及对学科的有效管理等,这些都会对学科的发展起到积极的促进作用。与此同时,针对学科的发展与进步最为关键的还是师资力量的建设问题。

对于学科的发展来说,师资力量会起到积极的主导作用,换言之,一个学科发展的状况很大程度上取决于该学科师资力量的综合水平。这种综合性的师资力量,是常规的师资力量与这个学科领域具有领军型人物的教师代表和具有优秀潜力的教师团队来帮助学科的建设和发展的有机结合。

对于体育教育专业的学生来说,其未来要在体育学科建设中有所建树和成就,将自己培养成现代体育教育发展需要的人才,提高基础知识

---

① 王之春,贾远清.体育教育专业学生体育专业能力的培养[J].山东体育科技,2017,39(03):83-87.

第八章　体育教育专业学生教研能力的培育

水平和科研素养是非常重要的。同时,对体育教育专业的学生进行科研能力的培养,已经成为体育学科发展和进步的一条重要路径。

(二)体育教育专业学生科研能力培育是持续提高教学水平的需要

体育教育专业的学生,未来要成为一名体育教师,会对学校体育教学起到主导性的作用,而他们科研能力的提高对于增强学校整体科研实力具有十分重要的作用。从当前的形势来看,提升教师科研能力已经成为一项重要的研究课题。

从学校的角度来说,要想做好体育学科建设与发展工作,提高教师自身的能力和素质要求已经成为最为重要的途径之一,而能力和素质的提高,主要是通过体育教育专业学生的学习来实现的,进而促进其自身的科研能力提高。针对如何提高体育教育专业学生的教学水平,其培养的环境和培养的要求等方面都是有所不同的,所提出的具体要求也有所差别。

现阶段,要求以体育教育专业学生的培养为契机,以提高体育教育专业学生的培育质量为目标,以科研团队建设为渠道,达到提升体育教育专业学生教学水平和科研能力的目的。能够培养高层次的体育教育专业人才,不仅仅是对学科建设的需求,更是对这些培养者提出了更高的能力要求。

(三)体育教育专业学生科研能力培育是培养现代社会所需的体育学科高级人才的需要

这里所说的体育学科的高级人才,实际上就是在现代社会环境下所产生的对于体育人才的专门性以及特殊性的需求,而这种高级人才的培养方式和培养机构是以学校和研究机构为主要区域的。体育学科的高级人才的产生必须要与现代社会的发展及其需要相适应。当前,学校中的体育运动项目越来越丰富,其在具体的划分上也逐渐趋于多样化、精细化、明确化,在体育类的系统性科研方面,对精确程度也提出了更高的要求,因此对体育教育专业的学生进行更加专业化的科研能力培养至关重要,能够使现代社会发展的这一需求得到较好满足。

三、体育教育专业学生科研能力培育的影响因素

体育教育专业学生的科研能力是在一定的社会环境和学校制度以及体育教育专业学生自身专业素质等诸多因素的影响下相互促进、相互协调发展的。在影响因素方面,主要有学生生源质量水平的因素,有学生对科研工作及将来社会工作的动机因素,也有学校各科教师,尤其是专项教师、论文指导教师、科研方法课教师等因素。① 关于体育教育专业学生体育科研能力培育的影响因素,可以分为主观因素和客观因素,这两方面因素又可以进行进一步的细分,具体如下所述。

(一)主观因素

对体育教育专业学生体育科研能力培育产生制约作用的主观因素主要有以下几点。

1. 科研文化基础薄弱

我国体育教师的主要来源就是体育教育专业的学生,相对于其他学科的学生来讲,体育教育专业学生的专业基础知识较为深厚,运动技能水平较高,但由于体育教育专业学生对体育理论知识的学习不够重视和深入,也不善于从体育教学实践中发现问题进行科学研究,导致体育教育专业学生在科学研究方面能力较为薄弱。近年来,尽管体育教育专业的学生已经呈现出多元化的发展趋势,但能够进行相关研究者较少,从事体育科研过程吃力,不易形成高水平的科研成果。另外,我国体育教育专业的学生成为体育教师的门槛比较低,只要经过相关的理论考试、考核即可,应试教育的程度更高一些。这对于体育教育专业学生成为一名复合型体育教师的发展方向没有积极的影响,即便通过了相关的面试,也无法判断其在体育教学方面的研究兴趣、创新意识等关键因素,对他们科研创新能力考察不到位,致使体育教育专业的学生在成为体育教师后,仍然会存在着科研创新动力不足的问题,制约其综合教学素养的提升。

---

① 骆秉全,王子朴. 我国体育院系学生科研能力培养的初步研究[J]. 体育科学,2002,22(01):8-9.

第八章 体育教育专业学生教研能力的培育

2. 科研兴趣低、科研实践能力弱

兴趣是最好的老师,只有对某项事情有强烈的动机和意图,才有一如既往的热情和动力。同样的,对于体育教育专业的学生而言,科研兴趣是促使他们热爱科研、积极投身于科研工作的内部动力,所以说,体育教育专业的学生是否具有浓烈的科研兴趣,对于其日后成为体育教师并从事科研活动有着深远的影响。

从目前的情况来看,部分体育教育专业学生主观上由于受自身文化知识的局限,往往重自己的兴趣爱好,重术科轻学科、重感性直观轻理性思考;有的认为只要学好专业技术提高成绩,能具备一般教学能力就满意;有的认为科学研究要求高难度大而信心不足,产生畏难情绪,进而浅尝辄止。① 大家普遍存在着这样的认知,即体育是门技术性学科,技术比理论重要,根本无法静心从事科研。再加上,体育教育专业的学生参加科研实践人数少,而具体的科研实践机会是培养体育学硕士研究生科研能力的基础,在培养体育教育专业学生的科研能力中会起到无可替代的作用。体育教育专业学生科研实践的范围较窄,科研层次较低,科研的内在动力不强,直接导致科研能力水平偏低。这就要求体育教育专业的学生首先要对体育科研的重要性有充分的了解和认识,并且能够心甘情愿从事体育科研工作。

(二)客观因素

对体育教育专业学生体育科研能力培育产生影响的客观因素有以下几个方面。

1. 学校教学科研定位的限制

对于大部分学校来说,它们在自身的定位发展以及所制定的培养目标方面都是存在一定差异性的,这就决定了不同学校对体育教育专业学生的具体要求也各不相同,但是,单就科研教学方面来说,学校级别越高要求较高,对体育教育专业学生的科研能力要求就越高。相对综合类大学,专业体育院校对体育教育专业学生综合素养要求更高,教学科研技

---

① 汪元榜. 体育教育专业本科生科研能力现状分析与培养对策研究[J]. 北京体育大学学报,2006(06):818-819,822.

术同时并进发展,不可偏颇其一。对于体育教育专业学生科研的要求,不同学校也是存在一定差异性的,但基本趋势是水涨船高,对体育教师的要求也越来越高。学校体育管理者的态度决定体育教学学术是否能拥有与其他学科学术一样的地位,但体育教育专业学生并没有从体育教学学术评价中享受到其中的喜悦感,以至于在体育教学中遇到问题时不会选择继续研究。所以,学校管理者的重科研轻教学的行为严重影响了体育教学质量和教学学术能力的提升,这就要求即将成为体育教师的体育教育专业的学生一定要进一步提升其自身的科研能力,潜心科研。

2. 科研环境不甚理想

科研硬件包括科研经费、科研仪器、设备等,是保证科研工作正常进行的物质条件。经费的短缺导致体育教育专业学生无法参加各种学术交流活动和研究课题的申报,也是影响体育教育专业学生进行科学研究的重要因素。任何事物的发展都是在一定的环境中进行的,这就强调了环境的重要性。"近朱者赤、近墨者黑"就是对这一观点的形象体现。不同的环境造就的产物是不同的。对于体育教育专业的学生来说,如果能够处于浓重的科研环境中,那么即便是不愿参与科研工作的人也能受到潜移默化的影响,开始慢慢搞科研。辩论会、沙龙、座谈会、专场等不同形式科研交流会能够极大地促进科研活动,学校的科研奖励政策、职称要求等,都会对科研交流和科研深入等起到积极的促进作用。教学环境对于体育教育专业学生科研深入和科研视角会起到积极的促进作用,但繁重的专业课和无休无止的训练任务占据了大量的时间,体育教育专业学生在科研方面的精力也会减少。这对体育教育专业学生科研能力的发展和提升产生了阻碍作用,科研受益更不必说了。

四、体育教育专业学生科研能力的培育举措

体育教育专业学生的科研能力,就是指在体育教学过程中发现问题、提出问题,用科学的研究方法和手段,有效地进行体育教学教育规律的探索和实践过程,并形成文字表述研究成果的能力。[①] 体育科研是体

---

① 王之春,贾远清. 体育教育专业学生体育专业能力的培养[J]. 山东体育科技,2017,39(03):83-87.

第八章 体育教育专业学生教研能力的培育

育教育专业学生从事教育教学工作一项富有创造性的工作,是体育教育专业学生业务水平高低的重要体现。体育教育专业学生必须在体育科研上做出改变,以增强自己的专业知识和相关学科知识,了解和掌握学科前沿的研究动态,学习最新体育理论,并通过撰写科研论文,把自己的实践经验升华为理论。从体育教育专业学生自身能力层面出发,结合体育教育专业学生学术能力构成及发展的趋势,切实提出培育举措来提升体育教育专业学生的科研能力。针对体育教育专业学生在体育科研方面的状况以及相关的影响因素,要大力培养和提升他们的体育科研能力,可以从以下几个方面入手。

(一)转变思想,提高学生科研意识

顺应时代发展需求,创新体育教研模式,提升体育教研能力。只有从思想上实现转变,体育教育专业学生的教研能力和意识才会提高。体育教研是运用科学方法去探索体育教育教学本质规律的科学认识与实践过程。在体育教学中能不断地探索体育和教育的发展规律,实现"教学带动科研,科研促进教学"的良性循环。体育教育专业学生在未来不仅要成为一名具有教学能力、组织管理能力的体育教师,还要具备一定的科研能力。只有意识到这一点,体育教育专业的学生才能够走到从事体育教育研究这条道路上。

体育教育专业学生的学术观和教学观亟待革新,关注新的学术观和体育教学观念,时刻更新和发展旧的学术观和体育教学观念,亦是提高体育教育专业学生教研能力的存在方式。可以说,在教学设计活动中,体育教育专业学生既是组织者又是主导者,他们通过一定的引入情境、示范教学来积极引导学生充分地运用所学到的知识。同时,体育教育专业学生也会以学生对其自身教学的反馈情况来对其教学内容、教学方法等进行适当的调整和修改,从而使学生更好地学习体育技能和学生对于学习体育技术的兴趣度。

对于即将成为体育教师的体育教育专业学生来说,他们在教学过程中所进行的不断自我反思是进行自我提高的一种体现,同时也是他们从事体育教育科研的一种意识。因此,这就要求体育教育专业学生要处处进行思考,用积极的心态去进行教学,用反思的心态去解决新问题。体育教育专业学生教育科研能力的提高,对于未来进行教学实践过程是有

积极意义的。

(二)重视体育教育专业学生科研兴趣的培养

"兴趣是最好的老师",一个人从事某项工作,如果具有浓厚的兴趣,通常就能将精力充分用到其中,所取得的结果也必定是较为理想的。因此,对于体育教育专业的学生来说,要想成为一名合格的体育教师,并具备良好的体育科研能力,就必须具有浓厚的科研兴趣,这是重要的前提条件之一。

兴趣是体育教育专业的学生未来成为体育教师并从事科研工作的生命力,是促使他们热爱科研、献身科学、提高科研效果的内部驱动力。因此,要想培养和提升体育教育专业学生科研能力,首先要重视对他们科研兴趣的培养。比如,从学校的角度出发,邀请国内外专家来校进行学术讲座,使体育教育专业的学生有机会接触到学科前沿知识,开拓视野、激发科研兴趣;从导师的角度出发,要求多采用启发式教学方法给予体育教育专业学生指导,与其进行交流时应多采用问答方式促使他们进行思考,以此来将他们的求知欲有效激发出来。

除此之外,还要针对体育教育专业学生科研意识薄弱、基础知识不扎实、知识结构单一、综合素质较差的问题,积极引导他们去阅读大量文献,确定相应的研究方向,掌握基本的研究方法,激发科研兴趣,养成良好的学术素养。[1] 与此同时,还要求体育教育专业的学生参加各类研究课题工作,熟悉课题研究的各个环节,定期举办读书报告、学术沙龙、学术论坛,鼓励体育教育专业的学生积极参加体育学及相关学科的学术讲座,并在学术活动中敢于提出质疑,善于表达自己的观点,培育新的学术思想,提升自身的学术水平。

(三)广泛开展交流合作,提高信息传输效率

信息的有效传输需要体育教育专业学生之间不定期进行交流合作,以此达到对体育信息的有效整合。这种交流活动不应该仅限于本校体育教育专业师生之间的交流,也不是某几个学校和某几个学校的单独行为,而应该是一种有相关部门牵线,多层面、多渠道的交流活动。校内的

---

[1] 张鑫华.体育学研究生科学创新和科研能力提升的思考[J].成都体育学院学报,2018,44(06):86-89.

第八章　体育教育专业学生教研能力的培育

交流活动可以在各个学科间展开,从而拓展体育教育专业师生间的视野,吸取其他学科的优势,转化为自身的发展动力。此外,校与校、省内、国内,甚至是国外的交流活动都是十分重要的,通过这样广泛的交流活动,可以互通有无,共同进步。另一方面,交流活动的形式不应该是单一的、面对面式大家坐在同一间房间里的交流,而应该是多种渠道的。例如通过网络,特别是微博、微信等现代形式,不但省时省力,而且提高了交流的效率。通过广泛开展交流活动,使体育信息的传输渠道更为宽广,有效把握科研信息的实时动态,提升体育教育专业学生的科研动力。

(四)建立科研创新活动支持体系

科研创新活动是体育教育专业学生获取长期竞争优势和提升综合素质的重要载体,已成为学生自我成长与发展的新主题。高校在体育专业人才培养过程中,需要从课程体系、科研平台、体制机制、指导团队和经费支持等多方面着手,建立完善的科研创新活动支持体系。[①] 第一,建立学生科研创新活动指导机构,使学生科研活动有组织;制定统一的学生参与科研创新活动的管理制度,以及完善评价与激励机制。第二,采用循序渐进的训练模式,激发学生内在的科研动机和培养持久的科研兴趣。引导学生参与科研创新活动,并充分考虑学生的个人兴趣,鼓励体育专业人才组成多专业、多学科科研兴趣小组,就某一领域的科研问题进行综合研究。第三,建立科研平台,打通不同学科教师之间和师生之间的沟通渠道,形成良好的科研互动氛围。第四,建设一支自身素质高、科研能力强并具有创新精神的指导教师队伍,加强学生在校期间科研活动的指导,开阔学生的视野和思维,培养科研创新实践能力。同时,以科研创新活动为目的,指导不同专业、不同年级的学生,形成人力资源优化的科研兴趣梯队,促进创新意识和创新能力传递,为培养创新型体育人才提供途径。第五,体育院系可与学校科研处、学工部等职能部门合作,开展系统的科研训练,并提供一定的经费支持。设立面向体育教育专业人才培养的科研创新与学术活动基金,吸引和引导学生在教师的指导下开展科研创新活动。总之,完善的科研创新活动支持体系是体育教育专业学生科研创新能力培养的重要保障。

---

① 徐祥峰,沈华东,镇方松,尤佳,沈友青.高校体育专业人才科研创新能力培养的知识溢出效应研究[J].广州体育学院学报,2017,37(06):105-108.

第九章 体育教育专业学生创新意识与能力的培育

创新是体育教育理论和体育教学发展的动力。创新能力的核心是创造性思维,只有在已有知识与经验的基础上进行想象,加以构思,以新的方式解决前人未解决的问题,体育才能不断向前发展。[①] 新时期体育教育专业应着眼于培养学生的创新精神、开阔的知识视野以及富有开创性的思维方式和实践能力,应该使这些未来的体育教师保持事业发展的敏感性,随时了解并掌握社会发展变化对学校体育产生的新影响,及时调整自己的教学思路,不断以新的工作方式适应新形势的需要。

体育课程的深入改革与体育教学的不断发展对体育教育专业学生的创新素养培育提出了一定的要求,以培育未来优秀的体育教师作为使命的高校体育教育专业,必须注重对学生创新素养的培育,提高学生的创新意识与创新能力,使体育教育专业的学生适应新时代教育发展对创新型体育教师的需求;而且培养体育创新人才也是新时代高校教育发展的必然选择和体育事业发展的客观要求。本章主要就体育教育专业学生创新意识与能力的培育展开研究,内容涉及体育教育专业学生的创新素质结构、创新知识、创新意识及创新能力。

---

① 鲁宗成,熊正英.体育教育专业导论[M].西安,陕西师范大学出版总社有限公司,2013:31.

第九章 体育教育专业学生创新意识与能力的培育

第一节 创新体育教育专业人才的素质结构

一、素质结构

(一)思想政治素质

体育教育专业担负着为国家培养体育师资的重大任务,其思想政治素质教育应围绕着未来体育教师的发展目标展开,增强其基本教育水平,提升其综合素养,为将来成为一名卓越的体育教师奠定政治基础。体育教育专业学生应掌握的思想政治素质包括思想品性、道德修养等内容,这些实质内容主要体现在学生的思维形态、意识活动以及行为作风中。社会对各个行业的人才所提出的素质要求中,最基本的要求就是拥有良好的思想政治素质,这也是体育教育专业学生素质结构中的核心素质。

拥有创新意识与能力的体育教育专业学生首先要将国家利益放在首位,牢固树立中国特色社会主义理想信念,对国家方针政策要给予关心,对国家的良好形象要坚决维护,对国家的发展战略要及时了解,要与党中央在思想上保持高度的一致。习近平总书记提出了"三个牢固树立"新要求,要求广大教师牢固树立中国特色社会主义理想信念,为新时期广大教师教书育人、立德树人指明方向。

其次,热爱祖国是社会主义教育的重要内容。热爱祖国、保卫祖国是中华人民共和国宪法规定的每个公民应尽的义务,也是人民的道德规范。爱国主义是中华民族的光荣传统,是推动中国社会前进的巨大力量,是中华民族共同的精神支柱,是社会主义精神文明建设主旋律的重要组成部分。在教学实践中,教师应认真研究、不断摸索适合体育教育专业学生增强爱国主义的教育方法,积累经验,不断把爱国主义教育在体育教学中具体化,让爱国主义充分融入体育教学中,从而取得良好的教学成果。体育教育专业课程承担着培养德、智、体、美、劳全面发展目标、勇担民族复兴大任时代新人的重任,围绕大中小学德育总目标开展课程教学,可以提升学生的思想道德水平,助力学生树立正确的理想信念。① 体育教育专业学生是推动我国体育事业可持续发展的重要力量,所以体育教育专业学生的政治理论功底必须扎实,必须准确把握客观规律,履行自己的义务和职责,完成自己的使命。

当前,在体育强国战略背景下,为推动我国早日实现体育强国梦,必须对拥有创新意识与能力的体育教育专业学生提出严格的思想政治素质要求,学生也要自觉提高自己的思想政治素质,提升自己的思想觉悟、道德水平和政治理论素养。

(二)职业道德素质

当今社会中的任何一种职业都需要遵守职业道德素质,而在职业行为中要遵守社会道德之下的特殊要求,也就是要遵守职业道德素养。体育教育专业学生必须清楚未来就业后应该具备什么样的职业道德素养,并严格遵守职业道德规范。此外,体育教育专业学生还需要遵守奥林匹克精神和中华体育精神,并自觉对中华民族体育精神予以弘扬。体育教育专业学生毕业后主要从事体育教师职业,教师职业道德素质是体育教育专业学生的必备素质。教师职业道德由教师职业道德理想、职业责任、职业态度、职业纪律、职业技能、职业良心、职业作风等因素构成。② 职业道德素质发展始终贯穿于教书与育人的过程中,不仅是对学生自身行为的规范要求,而且也是对学生进行教育的重要手段。

体育教育专业学生要根据职业道德规范严格要求自己,在遵守职业规范的原则上处理人际关系,并将职业行为道德准则贯穿于为人处世的方方面面,在处理人际关系中展现自己的职业道德风貌。体育教育专业学生要有良好的道德品质,要在各种人际关系中尊重别人、善待他人、诚信交往、互帮互助,这是任何行业立足社会的基本要求。

二、文化知识素质

体育教育专业学生应掌握一定的人文社会科学知识和自然科学知

---

① 董翠香,樊三明,高艳丽.体育教育专业课程思政元素确立的理论依据与结构体系建构[J].体育学刊,2021,28(01):7-13.
② 沈磊.体育教师职业道德研究[J].体育文化导刊,2015(11):149-151,167.

识,既要具有一定的中华民族传统文化修养,也要有一定的近现代世界文化修养。发展体育教育专业学生的创新思维能力和创新意识需要具备良好的文化知识素质,要掌握丰富的文化知识,包括传统文化知识与现代科学文化知识、体育学科知识和相关学科知识以及社会相关知识等。

知识是锻炼身体的向导,是掌握运动技术的先决条件,有了科学知识和理论指导,才能使运动锻炼建立在科学基础上,提高锻炼效果。加强体育知识理论教学,还可充分发挥体育课的教育功能,促进学生德、智、体、美、劳全面发展。合理的知识结构与锻炼体育教育专业学生创新意识与能力的目标相辅相成,体育教育专业学生应该具备高水平的文化知识素质,文化知识必须丰富、扎实,不仅仅是专业技能水平高超,学习能力、创新能力以及社会适应能力也应达到一定的要求,这些都是时代发展和体育事业未来蓬勃发展,对体育教育专业学生提出的严格要求。

体育教育专业学生要想真正了解体育,不仅需要能够欣赏竞技运动比赛、具有组织小型运动竞赛的能力,而且还需要了解更多的体育保健、养生健身知识,提高文化素养水平。在综合素养培育过程中抓好文化知识素质的培养工作,努力提升体育教育专业学生的文化知识素养,加快提高体育教育专业学生的创新能力与创新意识的同时全面提高其综合素质。在提升体育教育专业学生文化知识素质的同时,还要强调体育教育专业学生对中国传统文化知识与国际先进文化知识的学习,使体育教育专业学生对中华民族优秀的传统文化知识予以传承和弘扬,并将先进的国际化知识引进学习,妥善处理好民族化与国际化的关系。

三、身心健康素质

学生的身心健康素质主要包括健康的身体素质与心理素质两个方面,当前心理健康已经成为现代健康观的重要组成部分之一,因此,为塑造学生良好的人格,在培养体育教育专业学生身体健康素质的同时,也要重视学生的心理健康培养。体育教育专业学生只有拥有良好的身体素质、强健的体魄,才能支撑创新体育人才从事强度大的工作。智力培养是学生探求知识、奋发向上的需要;健康的情绪能保证学生学习生活中良好稳定的心态,增强学生的幸福感,有助于学生向正常积极的方向发展；意志的培养是学生走向社会、独立面对生活的关键，能有效增强学生处事的自觉性、果断性、自制力，是学生提高学习成绩、克服困难、实现人生梦想的关键。体育教育专业学生的心理素质培养，是为了让学生不断地适应周围环境，保持积极上进的学习生活状态。要培养学生完美的人格魅力。拥有良好心理素质，体育教育专业的学生在从事体育相关工作中，可以良好的心态面对困难和挫折，积极应对各种艰难阻碍，不畏缩，从容应对，冷静处理问题，将自身能动性、创造性充分发挥出来，最终取得理想的工作成绩。未来的体育教师既要有良好的身体素质，也要有健全的心理，这样才能自信地参与体育工作，合理安排各项事宜，冷静协调各方面的利益关系，从容应对紧急情况，妥善处理各种问题，提高工作效率。

四、能力素质

作为一名体育教育专业学生，未来走向教师岗位后，需要承担传授运动技术、技能和知识的任务，必须具备较强的业务能力，其业务能力的高低将会直接影响到体育教学的质量。因此，作为一名体育教育专业学生需要有较高的教学监控能力、组织管理能力、人际交往能力、体育课程及运动训练研究能力和创新能力，以适应现代学校体育教学发展的需要。

（一）教学监控能力

教学监控能力是体育教育专业学生为了保证教学活动的成功进行，实现预期的教学目标，在教学的全过程中将教学活动本身作为意识的对象，不断地对其进行积极主动的计划、检查、批评、反馈、控制和调节的能力，是体育教育专业学生从事教育活动的核心能力之一，是其反省思维或思维的批判性在教育活动中的具体体现。

体育教学大多在室外进行，常受外界因素或偶发事件的影响，很容易造成学生注意力分散或出现课堂秩序混乱的现象，课堂秩序的好坏将直接影响整个课堂的进程和教学效果的优劣。创新型体育教育专业学生应具备较高的体育教学调控能力，善于运用巧妙的方法组织体育教学，及时协调和处理偶发事件，使得体育教学过程中教师的主导性与学

第九章　体育教育专业学生创新意识与能力的培育

生的主动性、严明的组织纪律性与开放的生动活泼性之间保持必要的张力,进而有效地完成体育教学的任务。[①] 体育教育专业学生必须摆脱传统教学的弊端,在教学中结合学生的基础情况和现实条件来调整教学内容,灵活运用现代教学方法,引导学生积极学习,使整个体育教学过程富有启发性和激励性,以最大限度地发掘学生的潜能。

(二)课外活动、训练的组织管理能力

课外活动、训练的组织管理能力是为了深化除课堂教学主渠道外有助于学生提高综合素养的各种活动。课外活动、训练的组织管理与创新能力培养注重三个结合,即课内外相结合、第一课堂与第二课堂相结合、学习与实践相结合。[②]

学校应组织多种形式的课外体育活动,增强学生体质健康,消除疲劳,陶冶情操,促进其身心全面发展。学校的课外体育活动和课余训练,既是教育实施的重要部分,也是使学生学会认识、学会做人、学会生存的实践场所。学校体育课外活动和课余训练开展如何,关键取决于体育教师。要求体育教育专业学生除了具备很强的教学工作能力外,还应具备较强的课外体育活动和课余训练的组织管理能力,只有如此才能保证体育教育的质量和效果。

(三)体育科研与教学能力

体育教育专业学生成为研究者是提高未来体育教师自身综合素养和教学能力的最有效途径,教学、科研的互促、互长是体育教育专业学生就业后继续发展的必由之路。体育教育专业学生从事体育课程及体育运动训练研究能力过程本身就是一个探索创新的过程。[③] 体育教育专业学生在将来走上教师岗位后,不但肩负教学重任,也肩负着学校体育课程及体育运动训练研究的重任,学校体育科研是带动教学和训练工作、提高体育教学和训练质量的根本。因此,体育教育专业学生不应只是单纯的知识、技能传播者,而应承担多种角色,并具有很强的自学能

---

① 黄爱峰.体育教育专业的发展与改革[M].武汉:华中师范大学出版社,2018:227.
② 刘大维,胡向红.新时代高校体育教育专业人才培养模式理论和实践研究[M].成都:四川大学出版社,2018:54-55.
③ 黄爱峰.体育教育专业的发展与改革[M].武汉:华中师范大学出版社,2018:239.

力、写作能力、课程及训练研究能力、收集利用信息能力与团结合作能力。

(四)创新能力

时代、生活、改革、发展对未来体育教师提出了新考验和新要求,应该认识到在这些新考验和新要求中占据重要位置和发挥重要作用的就是创新意识和创新能力。体育教育作为国家体育教师创新体系的重要组成和支柱专业,"是知识创新、传播和应用的主要基地,也是培养创新精神和创新人才的摇篮",深化体育教育专业改革的重大措施和指导改革的教育思想,要把体现知识经济特征的创新理论引入、融合到自己的体育教育理论体系中,构建创新体育教育模式。

体育教育专业学生肩负着培养祖国体育接班人的任务,不仅要教会学生如何学习体育文化知识和运动技能,还要教育学生如何做人、工作、生存、锻炼意志、克服困难等基本能力。为此,体育教育专业学生必须具有创新意识和创新能力,勇于打破体育教学中的传统观念和常规,善于运用创造性思维,综合运用多学科的知识,根据现代体育的发展和社会对人才的需求,在体育教育活动中把学生培养成能适应社会生活、善于交往、意志力强、具有竞争意识的人。由此可见,体育教育专业学生具备良好的创新能力是非常重要的。

第二节 体育教育专业学生创新知识的培育

一、体育教育专业学生创新知识结构

(一)政治理论知识

政治思想素质是政治方向、政治立场、政治态度、思想作风、世界观和人生观等素质的总和。体育教育专业学生的政治思想素质是其作为未来体育教师应有素质的灵魂,对其他素质起着统帅作用。政治

第九章　体育教育专业学生创新意识与能力的培育

思想素质很大程度上支配着职业活动的目的、方向和动力，它决定着人的政治信仰，制约着人的道德原则，影响着人的其他素质。凡是有意识、有目的的教育活动，都会受到政治思想素质的制约和影响。优良的政治思想素质将为其他素质的提高指明方向，成为行动的指南、力量的源泉。体育教育专业学生政治思想素质的好坏，主要体现在他们政治理论修养的程度上。加强政治理论学习，是提高政治理论修养的重要途径。

1. 学习中国特色社会主义理论

习近平新时代中国特色社会主义思想凝结着我们党坚持和发展的经验总结，凝结着以习近平同志为核心的党中央对中国特色社会主义规律性认识的深化、拓展、升华。中国特色就是要符合中国的国情，实事求是。实事求是是中国共产党自始至终倡导的思想，搞好体育教学工作，必须讲究实事求是。在教育深化改革的今天，教学改革也应讲求实事求是，这也涉及教师的政治立场、政治态度等政治理论修养的问题。体育教育专业学生要领会"中国特色""实事求是"的思想理论，这样在从事体育教育工作后，才能够结合体育教学工作实际，因地制宜地做好体育教学工作。

2. 掌握辩证法

体育教育专业学生将来从事学校体育工作后，会碰到各种问题，需要采用辩证法正确处理这些问题。例如，在体育教学改革中如何看待德、智、体、美、劳全面发展的教育观念问题，如何将德、智、美寓于体育教育之中、关于身体与精神健康的统一问题、处理发展基本技术与发展身体素质的关系、应试教育与素质教育的关系、理论与实践关系、传统教学与现代教学的关系、竞技运动训练与体育教育的关系、奥林匹克理想与现实问题的关系、体育与道德、体育与智力、体育与美育、体育与奥林匹克精神的弘扬关系等。旧的矛盾解决了，又会有新的矛盾出现，所以作为未来的体育教育工作者，体育教育专业学生要掌握好辩证唯物主义理论与方法，科学认识与处理这些问题。

(二)专业知识

1. 教育科学知识

体育教育专业学生作为中小学体育教师的主力军,必须具备丰富的教育科学知识和精深扎实的专业知识,这是做好体育教学工作的必要条件。教育科学知识包括教育学、心理学、学科教学论和现代教育技术知识等,是体育教师从事教学工作的理论基础,只有熟练掌握教育科学知识并付诸实践应用才是真正的学以致用。体育教育专业学生要将自己所掌握的有关知识转化为学生个体的智慧,就必须发挥教育学和心理学知识的中介作用,要依据教育学和心理学的基本原理和原则,按照学生的身心发展规律做好体育教育工作,达到预期的教学效果。

2. 专业基础知识

知识是能力的基础。体育教育专业学生只有具备扎实的专业基础知识,才能在未来的体育教育工作岗位上更好地发挥与彰显能力,发挥自己的聪明才智。体育教育专业学生必须精通体育学科基础知识,熟悉学科的基本结构和各部分知识之间的内部联系,了解学科发展动向和最新研究成果。在健康教育和素质教育中,涉及自然学科、社会学科等领域的知识越来越多,培养体育师资队伍的高校体育教育专业中,教育家呼吁要提高体育教育专业学生的人文素质,扎实掌握专业基础知识已成为体育教育专业培养人才的基本要求。

3. 学科前沿知识

随着社会的不断发展、新知识层出不穷,如果体育教育专业学生仍然以传统的思想、教学内容、教学方法来学习,就无法解决好新问题。在素质教育背景下,体育教学中心理学、社会学、医学、环境学、传播学、行为学、营养学等边缘学科知识的渗透越来越明显,这些学科的理论知识对体育与健康课程产生了非常重要的影响。没有这些理论与知识,体育教学就无法发展,健康教育就无法实施。教师在教学过程中应启发学生,激励学生,给学生提供探索新理论、新技术、新规律的机会,以培养学

第九章　体育教育专业学生创新意识与能力的培育

生多元式的构思方案,不断地分析新问题和解决新问题。① 体育教学改革需要新知识、新文化,因此体育教育专业学生必须认真学习新知识,及时掌握学科前沿知识。

4. 体育专业知识

科技发展日新月异,体育教育专业学生不能固守已有的知识和经验,应在掌握科学知识、专业基础知识、学科前沿知识的基础上,关心和了解与体育学科相关知识的更新发展,增加体育专业知识储备,完善知识结构,使自己的专业知识水平达到社会发展对体育教师人才的要求。

现代体育教学中,体育、卫生和保健知识发挥了非常重要的作用,因此学校也增加了关于卫生与保健课程的课时,这要求体育教师掌握这些方面的专业知识,以更好地授课。对体育教师来说,专业知识是其上好体育课必备的专门知识。体育教师要深刻认识自己所教的学科,要掌握体育学科基础理论(运动生理学、运动生物化学、运动心理学、运动训练学等)、学科发展史(体育史、运动项目发展史)、体育原理与方法、体育专业技术与理论(各运动项目专项动作技术及其原理)、体育专业教育技术与理论(体育保健知识、运动技术训练方法、体育竞赛方法、体育健身方法)等专业知识。体育教师只有先掌握丰富的专业知识,才能在教学中经过加工整理,将这些宝贵的知识转化为学生的精神财富。体育教育专业学生要想成为一名合格的体育教师,就必须将这些专业知识熟练掌握,并在教学实践中充分运用这些知识。

(三)应用类知识

1. 计算机知识

多媒体技术与计算机网络的出现给体育教师的教学工作带来了很大影响,它使体育教师的职能和教学方式发生了重大变化。体育教师的权威性不再是建立在对知识、技术、技能的传授上,这使体育教师从传统课堂的"传授"角色中脱离出来,成为学生学习的组织者、辅导者。利用多媒体技术及计算机网络进行体育教学是 21 世纪体育研究的重要课

---

① 王胜利,陈玉茜. 论体育教育专业大学生创新能力的构成及培养[J]. 成都体育学院学报,2002(03):48-50.

题，它有利于缩短知识、技术、技能传授与反馈的过程，增加师生课堂交流的机会，从而提高课堂教学效率。现代教育技术被引进体育课堂后，应加强对体育教师计算机知识素养和实践操作能力的培养。体育教育专业学生在新时代接触计算机技术的机会非常多，一些学生在计算机的操作上已经非常熟练，但还需要进一步掌握利用多媒体手段进行教学的技能，以便以后从事体育教师工作后能够灵活运用现代化教学手段来提高课堂教学效率。

2. 外语知识

外语是体育教育专业学生在未来国际化体育教育交流中的重要工具。虽然有很多翻译软件可以供体育教师使用，但是因为部分软件系统不够成熟，所以无法十分准确地翻译，因此要求体育教师要掌握一定的外语知识和外语交流能力。良好的外语水平也能提升体育教师的职业形象。体育教育专业学生要将高校外语教育资源充分利用起来，在外语课上认真听课，不断提高自己的外语水平，为将来从事体育教育专业工作奠定语言基础。

3. 统计学知识

体育教师要通过体能测试来了解学生的体质与健康状况，在体能测试中不可避免地要对测试数据进行数理统计，数理统计是获得最终结论的重要手段。为了提高体能测试工作的科学性、严谨性，确保测试结果的客观性、准确性，体育教师有必要掌握统计学知识和方法。

统计学知识较多，体育教育专业学生为了给以后从事体育教学做准备，要重点掌握在体育教育工作中常常用到的统计学知识，如掌握总体与样本、平均数与标准差等基本概念；掌握曲线图、条形图、构成图等一些图示的方法应用；掌握材料统计中最基本的计算方法以及对样本的检验方法等。

二、体育教育专业学生创新知识的培育路径

(一)转变体育教育专业人才培养思想观念

创新型人才是一种综合型人才，不仅要拥有良好的思想道德素质、

第九章 体育教育专业学生创新意识与能力的培育

科技智能素质、社科人文素质、个性心理素质、劳动身体素质,更重要的是要具有创新意识和创新能力。① 顺应体育教育专业学生培养发展趋势,作为未来教学过程中的组织者、管理者和指导者,必须从观念到知识能力上全面更新和提高,使培养出来的学生在未来社会发展中具有高度的适应能力和应变能力。与时俱进的体育教育专业学生培养思想观念是体育教育专业学生培养模式的出发点和归宿。② 随着现代教育的发展以及高校教学改革的深入,人们对于体育教学的认知程度也在不断提升和优化。在高校体育教学实践中,为更好地提升体育教学的整体成效与质量,为不断优化体育教学的整体水平,应该注重全方位创新教育理念,以科学多元的教育理念,以丰富全面的教学方法,切实有效地提升高校体育教学的整体成效,全面促进学生的发展。实践证明,在高校体育教学实践中,积极创新体育教育专业学生培养思想观念是非常重要且关键的,只有行之有效地推动教育教学理念的创新与发展,才能更好地指导未来体育教育工作。

在新课程改革背景下,体育教育专业在培养学生创新知识的过程中,应及时更新思想,转变教育观念,将体育的健康功能、教育功能以及文化功能充分发挥出来,对体育教育专业课程体系和学生的知识结构进行调整,从而进一步完善学生的知识体系。

(二)优化改善体育教育专业课程设计

体育教育作为历史最悠久的专业之一,其专业课程设置是人才培养和后续发展的基石,已经被广泛地讨论和研究,本专业课程设置情况需要在其整体框架中找准位置,并且需要将整体课程方案的研究方法作为参照,吸取经验精华,完善理论空缺。建设高等学校特色专业是优化体育教育专业结构,提高人才培养质量,办出专业水平和特色的重要措施。

体育教育专业课程改革专业化取向的根本要求就在于必须明确并构建专业化的课程体系,这个体系不仅要有宽厚的专业基础课,还应有体现并反映体育教育、教学特性的专业课。③ 因此,明确体育教育专业

---

① 李艳翎. 体育教育专业综合素质论[M]. 长沙:湖南师范大学出版社,2012:43.
② 于军,张昌言,周曰卿. 体育教育专业学生创新能力培养的障碍及对策思考[J]. 体育与科学,2002(05):60-62.
③ 全浙平. 新时期体育教育教学探索[M]. 郑州:郑州大学出版社,2019:65.

的支撑学科及课程,并按体育教育专业发展的要求对其合理构建,是以专业化为取向的体育教育专业课程改革的基本要求之一。以专业化为取向的体育教育专业课程改革,是把体育教育、教学及运动训练当作专业工作和专业性职业来看待为前提的,这就要求体育教育专业教学不仅要为体育教师专业化发展提供必要的专业基础课,更要求提供能体现并支撑其专业发展特殊性的专业课,其中体育教育学类课程则是其专业课的集中体现。

由于学科课程资源限制以及长期对体育教育学学科研究的重视度不够,构建体育教育学类课程首先要从该学科的建设入手。这是因为构建并完善体育教育学学科,是专业化取向的体育教育专业课程改革的前提工作。体育教育专业应以培养与提高学生的创新知识能力为目标而进行专业课程改革,并将课程改革落实到各个方面,包括改革教学思想、教学大纲、教学内容、教学模式、教学计划以及改革考核评价方式等,在各要素的改革中突出创新知识的重要性,完善学生的创新知识体系,提高学生的创新知识素养。

(三)拓宽体育教育专业学生知识体系

坚持以人为本,深化教育改革,借鉴并吸收现代教育管理经验和思想,加快建立和完善现代教学管理体制和运动机制。[①] 以服务基础教育为指向,以课程改革作为切入点,优化培养方案,全面改革教学内容、教学方法和教学手段,从根本上调动教师和学生教与学的积极性;通过观念创新、课程改革的人才培养模式,提高人才培养质量和效益,培养能引领并服务基础体育教育、教学工作的优质体育教师。培养体育教育专业学生的创新知识,还要有意识地使学生的知识面进一步拓宽,这主要从以下几方面来实施。

第一,更新教学观念。有效的教学方法应当能够充分调动学生的积极性,在学习过程中能充分发挥学生的主观能动性。在体育教学中准确认识自身所处的地位和角色,建立起良好的双边教学活动关系,把体育教学活动提升到一个新的水平。

第二,根据社会需求调整体育教育专业学生的知识体系。作为未来

---

① 刘大维,胡向红. 新时代高校体育教育专业人才培养模式理论和实践研究[M]. 成都:四川大学出版社,2018:110.

体育教育事业的社会栋梁,需要有过硬的身体条件、体育知识以及体育技能,为以后课堂教学提供良好的示范基础。

第三,以新课标的改革标准为指导,创新体育教学内容。将中华民族的传统项目、社会新兴的体育项目等学生感兴趣的项目编入到体育教学中,这些体育项目能够极大程度上发挥出学生的创新能力和实践能力。显然,作为现代社会的体育教育专业学生,应具有自我创新意识,富有改革精神,具有较强的创造能力。

第三节　体育教育专业学生创新意识的培育

一、创新意识概述

(一)创新意识的概念

创新意识是指人们根据社会和个体生活发展的需要,引起创造前所未有的事物的动机,并在创造活动中所表现出的意向、愿望和设想。[①]具有创新意识就是要能够发现新问题,并自觉产生创新的念头,有创新的动机、创新的欲望,这些也是创新型体育教育专业学生最起码的素养要求。在人类的意识活动中,创新意识是一种很常见的表现形式,而且这种表现形式非常积极,在这种积极意识活动下进行创新活动往往能够取得良好的成果。人类的创造活动都是建立在强烈的创新意识这一基础上的,有了创新意识,才会产生创新思维,才有实施创造行动的内在动力。

(二)创新意识的构成

创新意识主要由好奇心、求知、竞争、冒险、怀疑、灵感、个人求发展的动力等心理因素和创造性思维、独立性思维等组成,这些心理因素相

---

① 朱峰,宁雷.21世纪体育教师[M].沈阳:东北大学出版社.2009.

互联系、相互促进，共同形成了创新意识。

1. 创造动机

人们进行创造活动，首先要有明确的创造动机，这是必不可少的动力因素，人类创造活动的持久性也是在创造动机的驱使下实现的。

2. 创造兴趣

创造活动能否成功，和创造兴趣有很大的关系，人们首先要对探索和创造新事物产生兴趣，并在这一强烈的心理倾向下展开积极的探索和创造活动。

3. 创造情感

人类的创造活动从开始、继续到完成的整个过程中都伴随着一定的创造情感，创造活动是否能取得成功，也与创造主体的创造情感有密切关系。

4. 创造意志

创造活动不是轻而易举就能完成的，人们在创造过程中常常会遇到各种困难与阻碍，这就需要创造主体以顽强的创造意志、强大的自制力去战胜与克服困难，坚持不懈，持之以恒，最终取得良好的创造成果。

(三)创新意识的特征

1. 社会历史性

人类产生创新意识的主要出发点是促进人类物质生活条件的改善和精神生活水平的提高，而社会历史条件在一定程度上制约着人类创新意识的形成与发展方向。例如，阶级性、道德观是阶级社会中影响创新意识的主要因素。创造活动是在创新意识下产生的，创造活动带来的创造成果有利于推动社会进步与发展，能够产生良好的社会效应。因此，人类必须树立能够产生良好社会效果和服务于社会发展的正确创新意识。

2. 新颖性

创新是创造出新、奇、特的事物。从本质上来说是求新求奇的意识，

第九章　体育教育专业学生创新意识与能力的培育

具有创新意识的人往往会采用新奇的方式去服务社会,或积极探索新奇事物,从而使不断出现的新的社会需求得到满足。

3. 个体差异性

一个人会产生什么样的创新意识,与自己的兴趣爱好、社会经验、情感意志、文化水平等有很大的关系。因为这些因素在不同的个性身上有不同的表现,所以不同的个体会产生不同的创新意识。

二、体育教育专业学生的创新意识

根据社会发展和学校教育发展的要求,结合体育学科的特点,体育教育专业学生的创新意识除具备上述的一般特征外,还应具备如下表现和特征。

(一)具有改进体育教育教学方法的动机

体育教育专业学生需要具备为了服务体育教学目的而产生改进体育教育教学方法的创造动机,这是因为创造动机是创造活动的动力因素,其能推动和激励学生发动和维持创造性活动。

(二)具有创新或改造体育内容的兴趣

体育教育专业学生需要具备为了优化教学而不断创新或改造体育内容的兴趣,这是因为创造兴趣能促进学生创造活动的成功,促使学生积极探求新事物。

(三)具有优化体育教育教学的创造情感

体育教育专业学生需要具备为了教育对象而不断优化体育教育教学的创造情感,这是因为创造情感是引起、推进乃至完成创造的心理因素,只有具有正确的创造情感才能使学生创造成功。

(四)具有在困境中创新的意志

体育教育专业学生需要具备在困境中创新的意志,这是因为创造意志是在创造中克服困难,冲破阻碍的心理因素,这种创造意志具有目的性、顽强性和自制性。

作为21世纪的体育教育专业学生,肩负着时代责任,应自觉培养自己的创新精神与创新意识、开阔的知识视野和富有开创性的思维方式和实践能力。培养体育教育专业学生的创新意识要做好充分的准备,要有足够的实力,精心选择培养方法,厚积而薄发。体育教育专业学生不应该仅仅是未来的传统体育文化传承者,而应该同时是新文化的创建者。

三、体育教育专业学生创新意识培育路径

(一)转变传统教育观念,实施创新教育

人类思想观念的进步与更新往往是发生社会重大变革的基础与前提条件。高校教育的思想观念随着社会变革而发生显著变化,教育观念的改革与更新是顺应社会急剧变革的客观要求。高校体育教育专业是否有很强的生命力和可持续发展的可能性,主要看这门专业学科能否根据教育改革需要和社会需要而进行理论与实践上的改革与创新。因此,高校体育教育专业必须转变传统教育观念,积极致力于对创新体育人才的培养,关注学生的专业素质、综合素质、创新素质。高校只有抓住社会变革的机遇,顺应时代发展的潮流,在体育教育专业教学中实施创新教育,才能使该专业获得更好的发展。

(二)树立科学的创新观,培养与强化创新意识

培养21世纪具有创新意识和精神的"复合型体育教育人才",不仅对教育、教学的各个方面提出了很高要求,同时也蕴含着对教材建设质量的高要求。[①] 因此,在高校体育教育专业教学中要培养学生的创新意识,就要树立科学、正确的创新观,具体包括以下几方面的内容。

1. 动态的知识观

培养体育教育专业学生动态的知识观,使学生清楚书本知识与绝对

---

① 刘大维,胡向红. 新时代高校体育教育专业人才培养模式理论和实践研究[M]. 成都:四川大学出版社,2018:71.

真理不能画等号,不能一直以保守的思想和所谓的"老规矩"去看待新问题、解决新问题,面对权威不能盲目迷信。经验固然重要,但也要分析过去的经验是否适用于现代社会,如果不适用,就要抛去旧的经验,重新探索新知识、新方法,以创新观念去解决问题,积累新的经验,建构新的知识体系,从而不断更新知识,掌握新知识,取得新成果。

2. 创新的价值观

人类社会的进步与发展离不开历代人的耕耘与创新,个人成长成才与发展也需要创新。在生产力的众多组成要素中,最核心的要素就是创造力,这一生产力所产生的力量是巨大的、无穷的、神奇的,也是不可估量的。体育教育专业在人才培养中要树立创新的价值观,积极培育学生的创新意识,使学生也树立正确的创新价值理念。

3. 积极的文化观

创新意识的形成与发展受文化观念的影响,积极的文化观念和消极的文化观念对创新意识的影响是截然相反的,前者所起的作用是积极的,是推波助澜,后者所起的作用是消极的,是制约阻碍。因此,树立积极的文化观对培养体育教育专业学生的创新意识非常重要。

总之,在体育教育专业人才培养中要树立正确、科学的创新观,使学生不断形成正确的创新意识,并进一步强化其创新意识,使学生拥有创新的勇气,产生创新的强烈欲望。

第四节　体育教育专业学生创新能力的培育

一、创新能力概述

(一)创新能力的概念

创新是人综合能力的一种外在表现,它是以深厚的文化底蕴、高度综合化的知识,个性化的思想和崇高的精神境界为基础的。创新能力是技术和各种实践活动领域中不断提供具有经济价值、社会价值、生态价值的新思想、新理论、新方法和新发明的能力。体育教育专业学生的创新能力是由知识、运动技能及优良的个性品质等多种因素综合优化构成的。创新能力主要表现在创造新概念、新理论，更新技术，发明新设备、新方法，创作新作品等创新活动中。

(二)创新能力的构成

1. 知识结构

知识结构主要由复合知识构成，复合知识包括基础知识、专业性知识、其他知识。(1)基础知识既是求职谋生的文化基础，又是终身学习、转职换岗、创业立业的前提条件。(2)专业性知识主要是指适应职业岗位所必需的本专业的常规技术知识和最新科技知识。(3)其他知识主要是指就业所需要的，适应科学技术进步、产业结构调整、技术结构提升所需的相关专业、行业、产业知识。复合性知识是以专业知识为核心，以基础知识和其他知识为辅助，形成协调优化、均衡发展的知识结构体系。

2. 能力结构

只有具备学习基础和学习能力，并自觉地不断更新自己的知识与技能，才能满足时代发展的要求。运用知识的能力，主要是指学生在社会实践活动中运用所学到的知识去发现问题、分析问题、解决问题的能力。体育教育专业学生应具有高度集中的注意力、敏锐独特的观察力、高效持久的记忆力、创造性思维能力和运用创造原理、技巧和方法的能力、灵活自如的操作力等。综合能力是要以实用为主，突出操作性、应用性的实践能力，加强技能训练，注重实际能力，并提高学生的智能和创新能力，鼓励个性自由发展。

教育实践证明，学生的创新能力与他们参与社会实践的程度密切相关。学生只有在社会实践中才能发现新颖的创新课题并挖掘出其创新价值和意义，从而激发他们学习新知识和探索新方法的动机和热情。另一方面，学生产生了新思想后，会产生付诸实践的动力，反过来又能提高社会实践的目的性和实效性。要创新就离不开实践，通过实践，使学生更深刻地理解知识、运用知识，并发现问题、探究问题，寻找

第九章 体育教育专业学生创新意识与能力的培育

解决问题的方法。

(三)体育教育专业学生创新能力的特征

体育是现代教育的重要组成部分,它也要顺应当代创新教育的思潮。[①] 根据社会发展和学校教育发展的要求,结合体育学科的特点,体育教育专业学生的创新能力主要表现在创造性的行为活动中,其特征如下。

1. 具备良好的体育素材改造能力

体育教育专业学生应该具备良好的体育素材改造能力,从各个角度对包括竞技运动在内的各种体育课程内容素材进行加工改制以更好地应用于体育教学,根据学生身心特征,抓住体育中的主要因素简化规则,并根据学生的兴趣、注意、能力,灵活运用规则等。

2. 接受新知识与技术能力

体育教育专业学生接受新知识与技术的能力,是体育教育专业学生必备的能力之一,只有学生具备此能力,才能更好地理解习得体育文化。新时期体育教育专业学生的创新能力在接受学校提供的体育基础知识的同时应当注重新知识与技术的摄入,保持持续学习的能力,为成长为综合型人才做铺垫。

3. 具有较强的体育教学调控能力

体育课堂教学秩序的好坏直接影响到整个教学的进程和教学效果的优劣,一次体育课成功与否,很大程度上取决于体育教师的课堂调控能力。拥有创新意识与创新能力应该具备较高的体育教学调控能力,善于运用巧妙的方法组织体育教学,及时协调和处理偶发事件,使得体育教学过程中教师的主导性与学生的主体性、严明的组织纪律性与开放的生动活泼之间保持必要的张力,进而有效完成体育教学的任务。

4. 拥有优秀的体育教学设计能力

体育教育专业学生具备优秀高超的体育教学设计能力,懂得根据体

---

① 黄爱峰.体育教育专业的发展与改革[M].武汉:华中师范大学出版社,2008:226.

育教材内容的需要和特点预设体育教学中的生理负荷,善于采取适当的练习方法和手段严密控制各个练习时间和讲解过程,在体育教学中能够根据学生身体方面的个体差异区别对待,因材施教。作为新时代的体育教育专业学生肩负时代责任,应自觉培养自己的创新精神、开阔的知识视野和富有开创性的思维方式及实践能力。

二、体育教育专业学生创新能力培育路径

(一)完善体育教育专业课程体系

新时代体育教育专业要培养创新人才,提高学生的创新能力,就要及时进行课程改革,促进课程体系的完善,并对课程教学内容与教学方法进行创新,在体育教育专业教学中引进先进的教育技术手段和科技文化成果。还需在国家教育改革的大背景下乃至世界高校教育改革及世界竞争的大环境下来重构与完善高校体育教育专业课程体系,只有从宏观角度出发思考课程改革与创新问题,才能对时代发展的需求有全面的了解与深刻的领悟,借鉴先进的世界经验来对我国高校体育教育专业的课程体系进行系统深入的改革,提高改革效果和课程质量,从而依托完善的课程体系去培养专业素质高、综合能力强以及善于创新的优秀体育人才。

站在宏观视角思考体育教育专业课程体系的改革与完善,需要重点做好以下两个方面的工作。

1. 适当提高选修课比例,重视培养学生的创造个性

学生之间有明显的个体差异,表现在知识、素质及能力等各个方面。学生会从自己的兴趣爱好及个性特征出发选择选修课,而兴趣爱好不同的学生在选课时有不同的倾向与需求,所以要基于对这一现实的考虑而调整选修课程,满足不同个体的需要。有的学生智力水平高,学习能力强,针对这类学生可设置有一定难度的选修课程,使其在学习中将自己的聪明才智发挥出来,获得更大的进步与更好的发展。对于学习基础较差的学生,可安排较简单的课程,并针对这些学生的实际学习能力调整教学计划。这样设置选修课充分体现了个性化教学理念,能够使不同水

第九章　体育教育专业学生创新意识与能力的培育

平的学生都感到满足,也能提供充足的空间来培养学生的创新品质。

2. 增加课程类型,完善学生的知识结构

高校体育教育专业设置的课程类型直接影响学生的知识结构,进而影响学生的综合素质。目前来看,创新类课程种类不够丰富是我国高校体育教育专业在课程设置方面普遍存在的问题,该专业主要设置体育学科类课程,以运动人体科学类、运动技能类课程及教育教学类课程为主,其他学科课程占比不大,而且课时不多,创新类课程不足,难以满足社会对创新体育人才的需求。要解决这个问题,就要适当增加有助创新的课程种类,完善课程体系。如在高校体育教育专业设置辩论类课程,使学生掌握"辩"的技巧,认识事物的本质,提高逻辑思维能力,客观思考问题,并能自觉主动地对学习材料进行收集来验证一些理论,进而提升该专业学生的创造思维能力。在高校体育教育专业设置创新类课程对培养学生的创造力具有重要意义。开设这类课程,要将创新的相关理论知识和先进的创新技法传授给学生,使学生从创新成果中总结创新规律,形成创新思维,强化创新意识,提升实践操作能力。

(二)充分发挥体育教育专业学生的主体性

1. 激发体育教育专业学生的自我创新意识

创新思维的实质就是求新、求异、求变,体育技术动作虽然有其固有规律,但也不是一成不变的,在教学中让学生创造有新意的方法,也是挖掘学生创新思维的一种方式,对培养学生的创新思维有独特的作用,为培养提高学生的创新能力奠定了基础。体育教学的理论与实际联系紧密,在体育教学中,不同学生在相同体育理论指导下通过大脑对理论的加工,在实践中会有不同的理解与创新,提高了学生分析问题、解决问题的能力,培养了学生的创新能力。[1] 培养体育教育专业学生需要从心理学入手,在面对基础教育的创新教育时,以培养学生的创新精神和创新能力为基本的价值取向,是发掘人的创新潜能、弘扬人的主体精神、促进人的个性全面发展为宗旨的教育,是素质教育的一个重要组成部分。有

---

[1] 薛誉. 体育教育在高校创新人才培养中的作用探析[J]. 中国成人教育,2013(06):178-179.

创新能力的学生就应该具有新思想和新观念,坚持"健康第一,创新优先"的指导思想,要意识到只有当体育教师的知识内涵、文化底蕴丰富了之后,才会使他们的贯通能力变得越强,才会使他们在教学中具有创新的意识。

2. 锻炼体育教育专业学生的自我反思与总结能力

体育教育专业学生学会掌握体育课堂教学后的反思和总结,能够在教学中及时发现课堂存在的问题,为下一堂课做更好的铺垫。根据学生自身的特点,适当地把教学的难易程度降低,不过分追求技术上面的难度,使学生更准确、更好地掌握运动技术,并让学生亲身感受到成功的乐趣,让有些对体育本不擅长的学生从内心认识到体育不像想象中那么困难,增强他们的自信心、喜悦感,从而激发他们的自主性。将体育教学方法及理论基础、体育教学论及其他学科的教学经验,以及边缘学科新涌现的新知识、新理论部分地或全部地引入体育教学领域,并通过一定的改造而获得新的体育教学方法。

(三)重视科研能力培育

体育教育专业学生的创新能力培养中要注重对学生科研能力的训练与培养,促进学生探究能力、创新思维能力、智能水平和整体创造能力的提升。科研创新是一个渐进的过程,要不断地学习相关知识与写作的方法,方可提升。参与学术专题讲座,多听学术报告,可了解本领域最新的前沿与热点的学术动态,提高自己的阅读量,增加专业知识的积累,丰富科学研究经历。训练体育教育专业学生的科研能力,就要为学生提供实践机会,使学生在实践活动中主动发现问题,勇敢提出质疑,并积极思考如何运用创造性的方法去解决问题。在科研能力的训练与培养中,不是简单地让学生发现问题,解决问题,而是借助这个机会对学生的探究智能进行开发,对学生的创新思维进行培养。体育教育专业学生在体育科研活动中的预测能力决定选题和研究思路,调查实验能力直接影响调查实验设计、过程和效果等。可见,科研过程也是创新实践的过程,体育教育专业学生的创新科研能力直接影响创新成果,学生必须勇于实践,勇于创新,自觉提升自己的创新素养。

第九章　体育教育专业学生创新意识与能力的培育

(四)创建良好的创新环境

创新环境直接影响体育教育专业学生创新素养的培养与提升,创建良好的创新环境,有利于体育教育专业学生创新素养的养成。创新型体育教育专业学生需要适宜的创新环境,高等体育院系要努力建立起一种有利于激发学生创造动机,发挥他们创造才智和潜能的民主、宽松、自由的学习环境。要采取各种措施建立相关奖励制度,如大力宣传、表彰具有创造精神的学生,奖励具有创造性的学习和科研成果等,鼓励学生大胆探索,借石攻玉,允许学生标新立异,另辟蹊径,从而营造出人人都以创新为荣的良好集体氛围。积极向上的创新氛围可以激发体育教育专业学生的求知欲望,培养他们学习和练习的兴趣,可以引导学生探索体育科学知识、原理和动作技术产生、形成的过程、机制以及它们彼此之间的联系,并充分调动学生学习的自觉积极性,帮助他们学会学习、学会合作、学会创造,提高他们发现问题、多角度分析问题、多办法解决问题的能力。

参考文献

一、著作部分

[1] 李艳翎. 体育教育专业综合素质论[M]. 长沙：湖南师范大学出版社，2012.

[2] 潘洪建，徐继存. 当代教育评论第8辑[M]. 江苏：江苏大学出版社，2018.

[3] 田麦久. 运动训练学[M]. 北京：高等教育出版社，2017.

[4] [希腊]亚里士多德. 政治学[M]. 北京：商务印书馆，1965.

[5] 《中国大百科全书》总编委会. 中国大百科全书[M]. 北京：中国大百科全书出版社，1982.

[6] 《辞海》编辑委员会. 辞海（缩印本）[M]. 上海：上海辞书出版社，1998.

[7] 杨海平，张新安. 体育教育专业必备基础知识读本[M]. 广州：广东高等教育出版社，2014.

[8] 韩芳. 高校体育教育立德树人协同发展研究[M]. 北京：中国商务出版社，2020.

[9] 全国十二所重点师范大学联合编写. 教育学基础[M]. 北京：教育科学出版社，2014.

[10] 李启迪，邵德伟. 体育教学基本理论研究[M]. 北京：北京师范大学出版社，2014.

[11] 杜国如. 学校体育与健康融合发展研究[M]. 南昌：江西科学技术出版社，2018.

[12] 邵伟德. 体育教学模式论[M]. 北京：北京体育大学出版社，2005.

[13] 杨芷英. 教师职业道德（新编版）[M]. 北京：高等教育出版社，2007.

[14] 杨桦，李宗浩，池建. 运动训练学导论[M]. 北京：北京体育大学出版社，2007.

[15]田麦久.运动训练学[M].北京:高等教育出版社,2006.

[16]张秀丽,葛新.学校体育学[M].重庆:重庆大学出版社,2019.

[17]肖涛,孔祥宁,王晨宇.运动训练学[M].重庆:重庆大学出版社,2016.

[18]孙登科.运动训练学[M].北京:北京体育大学出版社,2006.

[19]黄爱峰.体育教育专业的发展与改革[M].武汉:华中师范大学出版社,2008.

[20]鲁宗成,熊正英.体育教育专业导论[M].西安:陕西师范大学出版总社有限公司,2013.

[21]刘大维,胡向红.新时代高校体育教育专业人才培养模式理论和实践研究[M].成都:四川大学出版社,2019.

[22]黄涛.体育教育专业人才培养模式研究与构建[M].北京:中国纺织出版社,2019.

[23]朱峰,宁雷.21世纪体育教师[M].沈阳:东北大学出版社,2009.

[24]全浙平.新时期体育教育教学探索[M].郑州:郑州大学出版社,2019.

[25]李强.体育教育专业特色课程设计理论[M].北京:北京体育大学出版社,2016.

[26]彼得罗夫斯基.普通心理学[M].北京:人民教育出版社,1986.

[27]董翠香.学校体育学[M].北京:高等教育出版社,2021.

[28]杨小帆.新时代我国学校体育发展研究[M].南京:河海大学出版社,2020.

[29]金勇.我国普通高等学校体育教育专业本科培养方案研究[M].北京:中国国际广播出版社,2018.

[30]黄彦军.体育教育学科核心素养提升读本[M].广州:广东高等教育出版社,2021.

[31]周红萍.体育教育专业"四轮驱动协同育人"体系与路径研究[M].长春:吉林大学出版社,2020.

二、论文部分

[1]李芳.体育教育专业学生核心能力网络结构特征研究[D].上海:上海体育学院,2016.

[2]贺晓凤.西安市高校体育教育专业学生体育素养调查研究[D].西安:陕西师范大学,2018.

[3]张山.体育教育专业学生专业综合能力提高途径研究[D].成都:成都体育学院,2015.

[4]范才清.体育教育本科专业学生综合素质培养模式的构建研究[D].长沙:湖南师范大学,2006.

[5]吴海强.体育教育专业本科学生实践能力培养的路径研究[D].开封:河南大学,2008.

[6]石景.四川省高校体育教育专业教育实习现状与对策研究[D].成都:四川师范大学,2013.

[7]陈阅.体育教育专业本科学生专业实践能力培养对策的研究[D].宁波:宁波大学,2014.

[8]程志华.重庆市高校体育教育专业田径专修学生综合素质调查研究[D].重庆:西南大学,2009.

[9]杨杰夫.本科体育教育专业田径专修学生综合素质培养的调查与分析[D].桂林:广西师范大学,2008.

[10]张玉丹.河南省体育教育专业人才培养与社会需求研究[D].郑州:郑州大学,2014.

[11]耿文帅.上海体育学院体育教育专业学生综合能力的现状研究[D].上海:上海体育学院,2020.

[12]王娜.河北省高校体育教育专业学生人文素养的研究[D].石家庄:河北师范大学,2016.

[13]李林鹏.长春市高校体育教育专业学生专业知识的调查研究[D].长春:东北师范大学,2011.

[14]王禹霖.吉林省体育院校学生人文素质现状调查研究[D].延吉:延边大学,2013.

[15]赵云涛.我国中小城市体育赛事的选择评价及实证研究[D].北京:首都体育学院,2012.

[16]曲红军.论体育教学方法的分类与选择[D].济南:山东师范大学,2003.

[17]葛冰.体育教学模式的整体优化研究[D].长春:东北师范大学,2007.

[18]吴烦.武汉市中小学体育教学模式的选用现状及发展对策研

究[D].武汉:湖北大学,2016.

[19]张曦.高校体育教育专业学生运动技能培养研究[D].开封:河南大学,2017.

[20]张云.临沂市中学体育教师教学技能发展现状的研究[D].济南:山东体育学院,2015.

[21]孙卓平.河南高校体育教育专业学生教学技能的调查研究[D].吉首:吉首大学,2014.

[22]李林,杨彬.对我国学校体育发展历史的回顾与反思[J].体育学刊,2002(04):130-132.

[23]辜德宏,刘伟一,刘雪勇.体育教育专业发展研究[J].体育文化导刊,2011(10):95-98.

[24]朱元利.体育教师专业化发展与体育教育专业课程改革的思考[J].西安体育学院学报,2004(05):88-90.

[25]周志雄,朱俊玲.中国高等体育院校教育发展的战略研究——中国高等体育院校教育与人才市场的理论探索和实证分析[J].北京体育大学学报,2002(04):506-508.

[26]尤国辉.试述高校体育教育专业学生综合素质的内涵与培养[J].魅力中国,2009(16):101.

[27]杨秦,赵雅玲,罗舰.高校体育专业学生的综合素质教育探析[J].林区教学,2008(03):89-90.

[28]陈显松.新时期体育教育专业学生能力的培养[J].福建体育科技,1998(04):16-18.

[29]沈建文.从"能力结构"的形成谈高师体教专业学生能力培养方案[J].湖北体育科技,2005(01):37-39.

[30]李波,孙卫红.课程改革背景下的体育教育专业学生的能力培养[J].山西师大体育学院学报,2008(01):82-83.

[31]杜宝拴,谷礼燕.高校体育"单元探究式"教学模式构建研究[J].柳州师专学报,2006(01):93-94,97.

[32]张学研,王崇喜.对普通高校体育教育专业学生能力培养与评价的研究[J].体育科学,2000(06):15-18.

[33]刘昌亚,邰崇禧,陆彩凤等.普通高校体育教育专业本科学生实践能力培养的改革与创新[J].搏击(武术科学),2010,7(10):84-85,91.

[34]李彬.体育教育专业实践教学开展策略研究[J].青少年体育,

2019(10):115-116.

[35]张艳成.新疆高校体育教育专业田径专修学生综合素质的调查与分析——以新疆师范大学为例[J].当代体育科技,2014,4(15):153-154.

[36]顾小霞.我国高校体育教育专业发展现状及问题分析[J].西安体育学院学报,2011,28(02):253-256.

[37]黄汉升,季克异.我国普通高校本科体育教育专业课程方案的研制及其主要特征[J].体育学刊,2003(02):1-4.

[38]廖上兰,刘桂海."培养什么人":学校体育改革的理性思考与价值重构——基于我国宏观教育目标演进考察[J].天津体育学院学报,2021,36(02):151.

[39]李乐虎,王健,高奎亭,李可兴.深化体教融合背景下我国学校体育治理的现实困境与路径选择[J].天津体育学院学报,2021,36(05):520-527.

[40]樊临虎.21世纪体育教师基本素质构成要素的研究[J].体育学刊,2000(06):98-101.

[41]李裕和,林文弢,翁锡全,黄明强.本院体育教育专业学生专业素质现状的调查分析[J].广州体育学院学报,2001(02):118-120.

[42]周明华,肖建波.试析高职院校体育专业对学生进行人文素质教育的途径与方法[J].教育与职业,2005(08):48-49.

[43]宋亨国.中国当代体育人文精神的内涵研究[J].北京体育大学学报,2011,34(02):17-21.

[44]刘智丽,张蕊.历届全国体育教育专业大学生基本功大赛的对比分析[J].西安体育学院学报,2003(06):85-87.

[45]陶郁,李继伟.复合型体育教师的培养与文化素质教育[J].山东体育学院学报,1998(01):72-74.

[46]李国军,杨海平.普通高校体育专业学生定向运动技术动作学习能力研究——以"2016年全国学生定向锦标赛"为例[J].广州体育学院学报,2017,37(01):84-88.

[47]张娜,赵国华.体育教育专业学生教学能力系统的结构与培养[J].广州体育学院学报,2016,36(01):117-120.

[48]张明伟,吕东旭.高校体育教育专业学生教学能力培养的调查分析[J].体育学刊,2009,16(04):48-52.

[49]姜国成.浅谈师范专科学校体育教育专业学生能力的培养[J].

成都体育学院学报,1992(01):84-87.

[50]刘修春.浅谈高师学生实践能力的培养[J].中国高教研究,2000(12):29.

[51]张璐,王兆红.中小型城市选择体育赛事的策略研究[J].山东体育科技,2010,32(02):50-53.

[52]毕丽娜,李忠华.志愿者活动在提升大学生社会责任感中的作用[J].人民论坛,2014(02):169-171.

[53]刘平清.教师角色转变下的体育教育专业学生科研能力培养[J].体育学刊,2009,16(04):53-56.

[54]曹一啸,王庆军,牟向前,陈婷婷.改革开放以来中国体育人文社会学研究的演进与趋势展望[J].体育学研究,2021,35(04):66-75.

[55]周才.中美竞技体育现状与我国竞赛体制改革研究[J].青少年体育,2021(02):84-85,80.

[56]陈曙,王健.健康中国视域下学校体育的时代使命、现实困境及发展路径[J].北京体育大学学报,2020,43(05):13-22.

[57]金成平,胡海旭,杨成波,谢云,张冬琴,石磊,高平.中国运动训练理论的演进与展望[J].上海体育学院学报,2021,45(05):29-37.

[58]王锦,解晓政.浅谈我国运动训练学理论体系的发展[J].当代体育科技,2019,9(33):36-37.

[59]田麦久,田烈,高玉花.运动训练理论核心概念的界定及认知的深化[J].天津体育学院学报,2020,35(05):497-505,512.

[60]李波,马兰军.运动训练学研究现状与反思[J].山东体育学院学报,2009,25(02):61-65.

[61]金成平,李少丹.我国运动训练理论的演进及其问题分析[J].南京体育学院学报(社会科学版),2016,30(04):117-123.

[62]于研.浅议运动生理学在体育教学和训练中的运用[J].当代体育科技,2018,8(32):43-44.

[63]张忠秋.运动心理学在竞技体育领域的研究发展与应用[J].天津体育学院学报,2012,27(03):185-191.

[64]姚家新,张力为,李京诚,等.运动心理学研究进展[J].天津体育学院学报,2008(01):1-10.

[65]乔玉成,周威.我国运动医学学科定位6个基本问题辨析[J].体育学刊,2020,27(03):136-144.

[66]王清,郝卫亚,刘卉,等.运动生物力学学科发展现状及前景[J].体育科研,2016,37(03):91-95.

[67]陆高峰.关于新时期高校加强体育师资队伍建设的思考[J].教育与职业,2016(05):62-64.

[68]汤修元.核心素养视域下的大学生思想政治素养研究[J].教育理论与实践,2017,37(30):29-31.

[69]张维维,金蓉.新时代大学生思想政治理论素养的结构、特征与优化路径[J].思想教育研究,2019(12):135-139.

[70]江婷,石磊.新时代高校道德素养与法治精神培养途径探究——评《新时期大学生思想道德教育与法律素质培养》[J].中国教育学刊,2020(3):110.

[71]杨忠明,何曾艳.大学生法治素养提升的路径与方法研究[J].学校党建与思想教育,2017(12):50-52.

[72]姜波,陈焘.基于法治中国建设的大学生法律素养培育[J].河北大学学报(哲学社会科学版),2015,40(06):121-124.

[73]黄欣加.营造校园体育文化氛围 加强学生综合素质培养[J].体育科学,2004(06):67-71.

[74]辛娟娟.校园文化体育氛围对大学生体育意识的养成[J].高教探索,2018(05):123-128.

[75]李启迪,周妍.体育教学方法与手段甄异[J].体育与科学,2012,33(06):113-117.

[76]龙宝新.新时代师德师风建设的意义、依据与方向[J].中国德育,2020(13):5-9.

[77]韦陈锦,邱其荣.试论加强广西高校体育师范生师德教育的意义[J].教育观察(上半月),2015,4(10):52-53.

[78]朱磊,杨维,杨民庆等.新时代体育教师敬业精神的解析与培育[J].教育理论与实践,2021,41(08):35-37.

[79]胡相峰.为人师表论[J].教育研究,2000(09):55-59.

[80]李国强.学生理想信念教育的三维向度[J].中学政治教学参考,2021(19):90-91.

[81]陈人杰,俞敏君.体育教学中教师的情感作用[J].上海体育学院学报,2003(05):119-120.

[82]韩小香.加强高校师范生责任教育的必要性及对策思考[J].

现代教育科学,2010(S1):67-68.

[83]肖爽,邱烈峰.核心素养背景下中学体育教师专业发展研究[J].教学与管理,2020(27):60-63.

[84]王增会.进取创新——教师的时代责任[J].中国培训,1998(08):48.

[85]李秀妮.热爱学生是教育取得成功的基石[J].思想政治课教学,2010(10):84-85.

[86]潘利英.新课程改革背景下教师的职业道德义务与职业道德情感[J].思想理论教育,2013(10):13-16.

[87]熊保林,汤劲松,路春娇.青年教师职业道德修养提升的策略[J].教育探索,2013(10):90-91.

[88]牛晓琴.师范生教师职业道德教育研究——以山西省新升本科院校为例[J].教育理论与实践,2015,35(13):46-49.

[89]郭天笑,王燕萍,徐卫东.加强高校教师职业道德修养对促进学校高质量发展的意义[J].吉林医药学院学报,2020,41(05):355-356.

[90]朱嘉伊.形象思维与抽象思维差异的多种思考——浅谈两者对立的统一[J].东南大学学报(哲学社会科学版),2011,13(S2):21-22.

[91]张瑜,李宏翰.论我国当前的社会环境与青少年心理发展[J].教育探索,2007(01):114-115.

[92]王秀蓉.遗传因素与身体成分和某些身体素质相关的跟踪研究[J].体育科学,1997(06):67-70,84.

[93]张凡涛,崔节荣,宋金美.影响体育教育专业大学生身心健康的社会因素[J].河南大学学报(社会科学版),2007(05):131-136.

[94]罗卫东.影响大学生身心健康的社会因素及对策[J].中国成人教育,2007(05):34-35.

[95]梁天祥,王金兰.体育教育中引入健康饮食教育的思考[J].食品研究与开发,2020,41(21):232.

[96]蒋国维,靳英辉,白雪,等.大学生生活方式现状及其影响因素的研究进展[J].中国健康教育,2015,31(04):396-401.

[97]胡凯.试论构建我国大学生心理健康教育体系的指导思想和基本原则[J].思想理论教育导刊,2008(04):82-85.

[98]张大均.大学心理健康教育若干理论的探讨[J].西南大学学报(人文社会科学版),2006(03):130-136.

[99]马淑泰.心理素质训练对学生体育考试的重要性[J].山西财经大学学报,2012,34(S3):242.

[100]江广和.论模拟训练形式的转变及其对运动训练实践的影响[J].南京体育学院学报(社会科学版),2011,25(01):113-115,119.

[101]彭书强,奚树良,黄四元.如何制定运动处方[J].时珍国医国药,2006(06):1120.

[102]席艳辉,范海英,文桂龙.论智力因素与体育教学的正相关关系[J].上海体育学院学报,2002(S1):67-68.

[103]罗彦平,梁建平,周维臻,宋义,肖儒勇.运动智能结构的测量及相关分析[J].天津体育学院学报,2011,26(05):444-448.

[104]李强,毛振明,王烨.论体育教育专业学生运动技能学习的理性回归[J].沈阳体育学院学报,2010,29(05):108-110.

[105]黄爱峰,王健.论体育教师专业"运动技能取向"的超越[J].天津体育学院学报,2005(05):19-21.

[106]刘世磊.困境与出路:我国高校体育教育本科专业教育发展探析[J].成都体育学院学报,2018,44(02):121-126.

[107]韩志芳.我国普通高等学校体育教育专业本科培养方案的调整与优化[J].北京体育大学学报,2016,39(07):89-94,101.

[108]刘建进.新课改理念下体育教学技能的重新分类[J].体育学刊,2014,21(06):104-107.

[109]马永明.体育教育专业学生教学技能培养的研究[J].中国成人教育,2008(19):153-154.

[110]杜俊娟.对体育教师在职培训的理论思考与研究[J].北京体育大学学报,2003(01):87-88.

[111]张明伟,吕东旭.高校体育教育专业学生教学能力培养的调查分析[J].体育学刊,2009,16(04):48-52.

[112]王春燕.体育教师能力研究[J].体育文化导刊,2008(12):84-86.

[113]穆峰.体育教学的组织与管理研究——评《体育教学工作的科学组织与管理》[J].新闻与写作,2018(07):117.

[114]靳莹,王爱玲.新世纪教师能力体系探析[J].教育理论与实践,2000(04):41-44.

[115]朱昆.体育教学中教师的自我监控能力及其培养[J].武汉体

育学院学报,2001(02):77-78.

[116]王之春,贾远清.体育教育专业学生体育专业能力的培养[J].山东体育科技,2017,39(03):83-87.

[117]骆秉全,王子朴.我国体育院系学生科研能力培养的初步研究[J].体育科学,2002,22(01):8-9.

[118]汪元榜.体育教育专业本科生科研能力现状分析与培养对策研究[J].北京体育大学学报,2006(06):818-819,822.

[119]袁康,王颖,缪园,等.导师科研活跃度和学术地位对博士生科研绩效的影响[J].学位与研究生教育,2016(07):66-71.

[120]张鑫华.体育学研究生科学创新和科研能力提升的思考[J].成都体育学院学报,2018,44(06):86-89.

[121]刘平清.教师角色转变下的体育教育专业学生科研能力培养[J].体育学刊,2009,16(04):53-56.

[122]徐祥峰,沈华东,镇方松,等.高校体育专业人才科研创新能力培养的知识溢出效应研究[J].广州体育学院学报,2017,37(06):105-108.

[123]董翠香,樊三明,高艳丽.体育教育专业课程思政元素确立的理论依据与结构体系建构[J].体育学刊,2021,28(01):7-13.

[124]沈磊.体育教师职业道德研究[J].体育文化导刊,2015(11):149-151,167.

[125]王胜利,陈玉茜.论体育教育专业大学生创新能力的构成及培养[J].成都体育学院学报,2002(03):48-50.

[126]于军,张昌言,周曰卿.体育教育专业学生创新能力培养的障碍及对策思考[J].体育与科学,2002(05):60-62.

[127]薛誉.体育教育在高校创新人才培养中的作用探析[J].中国成人教育,2013(06):178-179.

[128]Feldman M. S., Orlikowski W. J. Theorizing Practice and Practice Theory[J]. *Organization Science*,2011(5):1240-1253.

三、其他

[1]教育部关于大力推进教师教育课程改革的意见[EB/OL].http://www.moe.gov.cn/publicfiles/business/htmlfiles/moe/s6136/201110/xxgk_125722.html,2011-10-08.

[2]孙秋红.对体育教育专业田径主项学生综合能力培养的思考[A].中国体育科学学会运动训练学分会第六届全国田径运动发展研究成果交流会论文集[C].中国体育科学学会运动训练学分会,2013:4.

[3]习近平在全国高校思想政治工作会议上强调:把思想政治工作贯穿教育教学全过程 开创我国高等教育事业发展新局面[N].人民日报,2016-12-09(1).

[4]中共中央关于构建社会主义和谐社会若干重大问题的决定[N].人民日报,2006-10-19.

[5]Lawson H.A., Sinclair G.D. Generic and Generalizable Professional Skills for the Undergraduate Major[A]. *Proceedings-National Association for Physical Education in Higher Education* (Champaign, Ⅲ.)[C]. San Diego: Annual Conference, 1982: 107-114.